Andreas Bärtels

Zauberhafte Magnolien

Exotische Schönheiten in heimischen Gärten

Quelle & Meyer Verlag Wiebelsheim

Bibliografische Information der Deutschen Nationalbibliothek
Die Deutsche Nationalbibliothek verzeichnet diese Publikation in der Deutschen Nationalbibliografie; detaillierte bibliografische Daten sind im Internet über http://dnb.d-nb.de abrufbar.

Umschlagabbildungen: vorne: Bärtels, A. (o. re., u.), Kalb, T. (o. li.); hinten: Gottschalk, M.
Druck und Verarbeitung: Himmer GmbH Druckerei & Verlag
Printed in Germany/Imprimé en Allemagne
ISBN 978-3-494-01789-1

Geleitwort

Magnolia – schon der Name klingt zauberhaft und exotisch. Blühende Magnolien gehören zu den Kindheitserinnerungen, sie standen, malerisch wachsend, in den alten Gründerzeitgärten der Stadt. Im Frühjahr öffneten sie, noch vor der Laubentfaltung, ihre großen, perlmuttfarbenen Schalenblüten. Zerbrechlich und geheimnisvoll sahen sie aus. Erst viel später kannte ich ihren Namen, *Magnolia ×soulangeana* – der Name vereint zwei französische Botaniker und Gärtner. Pierre Magnol wurde um die Wende des 17. Jahrhunderts zum 18. Jahrhundert Direktor des Botanischen Gartens Montpellier. Ob er selbst jemals eine Magnolie zu Gesicht bekam? Anders war es bei Étienne Soulange-Bodin. Der Kavallerieoffizier in Diensten Napoleons dankte nach dessen Niederlage 1814 ab und widmete sich fortan dem Gartenbau. Bereits 1826 blühte seine erste Kreuzung, die er aus zwei asiatischen Magnolienarten erzielte (und die er nach sich selbst benannte). Diese alten Tulpen-Magnolien waren lange Zeit sehr kostbar, und es war wohl vor hundert Jahren eine gut überlegte Entscheidung, ein solches Blütengehölz zu pflanzen. Die Besitzer waren sicherlich stolz auf ihre Magnolie. Und noch heute kann man sich ihrem Charme kaum entziehen.

Erst Jahrzehnte später begann man, sich wieder der Magnolien anzunehmen. Neue Züchtungen entstanden in Neuseeland und Nordamerika, kurz darauf auch in Europa. Die Baumschulen begannen, eine Vielzahl von Magnoliensorten zu führen. Heute gibt es Dutzende, ja Hunderte von ihnen, sogar gelbfarbene sind darunter. Aber immer noch ist es eine bewusste Entscheidung, diese langlebigen und auffälligen Gehölze zu pflanzen. Der ihr zugewiesene Platz wird meist mit großem Bedacht ausgewählt.

ANDREAS BÄRTELS ist es geglückt, im vorliegenden Buch die Welt dieser wunderbaren Blütengehölze zu beschreiben. Der Autor, ausgewiesener Pflanzenkenner und Fotograf, ist durch seine vielen Bücher über Pflanzen einem breiten Publikum bekannt. Er schafft es, uns die Welt der Magnolien in all ihren Facetten näherzubringen. Die lange gartenbauliche Tradition, die die Gattung in China und Japan erfahren hat, ist ebenso interessant wie die kulturgeschichtlichen Hintergründe. Magnolien waren im alten China kostbar und standen nur dem Kaiser zu. Schon vor 1300 Jahren wurden sie kultiviert. Als Heilpflanze und als Gemüse werden sie dort immer noch genutzt. Andreas Bärtels hat für dieses Buch bewährte Magnolienarten und -sorten, aber auch viele Seltenheiten, ausgewählt. Sie verdienen eine weite Verbreitung in unseren Gärten und Parks.

Eng verwandt mit den Magnolien sind die Tulpenbäume. Sie faszinieren den aufmerksamen Betrachter durch ihr ungewöhnliches Blatt und die außergewöhnliche, gelb-orangefarbene Blüte. Mit ihrer auffälligen goldgelben Herbstfärbung zählen sie zu den imposanten Parkbäumen. Auch von den Tulpenbäumen sind Sorten ausgelesen worden, die nur wenig bekannt sind und vom Autor vorgestellt werden. Auch sie verdienen mehr Beachtung.

Der Autor hat lebenslange praktische Erfahrung mit Pflanzen und konnte auf vielen Reisen interessante Gehölze in der Natur, in Gärten und Parks besuchen und fotografieren. Dem informativen Text stehen ausgezeichnete Farbfotos gegenüber.

Es gebührt Andreas Bärtels und dem Quelle & Meyer-Verlag Dank dafür, dieses interessante Thema „Magnolien" in so ansprechender Form verwirklicht zu haben. Mögen die Leserinnen und Leser dieses Buches fasziniert sein von der Schönheit der Magnolien und der Tulpenbäume und zur Auswahl und Pflanzung eines solchen Gehölzes angeregt werden.

Eike J. Jablonski
Präsident der Deutschen Dendrologischen Gesellschaft e. V. (DDG)

Magnolia denudata

Inhaltsverzeichnis

Einleitung

Magnolien gehören zu den ältesten Blütenpflanzen der Erde, zu Beginn der Kreideformation vor etwa 145 Mio. Jahren, leiten sie, unter anderem zusammen mit den Seerosengewächsen, die Evolution der Bedecktsamer, der Angiospermen, ein.

Magnolien sind aus vielerlei Gründen seit Jahrhunderten in Kultur. In ihrer chinesischen Heimat sind Magnolien uralte Kulturpflanzen. Die Lilien-Magnolie, *Magnolia denudata*, die Blume der Stadt Shanghai, wurde schon in der Tang-Dynastie (618–908) in buddhistischen Tempelgärten kultiviert Die strahlend weißen, duftenden Blüten, die sich lange vor der Laubentfaltung öffnen, galten den Mönchen als Symbol der Reinheit. Magnolien sind in China auch Sinnbild weiblicher Schönheit und Süße. Im Volksmund nennt man sie „Blüte des nächtlichen Zusammenseins". Mulan, der chinesische Name für *Magnolia liliiflora*, ist auch der Name eines Heldenmädchens, das für seinen Vater in den Militärdienst trat und dort Karriere machte, ohne je enttarnt zu werden.

Magnolien galten im alten China als besonders kostbar, sie standen ursprünglich nur dem Kaiser zu und wurden deshalb auch in den kaiserlichen Gärten der damaligen Hauptstadt Chang'an, dem heutigen Xian, dem Ausgrabungsort der Tonkrieger-Armee aus der Qin-Zeit, in der Provinz Shaanxi, gepflegt und bewundert. Die Kaiser konnten Magnolien als besondere Auszeichnung verschenken.

Im 7. Jahrhundert kamen Magnolien mit dem Buddhismus auch nach Japan, wo sie rasch Eingang in die Gartenkultur, in Literatur und Malerei fanden.

In China gehören Extrakte aus Magnolien, insbesondere *M. officinalis*, zu den traditionellen Heilmitteln. Marianne Beuchert (1983) berichtet, dass man in China auch eine Magnolien-Delikatesse entwickelt habe. Blütenblätter von Magnolien würden in Mehl getaucht und in kochendem Öl gebacken, sie würden krachig, süß und duftig schmecken.

Nachdem 1688 die Sumpf-Magnolie, *Magnolia virginiana*, als erste Magnolie aus dem östlichen Nordamerika London erreichte, setzte nach und nach auch in Europa die Begeisterung für Magnolien ein.

Magnolien gefallen vor allem durch ihre Fülle an edel geformten, ungewöhnlich großen, oft süß duftenden Blüten. Voll entfaltet erreichen die Blüten der im östlichen Nordamerika heimischen Großblättrigen Magnolie, *Magnolia macrophylla*, Durchmesser von 35 bis 50 cm. Kein anderer Baum oder Strauch, der sich in unseren Breiten kultivieren lässt, kann mit derartig riesigen, zauberhaften Blüten aufwarten.

Besonders beliebt sind Arten, deren Blüten sich vor der Laubentfaltung öffnen, sich so ungehindert und strahlend dem Betrachter präsentieren und den Frühlingsgarten beleben. Dazu gehören neben der schon erwähnten *M. denudata* vor allem die häufig kultivierte Stern-Magnolia, *M. stellata* und die Kobushi-Magnolie, *M. kobus*. Neben diesen weißblühenden Arten gibt es aber auch frühblühende Arten mit purpurroten Blüten, wie z. B. die Purpur-Magnolie, *M. lilliiflora* und Arten mit gelben Blüten, wie die Gelbe Gurken-Magnolie, *M. acuminata* var. *acuminata*, die ihre Blüten aber erst nach der Laubentfaltung öffnen.

Aber nicht nur die Blüten der Magnolien sind dank ihrer Größe bemerkenswert. Das gilt auch für die Blätter der Großblatt-Magnolien, zu denen vor allem Arten des südöstlichen Nordamerikas gehören. Allen voran die Großblättrige Magnolie, *Magnolia grandiflora*, deren Blätter bei Jungpflanzen und an Langtrieben eine Länge von 80 bis 100 cm erreichen. Die am Saum gewellten, tropisch anmutenden Blätter stehen an den Triebenden scheinwirtelig gehäuft und wirken so wie ein aufgespannter Regenschirm. Nicht ohne Grund wird deshalb die Großblatt-Magnolie, *Magnolia tripetala*, als Schirm-Magnolie bezeichnet.

In unseren Breiten werden überwiegend sommergrüne Magnolien kultiviert. Für wintermilde Regionen stehen mit der Immergrünen Magnolie, *Magnolia grandiflora*, und den früher zur Gattung *Michelia* gestellten Arten *Magnolia figo* und *M. laevifolia* immergrüne Arten zur Verfügung, die neben ihren duftenden Blüten auch mit hochglänzenden Blättern aufwarten.

Nach den Blüten fallen im Spätsommer und Herbst die bis zu 10 cm langen, auffallend gefärbten, zapfenähnlichen, aus kleinen Balgfrüchten gebildeten Sammelfrüchte auf.

Viele zauberhafte Magnolien können im Garten als Haus-, Schatten- oder Vorgartenbaum, Blütenstrauch, Staudenpartner und Wandspalier verwendet werden.

Neben den ursprünglich kultivierten Arten steht uns heute eine Fülle an früh- und spätblühenden Sorten mit großen, farbstarken Magnolien mit einer breiten Farbpalette von Weiß, Rosa, Rubinrot und Purpur bis Gelb zur Verfügung.

Den dekorativen Wert der Magnolien hat der bedeutendste Pflanzensammler des frühen 20. Jahrhunderts, ERNEST HENRY WILSON (1876–1930), so beschrieben: "No group of trees and shrubs is more favorably known or more highly appreciated in gardens than magnolias, and no group produces larger and more abundant blossoms." (zitiert bei Callaway 1994).

Etymologie der Gattung Magnolia

Der Gattungsname *Magnolia* wurde 1703 von dem französischen Botaniker CHARLES PLUMIER (1646 bis 1704) zu Ehren von PIERRE (lateinisch PETRUS) MAGNOL (* 8. Juni 1638 in Montpellier, † 21. Mai 1715 ebenda) vergeben. Plumier hat 1703 in der in Paris erschienenen „Nova plantarum Americanum genera" einen Baum von der Insel Martinique beschrieben, der den Einheimischen als Talauma bekannt war, später der Name einer Gattung in der Familie der Magnoliaceae. Als Sohn einer calvinistischen Apothekerfamilie geboren, wurde das berufliche Fortkommen von PLUMIER im katholisch geprägten Frankreich lange behindert, bis er 1685 zum katholischen Glauben konvertierte. Magnol, ein Arzt und Botaniker, übernahm 1694 in Montpellier den Lehrstuhl für Medizin und Botanik und 1696 die Leitung des königlichen Botanischen Gartens seiner Heimatstadt. Er wurde 1706 einer der Gründungsväter der Société Royal des Siences de Montpellier und 1708 für kurze Zeit Mitglied

Porträt von PIERRE MAGNOL.

der Pariser Akademie der Wissenschaften. MAGNOL gruppierte Pflanzen nach ihren morphologischen Charakteristika und schuf in der taxonomischen Botanik den Begriff der Familie. Er gilt deshalb als Vorläufer von CARL VON LINNÉ, dem Begründer der binären Nomenklatur, der den Gattungsnamen *Magnolia* übernahm. Magnol verfasste u. a. ein „Botanicum Monspeliense"

Stellung der Magnolien im Pflanzenreich

Die Magnoliaceae, Magnoliengewächse, bilden, zusammen mit vier weiteren Familien – Degeneriaceae, Winteraceae, Himantadraceae, Eupomatiaceae – die Ordnung der Magnoliales, der Magnolienartigen.

Die Degeneriaceae haben ihre Heimat auf den Fidschi-Inseln im Stillen Ozean. Zur Familie gehören nur die 1934 entdeckte *Degeneria vitiensis* L. W. BAILEY et A.C. SM. und die erst 1988 entdeckte *Degeneria rosaiflora* JOHN M. MILL. Beide benannt nach OTTO DEGENER, der als Erster 1941 einen blühenden Baum fand, nach dem die Art zugeordnet und beschrieben werden konnte.

Wesentlich artenreicher ist die Familie der Winteraceae, zu der vier Gattungen mit annähernd 90 immergrünen Arten gehören. Verbreitet sind diese in den subtropischen und tropischen Gebieten von Amerika, Asien und Australien sowie auf Madagaskar.

Die Familie der Himantandraceae besteht nur aus den zwei baumförmig wachsenden Arten der Gattung *Galbulimima*, *G. baccata* F. M. BAILEY und *G. belgraveana* (F. MUELL.) SPRAGUE, die ihre natürliche Verbreitung in Nordostaustralien, Neuguinea und den Molukken haben.

Auch die Familie der Eupomatiaceae ist artenarm. Sie besteht nur aus den drei in Australien und Neuguinea beheimateten Arten der Gattung *Eupomatia*: *E. barbata* JUSS. (erst 2002 entdeckt). *E. bennettii* F. MUELL. und *E. laurina* R. BR.

Die fünf Familien gehören zur Ordnung der Magnoliales, der Magnolienartigen, in der Unterklasse der Magnoliidae, die die ursprünglichste Verwandtschaftsgruppe der bedecktsamigen Pflanzen, der Angiospermen, bildet. Diese sind mit mindestens 250.000 Arten die gegenwärtig bei weitem artenreichste Pflanzengruppe. Die Magnoliidae haben daran nur etwa einen Anteil von 4 % aller heute lebenden Blütenpflanzen.

Die Mitglieder der Magnoliales zeichnen sich durch eine Fülle ursprünglicher Merkmale aus, die sich vor allem in der Organisation der oft sehr ansehnlichen Blüten zeigen. Deren Blattorgane – Kelch- und Kronblätter, Frucht- und Staubblätter – sind häufig spiralig angeordnet und erscheinen oft in großer Zahl.

Die Magnoliaceen gelten als eine der ursprünglichsten Familien in der Ordnung der Magnoliales. Als ursprünglich, oft auch als primitiv bezeichnet, gilt zunächst die stark gestreckte Blütenachse (Receptaculum), die noch deutlich den Sprosscharakter der Blüten erkennen lässt. Die Blütenachse trägt zahlreiche spiralig angeordnete Fruchtblätter mit gebogenem Griffel. Unterhalb der Griffel befinden sich die oft auffallend gefärbten Staubblätter. Die spiralige Anordnung der Blütenorgane an dieser Blütenachse findet ihre Parallele in der oft spiraligen Anordnung der Laubblätter an vegetativen Sprossen. Als ursprünglich gelten auch die unbestimmte Anzahl der einzelnen Blütenorgane und die in der Regel fehlende Verwachsung der einzelnen Organe untereinander.

Nachdem früher selbstständige Gattungen wie *Houpoëa* N.H. Xia et C.Y. Wu, *Manglietia* Blume, *Michelia* L., *Oyama* (Nakai) N.H. Xia et C.Y. Wu, *Talauma* Juss, *Yulania* Spach und einige weitere Gattungen auf der Basis von DNA-Analysen in die Gattung *Magnolia* aufgegangen sind, gehören zur Familie der Magnoliaceae nur noch zwei Gattungen: Die Gattung *Magnolia* mit mehr als 200 Arten und die Gattung *Liriodendron* mit je einer Art in China und dem östlichen Nordamerika. Deshalb werden hier neben den zahlreichen *Magnolia*-Arten und -Sorten auch die beiden *Liriodendron*-Arten, der Chinesische Tulpenbaum, *L. chinense* und der Amerikanische Tulpenbaum *L. tulipiferum* behandelt.

In der „Flora of China, Vol. 7 (2008)", in der die Magnoliaceae von Niahne Xia, Yuhu Liu. und H. P. Nooteboom bearbeitet worden sind, sind die ursprünglichen Gattungen beibehalten worden.

Morphologische Merkmale der Magnoliaceae

Habitus, Zweige, Knospen

Zu den Magnoliaceae gehören ausschließlich verholzende Pflanzen. Es handelt sich um meist sparsam verzweigte, immergrüne, teilweise immergrüne oder sommergrüne Bäume und Sträucher mit Wuchshöhen zwischen etwa 3 m wie z. B. der Stern-Magnolie, *Magnolia stellata* und stattlichen, großkronigen Bäumen mit Wuchshöhen bis zu 30 m wie z. B. bei der Gurken-Magnolie, *Magnolia acuminata*, oder der Himalaja-Magnolie, *Magnolia campbellii*. Die lange glatt bleibende Rinde ist oft silbrig grau oder zinnfarben, bei baumförmig wachsenden Arten im Alter auch rau und ± tief gefurcht. Die grünlichen, grau- oder hellbraunen, auch rot- bis violettbraunen, meist spärlich mit Lentizellen bedeckten Zweige sind vergleichsweise dick und steif. Sie sind mit vollem Mark ausgestattet, das gelegentlich von holzigen Querschnittwänden (Diaphragmen) unterbrochen wird. Angekratzt duftet das Holz aromatisch. Die Triebe sind kahl und oft bläulich bereift oder seidig bis steif behaart. Die Knospen sind von nur einer kahlen, anliegend behaarten oder pelzigen Schuppe umhüllt. Es handelt sich dabei um miteinander verwachsene Nebenblätter, die eine kapuzenartige Hülle bilden, mit der sie den Schutz der Knospen übernehmen. Die bis 5 cm langen Endknospen werden von den Nebenblättern des obersten Blattes umhüllt, die viel kleineren Seitenknospen von den Nebenblättern des zugehörigen Blattes. Bei der Entfaltung der Knospen reißt die Schutzhülle auf und fällt vorzeitig ab.

Blätter

Die einfachen, gestielten, ganzrandigen Laubblätter der Magnolien sind sommer- oder immergrün. Sie sind an der Basis meist keilförmig verschmälert, bei einigen Arten aber auch herzförmig oder geöhrt, an der Spitze gelegentlich ausgerandet. Sie sind bei sommergrünen Arten vergleichsweise dünn oder ledrig. Einige Arten färben ihre Blätter im Herbst ockergelb bis braun, wie z. B. *M. 'Leda'*. Die Nebenblätter sind groß. Bei immergrünen Arten sind die Blätter stets derb und ledrig, oberseits glänzend dunkelgrün und unterseits teilweise mit einem dichten Haarfilz ausgestattet. Blätter immergrüner Arten überleben zwei Vegetationsperioden, sie fallen vom Frühjahr bis zum Sommer des 3. Jahres ab. Die Blätter sind wechselständig (spiralig) angeordnet, bei den Großblatt-Magnolien, wie z. B. *Magnolia tripetala oder Magnolia macrophylla*, an den Zweigenden scheinwirtelig genähert. Das wird besonders deutlich an jungen Pflanzen von *Magnolia macrophylla* und *M. tripetala* in ihren natürlichen Habitaten. Sie wachsen dort mehrere Jahre lang eintriebig auf und bilden an der Spitze einen Quirl dicht gedrängt stehender Blätter, die wie ein Schirm wirken. Nicht ohne Grund wird *Magnolia tripetala* deshalb als Schirm-Magnolie bezeichnet.

Besondere Zellwandverdickungen im Bereich der Spaltöffnungen der Blattepidermis werden als ursprünglich angesehen. Die Blattlängen variieren innerhalb der Gattungen sehr stark. Sie sind mit Längen von 4 bis 14 cm bei *Magnolia stellata* vergleichsweise klein, bei *Magnolia macrophylla* mit Längen von 20 bis 80 cm, an starkwachsenden Jungpflanzen gar bis zu 100 cm, dagegen riesig. Um derartig riesige Blattspreiten zu stabilisieren, sind die Blätter der Großblatt-Magnolien am Blattrand gewellt. Die Nebenblätter (Stipeln) sind meist mit dem Blattgrund verbunden, nur selten frei. Sie sind zu einer tütenförmigen Schuppe verwachsen, die die Sprossspitze und die meist großen Winterknospen umhüllt. Die Nebenblätter bilden an der Ansatzstelle des Blattstieles eine Stegel umfassende Linie.

Magnolia 'Leda' mit herbstlich gefärbten Blättern

Junge Pflanzen der Großblatt-Magnolien im Joyce Kilmer National Park, USA,
links: *Magnolia tripetala*, rechts: *Magnolia macrophylla* subs. *macrophylla*.

Blüten

Die sehr ansehnlichen, meist duftenden, oft riesigen, bei *Magnolia macrophylla* 35 bis 50 cm breiten, meist zwittrigen Blüten stehen einzeln endständig an Langtrieben oder endständig an achselständigen Kurztrieben. Die einfach zusammengesetzte Blütenhülle ist nicht in Kelch- und Kronblätter (Sepalen und Petalen) gegliedert, beide werden deshalb zusammen als Tepalen bezeichnet. Die weiß, rosa, purpurn, weinrot, hellgelb oder grünlich gefärbten Blütenhüllblätter sind in zwei- bis mehrzähligen Kreisen aus je 3 (bis 6) Tepalen spiralig an der verlängerten, spindelartigen Blütenachse angeordnet. Die drei äußeren Hüllblätter sind oft kleiner und weniger intensiv gefärbt als die inneren. Auch die überaus zahlreichen, dicht gedrängt stehenden, oft auffallend gefärbten Staubblätter und die freien Fruchtblätter zeichnen sich durch eine spiralige Stellung aus. Die Spitze der Blütenachse wird von zahlreichen, oft auffallend gefärbten, freistehenden Fruchtblättern (Karpelle) gebildet, die als Gynoeceum bezeichnet werden. Die Fruchtblätter bestehen aus einem ± bauchigen Basalteil, dem eigentlichen Fruchtknoten und einem verschmälerten oberen Teil, der dem Griffel und der Narbe entspricht. In jedem Fruchtknoten befinden sich ein, zwei oder mehr Samenanlagen. Die bandförmigen Staubblätter tragen einen sich zur Seite öffnenden Pollensack mit kahnförmigen Pollenkörnern. Pollen und Narben dienen Käfern als Nahrung. (Danert et al. 1993).

Magnolia dawsoniana

Die Arten der Sektion Yulania öffnen ihre Blüten vor der Laubentfaltung, die Arten anderer Sektionen gleichzeitig mit oder nach der Laubentfaltung.

Die Bestäubung der Blüten erfolgt vor allem durch Käfer, besonders häufig durch *Stenagria*- und *Cylocephala*-Arten. Seltener werden Magnolienblüten durch Honigbienen (*Apis*-Arten), Sandbienen (*Andrena*-Arten), Hummeln (*Bombus*-Arten) und Fliegen (*Diptera*-Arten) bestäubt. Alle Insekten besuchen Magnolienblüten vor allem wegen der an freien Aminosäuren reichen Pollen.

Magnolienblüten sind vorweiblich (proterogyn), ihre Narben sind belegungsfähig, ehe sich die Staubbeutel öffnen. Magnolienblüten sind deshalb weitgehend selbststeril. Sie sind in der Regel zwei bis vier Tage lang funktionsfähig.

Die weißen Blüten der in den südöstlichen USA heimischen *Magnolia acuminata, M. grandiflora, M. tripetala, M. virginiana* und verschiedener Magnoliensorten fluoreszieren bei abgedunkeltem Licht, wie z. B. bei Mondlicht und weisen damit blütenbestäubenden Insekten den Weg zur Pollen- und Nektarquelle.

Früchte

Aus den Fruchtblättern (Karpelle) entwickeln sich balgähnliche, ein- bis mehrsamige Früchtchen, die sich zur Reife bauch- oder rückenseitig öffnen und die Samen entlassen. Diese bleiben oft noch für eine kurze Zeit durch einen Nabelstrang (Funiculus), der sich durch die Entrollung seiner Spiralgefäße stark verlängern kann, mit dem Früchtchen verbunden. Die äußere, fleischige, oft leuchtend rosa bis rot gefärbte Schicht der Samenschale wird als Sarkotesta, die innere, harte, widerstandsfähige, braune oder schwarze Samenschale als Sklerosteta bezeichnet. In ihr befinden sich zahlreiche Zellen, die ätherische Öle enthalten. Die Samen sind von einem großen, ölhaltigen, zellulären Nährgewebe und einem relativ

Sammelfrucht von *Magnolia kobus* (links) und *Magnolia tripetala* (rechts)

kleinen Embryo ausgefüllt, der zur Zeit der Samenreife noch nicht voll entwickelt ist. Die Früchtchen sind zu einem anfangs grünen, später oft auffallend rosa oder rot gefärbten, zapfen- oder kolbenähnlichen Fruchtverband verbunden, der allgemein als Sammelfrucht oder Scheinfrucht bezeichnet wird. Die ± zylindrischen oder eiförmigen bis nahezu kugeligen Sammelfrüchte sind von ihrer Anlage her symmetrisch, nicht selten aber durch die ungleiche Ausbildung der Samenanlagen sehr unregelmäßig.

Für die Verbreitung der Samen sorgen samenfressende Vögel. So werden z. B. die Samen von *Magnolia virginiana* in den USA von folgenden Vogelarten verzehrt: Königstyrann, Spottdrossel, Rotkehlchen, Holzdrossel, Virginiawachtel, wilden Truthähnen und Rotaugenvireo. Die Vögel verdauen nur den Samenmantel und scheiden die unversehrten Samen wieder aus. Die Samen dienen aber auch anderen Tieren als Nahrung.

Magnolien – Schlüssel zu den behandelten Arten der Untergattungen (Subgenera) und Sektionen (FIGLAR 2006, abgeändert)

Die rund 245 Magnolienarten werden gegenwärtig drei Untergattungen – Magnolia, Yulania und Gynopodium – elf Sektionen und 14 Untersektionen zugeordnet. Für eine Kultur in Mitteleuropa sind nur die Arten aus sieben Sektionen von Bedeutung. Die Arten der anderen Sektionen sind in Mitteleuropa nicht ausreichend frosthart.

Untergattung Magnolia
Blätter in der Knospenanlage gefaltet
Blüten endständig an Langtrieben
Blütezeit mittel bis spät
Gynoeceum sitzend
Sammelfrüchte eiförmig-ellipsoid
Fruchtblätter bis zur Reife verwachsen

Sektion Magnolia
Blätter immer-, winter- oder sommergrün
Nebenblätter an der Blattbasis verwachsen (bei *M. virginiana* ganz oder nur an der Blattstielbasis verwachsen)
Fruchtblätter meist mit zwei Samenanlagen
M. grandiflora, M. virginiana

Sektion Manglietiastrum
Blätter immergrün, ausgenommen bei *M. decidua*
Blätter im Austrieb gelegentlich scheinwirtelig genähert
Fruchtblätter mit vier oder mehr Samenanlagen
M. decidua, M. delavayi, M. insignis

Sektion Rytidospermum
Blätter sommergrün
Fruchtblätter mit zwei Samenanlagen

Untersektion Rytidospermum
Blätter im Austrieb scheinwirtelig genähert
Blüten aufrecht
M. obovata, M. officinalis, M. rostrata, M. tripetala, M. ×wieseneri

Untersektion Oyama
Blätter nicht scheinwirtelig genähert
Blüten nickend
M. globosa, M. sieboldii, M. wilsonii

Sektion Auriculata
Blätter sommergrün, an der Basis geöhrt
Blätter im Austrieb scheinwirtelig genähert
Blütezeit mittelfrüh
Tepalen außen an der Basis ohne purpurne Flecken
M. fraseri

Sektion Macrophylla
Blätter sommergrün
Blattbasis herzförmig oder geöhrt,
Tepalen außen an der Basis purpurn gefleckt
M. macrophylla

Untergattung Yulania
Blätter im Austrieb gefaltet
Nebenblätter an der Blattbasis verwachsen
Blüten endständig an Lang- und/oder an Kurztrieben, sich vor der Laubentfaltung öffnend
Gynoeceum sitzend oder gestielt
Sammelfrüchte ± zylindrisch
Fruchtblätter bis zur Reife verwachsen oder nicht so

Sektion Yulania
Blätter sommergrün
Blüten endständig an Langtrieben oder gelegentlich an Kurztrieben
Staubblätter nach außen gewandt
Sammelfrüchte zylindrisch
Fruchtblätter bis zur Reife verwachsen, mit zwei Samenanlagen

Untersektion Yulania
Tepalen weiß, rosarot oder purpurn
Sammelfrüchte zylindrisch
Blüten deutlich vor der Laubentfaltung
M. amoena, M. biondii, M. campbellii, M. cylindrica, M. dawsoniana, M. denudata, M. kobus, M. liliiflora, M. ×loebneri, M. ×kewensis, M. ×proctoriana, M. salicifolia, M. sargentiana, M. sinostellata, M. ×soulangeana, M. sprengeri, M. stellata, M. ×veitchii, M. zenii

Untersektion Tulipastrum
Tepalen grün bis gelb (die drei äußeren Tepalen kelchblattähnlich)
M. acuminata, M. ×brooklynensis

Sektion Michelia
Blätter immergrün
Blüten an Kurztrieben
Gynoeceum gestielt
Sammelfrüchte zylindrisch
Fruchtblätter nicht verwachsen, mit zwei bis sechs Samenanlagen
M. ×alba, M. cavaleriei, M. chapensis, M. compressa, M. doltsopa, M. ernestii, M. figo, M. floribunda, M. ×foggii, M. foveolata, M. laevifolia, M. macclurei, M. martinii, M. maudiae

Untergattung Gynopodium
Blätter immergrün, in der Knospenanlage nicht gefaltet
Pflanzen vollständig kahl
Nebenblätter nicht verwachsen
Blüten zwittrig oder androdiözisch (Pflanzen mit zwittrigen und männlichen Blüten auf verschiedenen Individuen)
Gynoeceum gestielt (selten sitzend)
Sammelfrüchte ± eiförmig-ellipsoid
Fruchtblätter bis zur Reife verwachsen

Sektion Gynopodium
Gynoeceum gestielt
Fruchtblätter sich meist rückenseitig öffnend
Fruchtblätter mit zwei (bis vier) Samenanlagen
M. nitida

Sektion Manglietiastrum
Blüten zwittrig
Gynoeceum sitzend
Fruchtblätter sich meist an der Spitze bauchseitig öffnend
Fruchtblätter mit drei bis acht Samenanlagen
M. sinica

Prähistorische Verbreitung der Magnolien

Die Entwicklung der Magnolien hat sich vermutlich in China vollzogen. Das früheste Magnolienfossil ist aus der Kreidezeit datiert, einem Zeitabschnitt innerhalb des Mesozoikums vor etwa 145 Millionen Jahren. Es ist im Yanji-Becken der nordostchinesischen Provinz Jilin gefunden und als *Archimagnolia rostrata-stylosa* TAO et ZHANG beschrieben worden. (TAO et ZHANG 1992).

Natürliche Areale von Magnolien finden sich gegenwärtig nur auf zwei Kontinenten, in temperierten, subtropischen und tropischen Zonen von Asien und in den gleichen Regionen Süd- und Nord-Amerikas.

Im Tertiär, oft auch als Braunkohlezeit bezeichnet, waren Magnolien auch auf dem europäischen Kontinent heimisch. Dazu zwei Beispiele von Magnolien-Fundorten aus dem westlichen und östlichen Mitteleuropa.

Im Unteren Fischbachton des Braunkohlentagebaues Frechen, 15 Kilometer westlich von Köln, hat KRAMER (1974) in den tertiären Kohleflözen eng benachbarten Tonschichten mehr als 100 beschriebene und nicht identifizierbare Pflanzen gefunden, darunter auch Blätter und Früchte von *Magnolia attenuta* WEBB. Sie entspricht der rezenten, im östlichen China heimischen Vergleichsart *Magnolia denudata* DERS. und der in den südöstlichen USA heimischen *Magnolia acuminata* (L.) L. Samen einer weiteren Magnolienart aus dem tertiären Fischbachton waren nicht identifizierbar.

Schon viel früher, Mitte des 19. Jahrhunderts, sind Reste fossiler Magnolien im Tertiärbecken von Bilin, im damaligen Böhmen, gefunden worden. Im Polierschiefer von Kutschlin hat ETTINGSHAUSEN (1869) Blattreste von *Magnolia crassifolia* GOEPP., *M. priningeria* UNG. und *M. longipeteolata* ETTINSH. gefunden. Unter den 280 identifizierten fossilen Arten im Mergelschiefer von Raboboj hat UNGER (1869) auch Blattreste von Magnolia *primigenia* UNG. und *M. dianae* UNG. identifiziert, die der rezenten Vergleichsart *M. grandiflora*, heimisch in den südöstlichen und zentralen USA, entspricht.

Rezente Verbreitung der Magnolien

Magnolien kommen gegenwärtig vorwiegend in der temperierten nördlichen Hemisphäre vor. Ihre Hauptverbreitung finden sie im temperierten Asien, vom östlichen Himalaya bis Ostasien, vorwiegend in China. Bei nicht wenigen Arten handelt es sich um Lokalendemiten.

Weitaus weniger Arten haben ihre natürlichen Areale im tropischen Asien, in Bhutan, Indien (Assam), Myanmar, Nepal, Thailand, Sumatra bis zum Bismarck Archipel und den Philippinen (Palawan: Mt. Pulgar).

Die Verbreitung der nordamerikanischen Magnolien beschränkt sich auf den Osten und Südosten des Kontinents. Nur das Verbreitungsgebiet von *M. macrophylla* reicht mit der subsp. *dealbata* bis ins östliche und südliche Mexiko. Die Unterart ist die einzige sommergrüne Magnolie, die unter tropischen Klimabedingungen gedeiht.

Die in tropischen Regionen Zentral- und Südamerikas verbreiteten, immergrünen Arten, u. a. *M. guatemalensis, M. hondurensis, M. portoricensis, M. schiedeana* und *M. splendens* sind in Mitteleuropa nicht in Kultur, sie werden deshalb hier nicht beschrieben.

Nach der Eingliederung der früher selbstständigen Gattungen *Gwillimia, Talauma, Mangletia, Kmeria, Rhytidospermum, Auriculata, Macrophylla, Yulania* und *Michelia* in die Gattung Magnolia umfasst diese gegenwärtig etwa 245 Arten, einschließlich der Unterarten. Die früher selbstständigen Gattungen bilden heute die Sektionen der Gattung *Magnolia* ab, die in drei Untergattungen gegliedert ist. Die Arten dieser Sektionen sind für eine Kultur in Mitteleuropa von sehr unterschiedlicher Bedeutung.

Die 21 Arten und Unterarten der Sektion Magnolia haben ihre Hauptverbreitung in Hochlagen von Mexiko, einige Arten kommen auch in Panama und Costa Rica vor.

Zwei Arten dieser Sektion, heimisch im südöstlichen und zentralen Nordamerika, sind für uns von Bedeutung, die Immergrüne Magnolie, *Magnolia grandiflora* und die immergrüne Sumpf-Magnolie, *M. virginiana* var. *australis*. Die immergrünen Zentral- und südamerikanischen Arten sind in Mitteleuropa nicht in Kultur.

Die Sektion Gwillimia umfasst 27 Arten und Unterarten, die im tropischen und subtropischen Südost-Asien verbreitet sind, in Süd-China, Vietnam, Myanmar, Indonesien, Malaysia, Indien, Thailand, Kambodscha und den Philippinen. In Mitteleuropa sind Arten dieser Sektion nicht ausreichend frosthart. Arten dieser Sektion werden deshalb hier nicht beschrieben.

Zur Sektion Talauma gehören 61 Arten und Unterarten. Ihre Hautverbreitung haben sie in Hochlagen von Kolumbien, kommen aber auch in anderen Ländern des nördlichen und nordwestlichen Südamerika vor, in Peru, Ecuador und Brasilien, außerdem in den mittelamerikanischen Ländern Costa Rica, Dominikanische Republik, Guatemala, Haiti, Kuba, Panama und Trinidad und Tobago. Naturgemäß sind auch diese subtropisch oder tropisch verbreiteten Arten für eine Freilandkultur in Mitteleuropa ohne Bedeutung und werden hier deshalb nicht berücksichtigt.

Von den 39 Arten und Unterarten der Sektion Manglietia haben 29 Arten ihre natürliche Verbreitung im südlichen und südwestlichen China, 17 dieser Arten sind in China endemisch. Die restlichen Arten gedeihen im tropischen Vietnam, Indonesien, Thailand, Myanmar, Nepal und Indien. Arten der Sektion Manglietia sind in europäischen Gärten nur selten vertreten.

Die Sektion Kmeria umfasst nur drei Arten mit subtropischer und tropischer Verbreitung. *M. duperreana* ist in Kambodscha, Thailand und Vietnam, *M. kwangsiensis* in Südwest-China und *M. thailandica* in Thailand heimisch. Auch diese drei Arten werden hier nicht beschrieben.

Die Sektion Rhytidosperma umfasst mit den Untersektionen Rhytidospermum und Oyama zehn Arten und Unterarten, die alle für eine Kul-

Areal der Gattung Magnolia in Ostasien

Areal der Gattung Magnolia in Nord- und Südamerika

tur in Mitteleuropa von Bedeutung sind. Sie haben ihre natürliche Verbreitung in temperierten Zonen von Südwest-China, Japan und Korea. Nur bei *M. globosa* und *M. rostrata* reichen die Verbreitungsgebiete bis nach Indien, Myanmar und China.

Zur Sektion Auriculata ist allein die in den südöstlichen USA heimische Berg-Magnolie, *M. fraseri* var. *fraseri* und die var. *pyramidata* (synonym *M. pyramidata*) gestellt worden. Typisch für *M. fraseri* sind die großen, am Grunde deutlich geöhrten Blätter. *M. fraseri* ist eine in Mitteleuropa völlig frostharte, trotzdem vergleichsweise selten gepflanzte, baumförmig wachsende Art.

Auch die Sektion Macrophylla umfasst nur die in den südöstlichen USA heimische Großblättrige Magnolie, *M. macrophylla* mit den var. *ashei* und var. *dealbata*. *M. macrophylla* zeichnet sich durch riesige, 50–89(–100) cm lange, am Grunde geöhrte Blätter und bis 30 cm breite Blüten aus. Auch *M. macrophylla* ist ein seltener Gast in unseren Gärten.

Von den 16 Arten und Unterarten der Sektion Yulania gehören 14 Taxa zur Untersektion Yulania, die vorwiegend in temperierten und subtropischen Zonen von China, Japan und dem Himalaya heimisch sind, 10 Arten sind in China endemisch.

Zur Untersektion Tulipastrum ist nur die in den östlichen USA heimische Gurken-Magnolie, *M. acuminata* var. *acuminata*, und die var. *subcordata* gestellt worden. Alle Arten der Sektion sind in europäischen Gärten häufig zu finden.

In der Sektion Yulania sind die Arten zusammengefasst, die früher zur Gattung *Michelia* gestellt worden sind. Die 80 immergrünen, wärmebedürftigen Arten sind im subtropischen und tropischen O-Asien heimisch, 39 davon im südlichen und südwestlichen China, 20 Arten sind in China endemisch. Weitere Arten haben ihre natürliche Verbreitung in Vietnam, Bhutan, Myanmar, Bangladesch und Indien. Nur wenige Arten der Sektion halten an wintermilden Standorten in Europa den Wintern stand.

Nach einer Mitteilung der „Organisation Botanic Gardens Conservation International" vom April 2007 gelten 132 Magnolienarten in ihrem Bestand als gefährdet. (https://www.n-tv.de/wissen)

Geographische Verbreitung der beschriebenen Magnolien

Art	Temperiertes Asien	tropisches Asien	China	Japan	Nord-amerika	Süd-amerika
M. acuminata var. *acuminata*					+	
M. acuminata var. *subcordata*					+	
M. amoena	+		+			
M. biondii var. *biondii*	+		+			
M. biondii var. *purpurasens*	+		+			
M. campbellii	+	+				
M. cavaleriei		+	+			
M. champaca		+	+			

Art	Temperiertes Asien	tropisches Asien	China	Japan	Nord-amerika	Süd-amerika
M. chapensis	+		+			
M. compressa	+	+		+		
M. conifera		+	+			
M. cylindrica var. *cylindrica*	+		+			
M. cylindrica var. *purpurasens*		+	+			
M. dawsoniana	+		+			
M. decidua	+		+			
M. delavayi	+		+			
M. denudata	+		+			
M. doltsopa		+				
M. duclouxii	+		+			
M. ernestii	+		+			
M. fraseri var. *fraseri*	+				+	
M. fraseri var. *pyramidata*	+				+	
M. figo var. figo	+	+	+			
M. figo var. *crassipes*	+	+	+			
M. floribunda		+	+			
M. foveolata	+	+	+			
M. globosa	+	+	+			
M. grandiflora	+				+	
M. insignis		+	+			
M. kwangtungensis	+					
M. kobus	+					+
M. laevifolia	+	I	+			
M. liliiflora	+		+			
M. macclureia	+	+	+			
M. macrophylla subsp. *macrophylla*	+					+
M. macrophylla subsp. *ashei*	+					+

Art	Temperiertes Asien	tropisches Asien	China	Japan	Nord-amerika	Süd-amerika
M. macrophylla subsp. *dealbata*	+					+
M. martinii	+		+			
M. maudiae	+		+			
M. officinalis var. officinalis	+		+			
M. officinalis var. *biloba*	+		+			
M. obovata	+			+		
M. rostrata	+	+	+			
M. salicifolia	+				+	
M. sargentiana	+		+			
M. sieboldii subsp. *sieboldii*	+			+		
M. sieboldii subsp. *sinensis*	+		+			
M. sinica		+	+			
M. sinostellata	+	+	+			
M. sprengeri	+		+			
M. stellata	+			+		
M. tripetala	+					
M. virginiana var. virginiana					+	
M. virginiana var. *australis*	+				+	
M. wilsonii	+		+			
M. zenii	+		+			

Einführungsgeschichte der Magnolien

Obwohl Magnolien ostasiatischer Herkunft in der europäischen Gartenkultur eine größere Rolle spielen als amerikanische, erreichte Mitte des 17. Jahrhunderts mit *Magnolia virginiana* als erste Magnolie eine Art aus dem östlichen Nordamerika europäischen Boden.

Nordamerikanische Magnolien

Der Bischof von Oxford und der britischen Kolonien im östlichen Nordamerika, Henry Compton (1632–1713), war ein großer Pflanzenfreund, der in Fulham Palace einen artenreichen Garten unterhielt. Compton schickte den britischen Geistlichen, gleichzeitig einer der ersten akademisch ausgebildeten Naturforscher, John Baptist Banister (1654–1692) in die britischen Kolonien, um neue Pflanzen für seinen Garten zu finden und einzuführen. Zu den neu eingeführten Arten gehörte neben dem Eschen-Ahorn, *Acer negundo*, der Balsam-Tanne, *Abies balsamea*, dem Amerikanischen Tulpenbaum, *Liquidambar styracilflua*, der Gleditschie, *Gleditsia triacanthos*, und der Scharlach-Eiche, *Quercus coccinea*, auch die Sumpf-Magnolie (englisch sweetbay), *Magnolia virginiana*. Sie wurde 1688 in Fulham Palace von dem britischen Theologen, Altphilologen und Naturforscher John Ray (1627–1705) als „Laurus Tulipifera foliis subtus ex cinereo aut argenteo purpurantibus", Lorbeerblättriger Tulpenbaum, registriert, bevor sie etwa 1731 durch den britischen Botaniker Mark Catesby (1679–1749) in die Gattung *Magnolia* transferiert worden ist.

Banister ist im Alter von 38 Jahren beim Pflanzensammeln durch einen Sturz ums Leben gekommen. Zu Ehren von Banister hat Linné eine tropische Gattung aus der Familie der Malphighiengewächse *Banisteria* genannt.

1688 war *Magnolia virginiana* nach Wein (1931) auch in den Niederlanden, im Garten des Herrn Berverningk, vorhanden. Um 1699 lässt sie sich erstmals in Deutschland, im Boseschen Garten in Leipzig, nachweisen. In der Deutschen Fotothek (http://www.deutschefotothek.de) ist ein Hauptgrundriss des Gartens zu finden.

Die in den östlichen und mittleren USA heimische Gurken-Magnolie, *Magnolia acuminata*, ist um 1705 von dem englisch-irischen Geistlichen und Naturforscher John Clayton (1657–1725) entdeckt und 1736 durch den Farmer und Pflanzensammler John Bartram (1699–1777) nach England eingeführt worden. John Bartram hat auf seinen weiten Reisen zahlreiche Pflanzen gesammelt. 1765 wurde er durch König Georg III. zum „Königlichen Botaniker" ernannt. Die Moosgattung *Bartramia* trägt seinen Namen. Nach Krausch (2003) wuchs *Magnolia acuminata* 1777 in Kassel. *M. acuminata* ist erstmals in der von Mark Catesby verfassten „Natural history of Carolina, Florida and the Bahama Islands" verzeichnet und abgebildet worden.

Die immergrüne *Magnolia grandiflora* ist in den ersten Jahrzehnten des 18. Jahrhunderts aus den USA nach Europa gekommen. Nach Krausch (2003) wuchs sie 1731 im Apothekergarten London-Chelsea. In Mitteleuropa ist sie erstmals 1745 im Garten des preußischen Rechts- und Geschichtswissenschaftlers, Zoologen, Botanikers, Mathematikers und Diplomaten Jakob Theodor Klein (1685–1759) in Danzig nachzuweisen.

Ostasiatische Magnolien

Ostasiatische Magnolien trafen erst gegen Ende des 18. Jahrhunderts in Europa ein.

Der deutsche Arzt und Forschungsreisende Engelbert Kaempfer (1651–1712) hat auf seiner zehnjährigen Forschungsreise über Russland, Persien, Indien, Java und Siam im September 1690 Japan erreicht und sich auf der kleinen, künstlichen Insel Dejima niedergelassen. Durch seine 1712 erschienene „Amoemitarum exoticarum politici-physio-medicarum V" und die 1729 in England posthum erschienene „History of Japan" erfuhr die westliche Welt erstmals von den Pflanzenschätzen Japans, u. a. auch von *Gingko biloba*. Unter dem japanischen Namen Mukuren wird auch die Purpur-Magnolie, *Magnolia liliiflora*, erwähnt. Sie war aus ihrer chinesischen Heimat schon in der Tang-Dynastie (618–907) mit dem Buddhismus nach Japan gekommen.

Die Einführung der Purpur-Magnolie verdanken wir dem Nachfolger Kaempfers in Japan, dem schwedischen Naturforscher Carl Pater Thunberg (1734–1828). Thunberg erreichte Japan 1775, er konnte 254 Pflanzen und Tiere beschreiben und über 800 Pflanzenproben aus Japan mitbringen. Vermutlich aus dem Botanischen Garten in Uppsala kam *Magnolia liliiflora* nach England, wo sie von dem britischen Botaniker, Apotheker und Entomologen William Curtis (1746–1799) unter dem Namen *Magnolia purpurea* beschrieben wurde. 1798 blühte sie im Gewächshaus des Herzogs von Portland, in Bulstok, zum ersten Mal auf europäischem Boden.

Die Yulan-Magnolie, *Magnolia denudata*, kam 1780 durch Betreiben von Sir Joseph Banks (1746–1829), Direktor des Königlichen Botanischen Gartens in Kew und langjähriger Präsident der Royal Society (1779–1829) aus China nach Europa. Sie wurde zunächst von dem englischen Botaniker und radikalem Gegner der Taxonomie nach Linné, Richard Anthony Salisbury, als *Magnolia conspicua* beschrieben.

Magnolia liliiflora und *M. denudata* waren bald darauf auch auf dem europäischen Festland präsent. *Magnolia liliiflora* wuchs 1808 im Botanischen Garten Berlin, 1811 im Botanischen Garten Karlsruhe. 1878 waren beide Arten im Breiterschen Garten in Leipzig vorhanden. (Krausch 2003).

Das Vorhandensein beider Arten in Europa war Voraussetzung dafür, dass aus einer Kreuzung beider die Hybride *Magnolia ×soulangeana* entstehen konnte (siehe Seite 170).

Die in Japan heimische Stern-Magnolie, *Magnolia stellata*, wurde 1862 von der englischen Baumschule James Veitch & Sons, Combe Woods bei London, über St. Petersburg nach England eingeführt.

In der 2. Hälfte des 19. Jahrhunderts kamen weiter ostasiatische Arten nach Europa und Nordamerika. Pflanzenjägern wie Ernest Henry Wilson (1876–1930) und George Forest (1873–1932), die beide zu den erfolgreichsten Pflanzensammlern ihrer Zeit gehören, verdanken wir die Einführung folgender Magnolienarten aus dem westlichen China und dem indischen Himalaja nach Europa und Amerika: *Magnolia campbellii, M. sargentiana, M. sprengeri* und *M. dawsoniana.*

Magnolienzüchtung

Nach dem Ende des 18. Jahrhunderts die ersten ostasiatischen Arten nach Europa gekommen waren, begann man in Europa mit der Kreuzung von Arten. Als Erster befasste sich der französische Botaniker und Kavallerieoffizier unter Napoleon I., Étienne Soulange-Bodin (1774–1846) mit der Kreuzung von Magnolien. 1796 war Soulange-Bodin Sekretär der französischen Botschaft in Konstantinopel. Danach war er in einigen administrativen Funktionen in Frankreich tätig. 1807 war Soulange-Bodin als Intendant im Kabinett von Prinz Eugêne de Beauharais, Vizekönig von Italien und Stiefsohn Napoleons, tätig. Nachdem Napoleon in sein erstes Exil geschickt worden war, kehrte Soulange-Bodin 1814 nach Frankreich zurück und wurde Superintendent im Garten der Kaiserin Josephine in Malmaison. Soulange-Bodin kaufte das 70 Hektar große Chateau de Fromont in Ris-Orangis (Essone), richtete dort ein Arboretum exotischer Bäume ein, baute eine Kollektion von Hexenbesen auf und gründete das „Institut Horticole“, dem 1829 durch Charles X. das Prädikat „königlich“ verliehen wurde. Das Institut ging durch die Revolution von 1830 zugrunde. Später wurde Soulange-Boudin Sekretär der „Sociêté royale d’agricultur“. Er gründete das „Sociêté d’horticulture de Paris“ und organisierte die erste französische Gartenbauausstellung, die 1832 im Louvre stattfand. 1826 konnte Soulange-Bodin erstmals von seiner neuen Magnolie berichten.

Magnolien-Züchtung fand zunächst in Europa statt, später auch in Japan, seit Mitte des 20. Jahrhunderts auch in den USA und in Neuseeland, seit einigen Jahren nun auch in China. Im Rahmen dieses Buches können nur die wichtigsten Züchter vorgestellt werden.

Magnolia ×soulangeana

SOULANGE-BODIN verdanken wir die erste bekannt gewordene Magnolienkreuzung. Er kreuzte die aus Ostasien stammenden *Magnolia denudata* mit Magnolia *liliiflora*, deren Nachkommen später als *Magnolia ×soulangeana* bezeichnet worden sind. Die erste Pflanze dieser interspezifischen Kreuzung blühte 1820 im Château Fromont, bei Ris-Orangis. SOULANGE-BODIN starb am 23. Juli 1846 in Ris-Orangis.

Magnolia ×soulangeana-Sorten übertrafen an Blütengröße und -färbung nicht nur alle bisher bekannten Magnolien, sondern alle Blütengehölze, die sich in unseren Breiten kultivieren lassen. Sie wurden deshalb bald als repräsentative Großsträucher in Parkanlagen und Bürgergärten gepflanzt. Die damals erzielten Sorten und die später erstandenen, großblumigen, farbstarken Sorten dieser Hybrid-Gruppe, die gemeinhin als Tulpenbäume bezeichnet werden, gehören noch heute zum Standardsortiment der Baumschulen und zu den am häufigsten kultivierten Magnolien.

Nach SOULANGE-BODIN haben sich zahlreiche andere Züchter mit der Kreuzung von Magnolien beschäftigt. Nach den ersten Magnolien-Züchtungen Anfang des 20. Jahrhunderts, in Großbritannien durch die Baumschule Veitch & Sons, in Deutschland durch MAX LÖBNER, wurde Magnolien-Züchtung ab Mitte des 20. Jahrhunderts vorwiegend in den USA und Neuseeland betrieben

Magnolia ×veitchii

PETER C. M. VEITCH (1850–1929) ist ein Nachfahre der in den 1770er Jahren von JOHN VEITCH (1752–1859) in Killerton bei Exeter, Großbritannien, gegründeten, später unter dem Firmennamen John Veitch & Sons berühmt gewordenen Baumschule. Die Baumschule beschäftigte u. a. den berühmtesten Pflanzensammler des frühen 20. Jahrhunderts, ERNEST HENRY WILSON (1876–1949). Nachdem PETER C. M. VEITCH von seiner Expedition zum Mt. Kinabalu auf Borneo heimgekehrt war und von dort zahlreiche fleischfressende Pflanzen der Gattung *Nepenthes* heimgebracht hatte, beschäftigte er sich u. a. mit der Züchtung von Magnolien. Er kreuzte die besonders großblumige, für mitteleuropäische Klimabedingungen leider nicht ausreichend frostharte, aus dem Himalaja stammende *Magnolia campbellii* mit *Magnolia denudata*. Die daraus hervorgegangene *Magnolia ×veitchii* wurde später wegen ihres Erbteiles von *Magnolia campbellii* sehr häufig für weitere Kreuzungen benutzt.

Magnolia ×loebneri

MAX HERMANN LÖBNER (1869–1917) gilt für den rheinischen Gartenbau als einer der bedeutendsten Gärtner des 20. Jahrhunderts. Die Gärtnerische Lehr- und Versuchsanstalt zu Friesdorf ist 1917 in Bonn gegründet, 1920 aber nach Friesdorf, einem Stadtteil von Bad Godesberg, verlegt worden. Erster Direktor der Anstalt war MAX HERMANN LÖBNER, der die Anstalt bis 1933 geleitet hat. LÖBNER hatte zuvor am Königlich Botanischen Garten in Dresden und an dem von FRITZ NOBBE gegründeten pflanzenphysiologischen Versuchswesen in Tharandt Erfahrungen mit Pflanzenversuchen gemacht. LÖBNER hat sich noch vor seiner Tätigkeit in Friesdorf mit Pflanzenzüchtungen beschäftigt. Aus einer Kreuzung von *Magnolia kobus* mit *Magnolia stellata* ist die von KACHE nach LÖBNER benannte Hybride *Magnolia ×loebneri* mit den zauberhaften Sorten 'Leonard Messel' und 'Merrill' mit ihren halb gefüllten Blüten hervorgegangen. Paul Kache hat die neue Hybride im 1. Heft der 1920 gegründeten, von Oskar Kühl herausgegebenen, später weit verbreiteten „Gartenschönheit" vorgestellt: „Im Jahre 1917 war die erste Blüte dieser neuen Züchtung dem Züchter selbst der schönste Lohn für die langjährige Arbeit. Da die Pflanzen völlig winterhart sind, dürften nun noch einige Jahre hingehen und M. LOEBNERI schmückt neben den beiden älteren unsere Blütengärten." *Magnolia ×loebneri* vereinigt die wertvollen Eigenschaften der Eltern in sich, die Blühfreudigkeit von *M. stellata* mit dem flotten, freudigen Wuchs von *M. kobus*. In Friesdorf erinnert die „Max-Löbner-Straße" an den ersten Direktor der Friesdorfer Lehr- und Versuchsanstalt, die heute nicht mehr besteht.

Magnolia De Vos- und Korsar-Hybriden

FRANCIS DE VOS (Lebensdaten unbekannt), Genetiker am U.S. National Arboretum in Washington D.C., führte in den Jahren 1955 und 1956 mehrere Kreuzungsprogramme mit *Magnolia liliiflora* 'Nigra' und *Magnolia stellata* 'Rosea' durch.

WILLIAM F. KORSAR (Lebensdaten unbekannt) hat die Kreuzungen von DE VOS mit anderen Klonen der gleichen Elternpaare vorgenommen. Die ersten Sorten dieser interspezifischen Hybriden begannen 1962 zu blühen. Aus diesen Kreuzungen sind die Sorten 'Ann', 'Judy', 'Randy' und 'Ricky' hervorgegangen.

WILLIAM F. KORSAR hat später Pollen der *M. stellata*-Sorten 'Rosea' und 'Watertily' auf Blüten von *M. liliiflora* 'Nigra' und *M. liliiflora* 'Refloresens' übertragen. Die vier Sorten dieser Kreuzungen tragen die Namen 'Betty', 'Jane', 'Pinkie' und 'Susan'.

Ihrer Frauennamen wegen wurden die acht Sorten zusammenfassend als „eight little Girls" (acht kleine Mädchen) bezeichnet. Aus der Züchtungsarbeit von KORSAR sind 1963 auch die wertvollen Schwestersorten 'Galaxy' und Spectrum' hervorgegangen.

Einige der genannten Sorten, z. B. 'Betty' und 'Susan', mit ihren vergleichsweise kleinen Blüten haben gegenwärtig viel von ihrer früheren Bedeutung verloren, obwohl Sorten wie 'Ann', 'Betty ', 'Jane', 'Pinkie' und 'Susan' 1993 mit einem Award of Garden Merit (AGM) ausgezeichnet worden sind. Die genannten Sorten sind in der AGM-Liste 2017 nicht mehr zu finden. Der Gartenwert von Sorten wie 'Ann', 'Jane' und 'Judy' wird dagegen immer noch hoch eingeschätzt.

Magnolia Gresham-Hybriden

TODD GRESHAM (1909–1969) hat 1955 in seinem Hill of Doves oberhalb der Santa Cruz Bay auf der Monterey Halbinsel in Kalifornien, USA, ein besonders umfangreiches Züchtungsprogramm aufgelegt, aus dem in den Jahren von 1955 bis 1969 insgesamt 15.500 Hybriden hervorgegangen sind. Er übertrug Pollen von *M. ×veitchii* (*M. denudata* x *M. campbellii*) auf die Blüten von *M. liliiflora* und *M. ×soulangeana* 'Lennei Alba', um die intensive Blütenfärbung von *M. campbellii* als einem Elternteil von *M. ×veitchii* mit der Winterhärte der anderen Kreuzungspartner zu verbinden

Todd Gresham hat nur etwa ein Dutzend Sorten aus den ersten, 1955 vorgenommen Kreuzungen mit Namen belegt. Andere Sämlinge aus seinen ersten Kreuzungen gingen an das Gloster Arboretum, Gloster, Mississippi, USA.

An der Selektion und Einführung der neuen Sorten waren u.a. J.C. McDaniel, Urbana, Illinois; Ken Durio von der Louisiana Nursery, Baton Rouge, Louisiana; John Giordano, Eight Mile, Alabama und John Allen Smith von der Magnolia Nursery, Chinchula, Alabama, beteiligt. Sämlinge aus späteren Kreuzungen von Gresham wurden an die Tom Dodd Nursery in Alabama abgegeben und dort von John Allen Smith selektiert.

Gresham bezeichnete die Nachkommen seiner ersten Kreuzung aus *Magnolia liliiflora* x *M. ×veitchii* wegen ihrer eleganten, dunklen Blüten als „svelte brunettes" (Schlanke Brünette). Dazu gehören Sorten wie 'Dark Raiment', 'Heaven Scent', 'Peppermint Stick', 'Raspberry Ice', 'Royal Crown', 'Sayonara' und 'Vin Rouge'.

Die Sorten einer anderen Gruppe von Mehrfach-Hybriden, an deren Zustandekommen die Hybriden *M. ×soulangeana* und *M. ×veitchii* beteiligt waren, wurden wegen der hellen Blütenfarbe und der robusten Kronblätter als „buxom blondes" (Dralle Blonde) bezeichnet. Dazu gehören Sorten wie 'Crimson Stipple', 'Cup Cake, 'Darrell Dean', 'Delicatissima', 'Elisa Odenwald', 'Joe McDaniel', 'Manchu Fan', 'Peter Smithers', 'Rouged Alabaster', 'Royal Flush', 'Sulphur Cockatoo', 'Tina Durio' und 'Todd Gresham'. In Großbritannien ist den Sorten 'Heaven Scent', 'Peppermint Stick' und 'Sayonara' mit der Verleihung eines Award of Garden Merit (AGM) ein besonders hoher Gartenwert bescheinigt worden.

August Ernst Kehr (1914–2001), Hendersonville, North Carolina, USA, arbeitete als Genetiker am United States Department of Agriculture Research Station in Betsville. Nach seiner Pensionierung im Jahr 1978 hat er neben 21 Rhododendron- auch 31 Magnoliensorten benannt und registriert, u.a. zahlreiche gelb blühenden Sorten wie 'Banana Split', 'Golden Crown', 'Golden Endeavour', 'Green Bee', 'Honey Flower', 'Sunburst', 'Sundance', 'Sunray', 'Sun Spire' und 'Tranquility'.

In den USA haben sich in jüngerer Zeit auch andere Gärtner, Wissenschaftler und Hobbyzüchter mit der Züchtung von Magnolien beschäftigt.

David Leach (Lebensdaten unbekannt), North Madison, Ohio, USA hat das Magnolien-Sortiment mit der purpurrot blühenden, 1991 registrierten 'Legacy' und der cremeweiß blühenden 'Ivory Chalice' auch durch gelb blühende Sorten wie 'Golden Goblet' und 'Golden Sun' bereichert.

Dennis Ledvina (1939–2015) hat Magnolien-Züchtung in Greenbay, Wisconsin, USA betrieben. Seine Baumschule lag in der Winterhärtezone 5. Von ihm stammen zahlreiche moderne, attraktive, frostharte Sorten wie 'Angel Mist', 'Blushing Belle', 'Cotton Candy', 'Crescendo', 'Exotic Star', 'First Love', 'Lady Woodsman', 'Lily Diva', 'Oriental Charm', 'Pink Charm', 'Pink Delight', 'Pink Surprise', 'Red Barron', 'Roseanne', 'Rose Marie', 'Royal Splendor', 'Silkwood', 'Southern Belle' und 'Sweet Love'.

Phil Savage, (1917–2002), ein pensionierter Pilot der US Air Force, besaß eine große Gehölzsammlung in Bloomfield Hills, Michigan, USA, und kreuzte leidenschaftlich Magnolien, vor allem *M. sprengeri* mit Gresham-Hybriden, mit dem Ziel, großblumige, winterharte Sorten zu erzielen. Von Savage stammen Sorten wie 'Archangel', 'Big Dude', 'Brigitta Flinck', 'Felicity', 'Fireglow', 'Flamingo', 'Helen Fogg', 'Karl Flick' und die gelb blühenden Sorten 'Butterflies', 'Goldfinch' und 'Maxine Merrill'.

Gelb blühende Magnolien

Die in München geborene EVAMARIA SPERBER (1927–2005) kam Anfang der 1950er Jahre von der Universität Hohenheim in die USA. Von 1956 an hat sie am Brooklyn Botanic Garden, New York, farbintensive Auslesen der Blauen Gurken-Magnolie, *M. acuminata* var. *acuminata* und vor allem der Gelben Gurken-Magnolie, *M. acuminata* var. *subcordata*, mit der Yulan-Magnolie, *M. denudata*, und Sorten der Tulpen-Magnolie, *M. ×soulangeana*, gekreuzt. Ihr Zuchtziel war die Schaffung großblumiger, gelb blühender Sorten, deren Blüten sich besser öffnen und besser gelb gefärbt sind als die von *M. acuminata*. Eine der ersten Sorten war 'Elizabeth'. Sie erhielt am 23. Juli 1968 ein United States Plant Patent. Nach 'Elizabeth' sind zahlreiche gelbblühende Sorten erzielt worden, u. a. Sorten wie 'Banana Split', 'Butterflies', 'Gold Star', 'Yellow Bird', 'Yellow Fever' und 'Yellow Lantern'.

In einem anderen Kreuzungsprogramm am Brooklyn Botanic Garden haben EVAMARIA SPERBER, DORIS STONE und LOLA KOERTING 1954 *M. acuminata* mit *M. liliiflora* gekreuzt. Die Nachkommen wurden als M. *×brooklynensis* bezeichnet. In Kultur sind Sorten mit purpurfarben, gelblich grün getönten Blüten wie 'Evamaria' und 'Woodsman'.

Auch AUGUST KEHR hat sich neben zahlreichen anderen Kreuzungen auch mit der Züchtung gelb blühender Sorten beschäftigt. Aus einer Kreuzung zwischen *M. acuminata* var. *acuminata* x *M. denudata* ist die hellgelb blühende 'Sundance' entstanden, aus Kreuzungen zwischen *M. acuminata* var. *acuminata* x *M. liliiflora* die *M. ×brooklynensis*-Sorten 'Golden Girl' und 'Daybreak'.

Neuseeländische Magnolienzüchter

In Tikorangi, in der Region Taranaki auf der Nordinsel Neuseelands, haben sich FELIX († 1997) und MARK JURY (Vater und Sohn) ab den frühen 1960er Jahren mit der Züchtung von Magnolien beschäftigt. Durch die Einkreuzung der großblumigen, aber frostempfindlichen *M. campbellii* sollten großblumige, frostharte Sorten erzielt werden, die früher zu blühen beginnen als *M. campbellii*, deren Blühen nicht selten erst in einem Alter von 20 Jahren einsetzt. Von FELIX und MARK JURY stammen großblumige, farbstarke Sorten wie z. B. 'Apollo', 'Athene', 'Atlas', 'Black Tulip', BURGUNDY STAR, 'Iolanthe', 'Lotus', 'Milky Way', 'Serene', Vulcan' und die gelb blühende Sorte 'Honey Tulip'.

IAN BALDICK betreibt seine Magnolienzüchtung in Ramarama, Region Auckland, im Norden der neuseeländischen Nordinsel. Baldick begann seine Züchtungsarbeit einige Jahre später als Vance Hooper. Von ihm stammt unter anderem 'Ian's Red', eine Sorte mit einer starken Annäherung an die Farbe Rot, die als klares Rot bei sommergrünen Magnolien nicht vorkommt. Zu den Baldick-Sorten gehören außerdem die Sorten 'Livingstone', 'Purple Sensation', 'Red As' und 'Ula'.

Von OSWALD BLUMHARDT stammt nicht nur die großartige Sorte 'Star Wars', sondern auch Sorten wie 'Aurora', 'Moonrocket', 'Pat's Delight' und 'Purple Globe'.

VANCE HOOPER, Baumschuler und Züchter, hat sich in seiner 2005 gegründeten Magnolia Grove, Waitara, in der Region Taranaki auf der Nordinsel Neuseelands mit der Züchtung von Rhododendron und Magnolien beschäftigt. Von ihm stammen farbstarke Sorten wie 'Amethyst Flame', 'Cameo', 'Cathryn', 'Cleopatra', 'Genie', 'Margaret Helen', 'Shirazz' und 'Sweet Merlot'.

Magnolienzüchtung in Deutschland

Viele Jahre nachdem sich Max Löbner in Dresden mit der Züchtung von Magnolien beschäftigt hat, werden in Deutschland wieder Magnolien gezüchtet.

Michael Gottschalk, Mitarbeiter der Baumschule Lunaplant in Kriftel, die ein besonders umfangreiches Magnoliensortiment anbietet, beschäftigt sich seit mehr als 20 Jahren auch mit der Züchtung winterharter Magnolien. Seit etwa 2010 bietet er über Lunaplant.de eigene, winterharte Züchtungen an, großartige Sorten wie 'A. E. Bold', 'Angels Landing', 'Aphrodite', 'Helena', 'Melon Sky', 'Siddharta' und 'Venus'.

Magnolien als Heilpflanzen

Auszüge aus der aromatisch duftenden, bitteren Zweig- und Wurzelrinde der Arznei-Magnolie, *Magnolia officinalis* (chinesisch hou po) und *M. officinalis* var. *biloba* gehören in China seit 2000 Jahren zu den traditionell verabreichten Arzneimitteln. Als „Magnoliae officinalis cortex" (houpo) wird die getrocknete Rinde von Ästen, Zweigen und Wurzeln von *M. officinalis* und der in Japan heimischen Honoki-Magnolie, *M. obovata* (japanisch ho-no-ki) bezeichnet. Magnolienrinde wird in China als kara-kobuko, in Japan als wa-koboku bezeichnet.

Die traditionelle chinesische Medizin geht bis auf die Han-Dynastie (220 vor bis 206 vor Christus zurück. In dem 100 Jahre vor Christus erschienenen Kräuterbuch „Shennong Ben Cao Chien" (Kräuterklassiker nach Shennong) sind neben der Arznei-Magnolie, *Magnolia officinalis*, weitere 365 traditionelle Heilmittel beschrieben worden, darunter 252 Mittel, die von Pflanzen gewonnen werden.

Angebaut wird die Arznei-Magnolie gegenwärtig vor allem in der oberen Yangtse-Region.

Für die Herstellung der Droge „Magnolia-officinalis-Rinde" wird in den Monaten Mai und Juni die Rinde von etwa 20 Jahre alten Bäumen der Arznei-Magnolie gewonnen. Die Rinde wird in einem Behälter erhitzt und zum Abkühlen mit Wasser bespritzt. Die Prozedur wird dreimal wiederholt, die Rinde dann an der Sonne getrocknet. Das Produkt enthält Monoterpenyl-Lignane wie Bornylmagnolol, Dipieritylmagnolol und Piperitylhonokiol; Lignane wie Magnaldehyd B und C und Magnolognan A, B, C, D und E; Norlignane, Dilignane, Hydroxybiphenyle, Sequiterpen-Neolognane, ätherische Öle, Alkaloide wie Magnocurarin, Magnosprengerin und Salicifolin. In der traditionellen chinesischen Heilkunde wird die Droge bei Schlaganfall, Kopfschmerzen, gastrointestinalen Beschwerden, Kurzatmigkeit, als Beruhigungsmittel, Anthelmintikum, Aphrodisiakum, Tonikum, Diureticum, Expektorans, bei Erkältungskrankheiten, Neurosen, Fieber und Lungenemphysemen verabreicht.

Für die Droge „Magnoliae officinalis cortex" der traditionellen chinesischen Medizin (TCM) wird von April bis Juni Rinde von Stamm, Ästen und Wurzeln abgeschält und direkt im Schatten getrocknet. Die mit kochendem Wasser überbrühte Stammrinde wird an einem schattigen Ort so lange übereinandergeschichtet, bis sich die Innenseite der Rinde violett- oder dunkelbraun gefärbt hat. Danach wird die Rinde eingeweicht, zu Röhren eingerollt und getrocknet. Das Fertigprodukt enthält Magnolol und Honikolol. Es wird bei Völlegefühl mit Durchfall und Erbrechen, Völlegefühl im Unterleib und Obstipation, Keuchatmung und Husten verschrieben.

Für die Droge „Magnoliae officinalis flos" (chinesisch hou po hua) der TMC werden im Frühjahr die noch geschlossenen Blütenknospen gepflückt und nach einer kurzen Wärmebehandlung an der Sonne oder unter milder Wärmezufuhr getrocknet. Das Fertigprodukt enthält ätherische Öle. Es wird gegen Unwohlsein, Knoten- und Völlegefühl in der Brust und im Magen und gegen Appetitlosigkeit eingesetzt.

In China und Japan sind auch andere Magnolienarten von medizinischer Bedeutung. Dazu gehören *Magnolia biondii, M. denudata* und *M. rostrata,* heimisch in China, in Japan teilweise kultiviert, sowie die in Japan heimischen *M. obovata* und *M. kobus.*

Aus den noch geschlossenen und getrockneten Blütenknospen von *Magnolia biondii, M. denudata* und M. sprengeri wird die Droge „Magnoliae flos" (chinesisch xinyi) gewonnen. „Magnoliae flos" aus *M. biondii* enthält Alkaloide wie (+)-Coclaurin; Magnoflorin, Salicifolin und Yuzirin; Lignane wie Demethoxysachantin, Fargesin, Lirioresinol-B-dimethylether und Magnolin sowie ätherische Öle. In der TCM wird die Droge gegen Kopfschmerzen, verstopfte Nase sowie Schnupfen mit zähflüssigem Nasensekret eingesetzt.

Die Droge „Magnoliae flos" aus den Blütenknospen von *M. denudata* enthält 3,5–6,5 % ätherische Öle mit Citral, Cineol und Eugenol; Lignane wie Aschantin, Demethoxyaschnatin, Fargesin, Magnolion und Pinoresinoldimethyl. In der TMC wird die Droge wie die von *M. biondii* eingesetzt, in der asiatischen Heilkunde lokal bei akuter oder chronischer Rhintitis und Sinusitis, bei Ekzemen und Hautjucken, bei Influenza, Hyposmien, Zahn- und Kopfschmerzen. (Hillier, Melzig 2010).

In China hatten auch andere Magnolien eine medizinische Bedeutung. Anfang 1972 sind in Ma-wang-tui in der Nähe von Ch'ang sha, Provinz Henan, in einem Grab aus der Zeit der Westlichen Han-Dynastie (207 vor bis 9 nach Christus) Beutelchen mit getrockneten Heilpflanzen aus den Blütenknospen von *Magnolia liliiflora* gefunden worden (Wong, 1978).

Blüten von *M. liliiflora,* „Magnoliae liliiflora Flos", sind, neben Meerträubel, Forsythie, Gelbrinde (*Phellodendron*) und Süßholz, Bestandteil von Tabletten gegen chronische Nasenentzündungen, sie schaffen Erleichterung für entzündete Nasenkanäle und geschwollene Schleimhaut.

Gegenwärtig haben in China auch *Magnolia liliiflora, M. amudiae, M. rostrata, M. sieboldii. M. sieboldii* subsp. *sinensis, M. sprengeri und M. wilsonii* eine medizinische Bedeutung. *Magnolia laevifolia* und *M. martinii* liefern Grundstoffe für die Parfümherstellung.

In Japan wurde die dort heimische Honoki-Magnolie, *Magnolia obovata,* seit tausend Jahren traditionell in ähnlicher Weise verwendet wie *M. officinalis* in China. Sie spielt dort auch gegenwärtig in der als Kampo-Medizin bezeichneten Arzneipflanzentherapie eine große Rolle. Bei der Kampo-Medizin werden Arzneipflanzen nach überlieferten Rezepturen in Form von Tees oder Extraktprodukten therapeutisch angewandt. Die Kampo-Medizin ist gut in die moderne Medizin integriert. Arzneimittel pflanzlicher Herkunft dürfen nur von Ärzten verschrieben werden. Die Kampo-Medizin unterscheidet sich so von der traditionellen chinesischen Medizin.

Die aus getrockneter Rinde von *Magnolia obovata* hergestellte Droge „Magnolia-obovata-Rinde" enthält 0,3 % ätherisches Öl mit Bornylacetat, Camphen, Caryophyllenepoxid, Eudesmol und Limonen; Alkaloide wie Annonanin, Asimilobin, Glaucin, Liriodenin, Magnoflorin und Obovanin; Lignane wie Honokiol, Magnolol, Magnolianin und weitere Sequiterpen-Neolignane. Die Droge wird in der traditionellen japanischen und chinesischen Heilkunde bei Neurosen, gastrointestinalen Beschwerden, Kopfschmerzen, verstopften Nasen, als Antiemetikum, Magenmittel, Diureticum, bei Fieber, Angst, Diarrhoe und Schlaganfall eingesetzt. (Hillier, Melzig 2010).

Von den in den USA heimischen Magnolienarten haben die Immergrüne Magnolie, *Magnolia grandiflora*, die Sumpf-Magnolie, *M. virginiana* und die Gurken-Magnolie, *M. acuminata*, eine medizinische Bedeutung.

Die aus getrockneter Rinde von *M. grandiflora* hergestellte Droge „Magnoliae grandiflora cortex" enthält Alkaloide und Orotoalkaloide, u. a. Magnoflorin und Menispermin, Lignane und Neolignane. Die Droge wurde früher in der Volksmedizin gegen Malaria, Bluthochdruck und Rheuma eingesetzt.

Die aus Blüten von *Magnolia virginiana* gefertigte Droge „Flores Magnoliae" enthält 0,04 % ätherische Öle und herzwirksame Substanzen. In der Homöopathie werden frische Blüten von *M. virginiana* gegen Rheumatismus und Herzschmerzen eingesetzt.

Die aus getrockneter Rinde von *Magnolia acuminata* hergestellte Droge „Magnoliae acuminatae cortex" enthält ätherische Öle mit Mono- und Sesquiterpenen, außerdem Sesquiterpenlactone vom Germacranolidtyp, u. a. Costunolid und Parthenolid, Isochinolinalkaloide, Lignane und Neolignane. (HILLIER, MELZIG 2010).

Die Biophenole Magnolol und Honokiol zeichnen sich durch zahlreiche biologische Wirkungen aus. Honokiol ist erstmals 1972 von FUJITA et al. (Pharmacol Bull. 1972, 20: 212–213) aus der Stammrinde von *Magnolia obovata* isoliert und identifiziert worden.

In modernen Cremes verarbeitet wirken Magnolol und Honikolol antioxidativ, antibakteriell und antiinflammatorisch. Magnolol und Honokiol sollen die durch UV-Bestrahlung verursachten Oxidationsprozesse auf der Haut unterbinden und der Hautalterung vorbeugen. In vitro ist die Unterbindung von UV-bedingten Zellschäden nachgewiesen worden. (FUJITA et al. 1994).

In vitro sind auch antibakterielle und antiinflammatorische Wirkung von Honokiol und Magnolol gegen Propionibakterien-Spezies nachgewiesen worden. (PARK et al. 2004).

An mehreren US-amerikanischen onkologischen, biochemischen, pharmazeutischen und chirurgischen Instituten sind Versuche unternommen worden, ein neuartiges natürliches Mittel zur Krebsprävention und -therapie zu entwickeln. In vitro und in präklinischen Modellen sind entzündungshemmende, anti-Angiogene, oxidative und anti-Krebs-Eigenschaften von Honokiol festgestellt worden. (Curr Mol Med. 2012 Dezember. 12, 10, S. 1244–1252).

Im 16. Jahrhundert erfuhren die Europäer, dass Auszüge aus *M. mexicana* (synonym *Talauma mexicana*) von der indigenen Bevölkerung Mexikos als Medizin gegen Nervosität, Herz- und Bauchbeschwerden verwendet worden sind. Gegenwärtig dienen diese auch zur Aromatisierung von Schokolade und anderen Lebensmitteln.

Magnolien als Nutzholz und Futterpflanzen

Das mittelschwere, ziemlich harte Magnolienholz ist im Split cremeweiß, im Kern hell- bis dunkelbraun und oft mit grünlichen bis purpurschwarzen Streifen oder Flecken durchzogen. Viele baumförmig wachsende Magnolienarten werden im Bereich ihrer natürlichen Verbreitung als Bau-, Möbel- und Brennholz genutzt und dabei stellenweise auch übernutzt, sodass viele Arten in ihrem Bestand gefährdet sind. So wird beispielsweise in den USA das harte und schwere Holz der *Magnolia grandiflora* zur Herstellung von Möbeln, Furnieren und Paletten verwendet.

Die fleischigen Tepalen der Magnolienblüten werden z. B. in Nepal von Rhesusaffen und Languren verzehrt. Magnolienpollen sind Nahrungsquelle für Käfer, Bienen und Hummeln.

Magnoliensamen und -früchte werden von Kleintieren und zahlreichen Vogelarten verzehrt. (siehe S. 16).

In China ist eine Magnoliendelikatesse entwickelt worden. Die fleischigen Blütenblätter werden mehliert und in heißem Öl frittiert. Sie sollen krachig, süß und duftig schmecken.

Magnolien in Dichtung und Malerei

Ganz anders als etwa die heimischen Kirschen oder Äpfel, die in deutschen Erzählungen, Märchen und Gedichten häufig zu finden sind, werden die fremdländischen Magnolien selten bedacht.

Hermann Hesse, geboren am 8. August 1877 im Königreich Württemberg, gestorben am 2. Juli 1962 in Montagnola, Tessin, hatte eine große Affinität zu Bäumen. Im Jahr 1919 beginnt er seine Erzählung „Bäume", veröffentlicht in "Norddeutsche Allgemeine Zeitung" vom 10. 3. 1919 mit den Sätzen: „Bäume sind für mich immer die eindrücklichsten Prediger gewesen. Ich verehre sie, wenn sie in Völkern und Familien leben, in Wäldern und Hainen. Und noch mehr verehre ich sie, wenn sie einzeln stehen".

Seine Erzählung „Gegensätze" ist in Montagnola entstanden, seiner Tessiner Wahlheimat, in der er seit 1919 lebte und arbeitete. In „Gegensätze", erstmals gedruckt im „Berliner Tageblatt" vom 9. 7. 1929, beschäftigt er sich mit dem ungleichen Baumpaar in seinem Garten, der prachtstrotzenden Sommermagnolie (*Magnolia grandiflora*) und dem Zwerg auf seinem Balkon. Er erfreut sich an den riesigen, schneeweißen, köstlich nach Zitronen duftenden, vergänglichen Riesenblüten der Magnolie. Sie öffnen sich meist am frühen Morgen und spiegeln „das Licht wie schneeiger Atlas" wider. Die Blüten schweben „einen Tag lang auf den dunkelglänzenden, harten, immergrünen Blättern", sind „einen Tag lang jung und glänzend", bevor sie sich sachte verfärben und langsam altern. Die im Verblühen zu einem hellen Zimtbraun verfärbten Blüten sind ihm wie „ein feines, zartes Wildleder: ein traumhafter, wunderbarer Stoff, zart wie ein Hauch und doch von fester, derber Struktur."

Dem Riesenbaum steht ein Zwerg auf seinem kleinen Balkon gegenüber. Die etwa 40 Jahre alte, charaktervolle, uralt aussehende Zypresse sind ihm mit ihren fingerlangen Ästen wie „ein kleiner, knorriger, selbstbewußter Zwerg, ein wenig rührend und ein wenig komisch, voll von Würde und doch kautzig und zum Lächeln neigend." Der Zwerg „schaut gleichmütig zu seinem Riesenbruder hinüber, vom welchem zwei Blüten genügen würden, um den würdigen Zwerg zuzudecken. Ihn stört das nicht, er scheint seinen großen feisten Bruder gar nicht zu sehen." (Hesse in Michels 2012).

Magnolien
Baum, der runden Alabaster-Blüten,
trägst du den Namen einer Frau,
die mehr Frau ist als manche andere?

Dein grosses Werk: Du blühst
und prangest fröhlich-feierlich,
die Wangen rot vom prallen Leben.

Wie Orgelpfeifen stehn die Kelche.
Wer spielt das Pflanzeninstrument
mit Frühlingsbrausen, dann wie Glöckchen zart?

Doch müsstest du im Sommer blühn,
Matrone, Tulpenbäckerin,
gemahnst ans Juni-Rosenwunder.

Und deine weiten Gesten, dein Gehabe,
sprechen laut von längerer, reifer Zeit,
derweil zu schnell den Boden du bestückst.

Mit deinen von dir abgefallenen Blütenwundern
schämst du dich deiner Fülle.
Kennst du denn nicht deinen eignen Wert?

Weisst du denn nicht,
dass in der Milchstrasse oben,
ewig, im Sternenmeer dein Abbild blüht?

Guido Holstein
Badener Neujahrsblätter Bd. 83, 1988

Magnolienblüte
Weiß erblüht der Baum im Frühling
ein Duft betörend Sinne schön
rot die Farbe nun der Liebe
läßt den Baum aus Liebe blühn.

Magnolien schön
die Sonnen strahlen
warm die Luft ein Blütenmeer
lieblich süß läßt nun erahnen
wie der Sommer wird so grün.

Frühling ist's
ein Ort der Liebe
im Park die Paare sich berührn
zärtlich Kuss im Reich der Sinne
in dunkler Nacht im Sternenmeer.

Friedel Bolus (www.schreiber-netzwerk.eu)

Magnolien-Akrostichon
Mit Hoffnung warte ich auf den Frühling.
A lles fing an zu grünen und zu blühen.
G änseblümchen zieren nun den Rasen.
N ichts bleibt dem suchenden Auge verborgen,
O b Primeln oder Veilchen.
L icht und Wärme ist die Kraft, die alles fließen läßt.
I mmer und zu jeder Zeit erfreut sich das Herz an der Natur.
E ine Magnolie ist voll erblüht.

(Die Anfangsbuchstaben von oben nach unten gelesen ergeben das Akrostichon Magnolie)

Dietlinde Heider (www.haikulinde.de)

Tanka und Haiku

Mehr als 1300 Jahre alt sind die japanischen Gedichtformen Tanka und Haiku, die sich überwiegend der Naturbetrachtung widmen. Neujahrsgedichte sind u. a. dem Föhrenbaum gewidmet. In Frühlingsgedichten werden neben Kirschblüten, Weiden und Bambus vor allem die als Pflaumenblüte bezeichnete Japanische Aprikose, *Prunus mume*, besungen. Andere Pflanzen – bunt gefärbte Ahorne, Päonien, Azaleen, Pfirsiche, Aprikosen, Lotos, Kamelien, Jasmin – werden in japanischen Kurzgedichten weitaus seltener bedacht, das gilt auch für Magnolien.

Das Tanka (dt. Kurzgedicht) ist eine reimlose Gedichtform mit 32 Moren (= kleinste zeitliche Einheit des Verstaktes). Tanka sollen den Augenblick beschwören, ihn festhalten und mit Präzision und Musikalität beschreiben. Tanka beherrschen die älteste Anthologie Japans, das Man'yo¯hu, entstanden zwischen 400 und 759 und um 760 herausgegebenen. In Japan werden Tanka in einer einzigen Linie geschrieben, in anderen Sprachen in der Form 5-7-5-7-7 Moren.

Tanka und Haiku werden nicht nur in Japan geschrieben, wo jährlich tausende Gedichte veröffentlicht werden, sondern auch in Deutschland. Sie werden in den Jahrbüchern der Deutschen Haiku Gesellschaft und in Internetforen wie „Schreiber Netzwerk“ veröffentlicht. Darunter finden sich auch Gedichte zu Magnolien.

Ein Frühlingshauch der
Morgenröte färbte zart
die Magnolien.

DIETLINDE HEIDER (www.haikulinde.de)

Das Malen von Landschaften, Tieren und Blumen hat in China und Japan eine lange Tradition. Blumenmalereien auf Seide sind in 2000 Jahre alten chinesischen Gräbern gefunden worden. In der Pflanzenmalerei überwiegt die Darstellung von Bambus, häufig dargestellt auf Keramiken, Stoffen, Papier, Stellschirmen, Wänden und Hängerollen werden aber auch Kiefer, Pfirsich und Kirsche, weniger oft auch Magnolien, die den Chinesen als Inbegriff der Reinheit und Schönheit galten.

Pflanzung und Pflege von Magnolien

Wie alle Pflanzen gedeihen auch Garten- und Parkgehölze nur dann optimal, wenn der Standort den Ansprüchen der jeweiligen Art oder Sorte entspricht. Der Standort wird durch die dort herrschenden klimatischen Bedingungen ebenso geprägt wie durch die Bodenverhältnisse und den Pflanzplatz in Garten oder Park. Magnolien gehören zu den Arten mit einer engen ökologischen Amplitude, das heißt, sie gedeihen zufriedenstellend nur dann, wenn alle Kulturbedingungen in optimaler Weise erfüllt sind.

Klimatische Voraussetzungen

Unter dem Begriff Klima sind alle Wettervorgänge an einem gegebenen Ort zu verstehen. Dazu gehören Luft- und Bodentemperatur, Niederschläge, Tageslänge, Wind und Frost,

Sturm und Hagel. Die Gesamtheit der meteorologischen Einzelvorgänge beeinflussen ganz wesentlich das Wachstum von Wild- und Kulturpflanzen, die Zusammensetzung der natürlichen Pflanzendecke und die natürliche Verbreitung einer bestimmten Art.

Die meisten sommergrünen Magnolien gedeihen in der nemoralen Vegetationszone Ostasiens und Nordamerikas unter humiden oder semihumiden Klimabedingungen, die durch ± hohe Sommerniederschläge, teilweise warme Sommer und durch einen plötzlichen Übergang vom Winter zum Frühling gekennzeichnet sind. Magnolien dieser Vegetationszone kommen oft an Waldrändern, auf Lichtungen oder im Unterholz artenreicher, sommergrüner Laub- oder Mischwälder gebirgiger Lagen vor oder gedeihen in Auwäldern, wie z. B. die Gurken-Magnolie, *Magnolia acuminata*, im östlichen Nordamerika. Ideale Bedingungen für die Kultur von Magnolien bieten deshalb Standorte mit einem ausgeglichenen Klima, das durch kühlfeuchte Sommer und milde Winter gekennzeichnet ist.

Immergrüne Arten sind in meridionalen, subtropischen oder tropischen Vegetationszonen oft Vertreter immergrüner Lorbeer- und Hartlaubwälder, wie wir sie z. B. in den ausgedehnten, artenreichen Regionen von Süd-China bis zum mittleren Himalaya, in den Randbereichen des West-Himalaja, in Südkorea und Süd-Japan, sowie in Nord- und Mittel-Florida oder Mittelamerika finden.

Von ausschlaggebender Bedeutung für das Gedeihen einer Pflanze ist das Makroklima, das Klima eines Landes oder einer Landschaft, auch deshalb, weil es sich nicht entscheidend beeinflussen lässt. Mit Ausnahme hoher Gebirgslagen liegt Deutschland im Bereich des warmgemäßigten Klimas im Übergang vom maritimen zum kontinentalen Klima.

Im Gegensatz zum Makroklima steht das Mikroklima, die Wettervorgänge in der bodennahen Luftschicht eines kleinen Raumes, die von den Klimawerten der Messstationen wesentlich abweichen können. Beeinflusst wird das Mikroklima u. a. durch den Pflanzenbewuchs, die Hangneigung, die Nähe von Gewässern und die Art der Bebauung. Diese Faktoren können sich auf das Wachstum von Pflanzen positiv oder negativ auswirken. Positiv z. B. in der Art, dass die Sonne an einem Hang in einem günstigeren Winkel einfällt und dort eine höhere Temperatur herrscht. Stärker als die weitere Umgebung erwärmen sich auch geschützte Plätze vor Bäumen, Hecken, Mauern und Fassaden. Eine Hecke kann z. B. die Windgeschwindigkeit um 50 bis 80 % mindern. Ihre Wirkung macht sich bis zu einem Abstand bemerkbar, der etwa der fünffachen Höhe der Hecke entspricht. Bäume und höhere Sträucher bieten Schatten für immergrüne Laubgehölze, Windschutz für Magnolien mit Blütengrößen über 20 cm und Schutz gegen Sonnenbrand empfindlicher Gehölze. Größere Wasserflächen können Temperaturen ausgleichen und nicht selten Früh- oder Spätfröste abmildern. Innerhalb einer Stadt sind die Temperaturen in der Regel höher als in der freien Landschaft.

Einen negativen Einfluss auf das Pflanzenwachstum kann u. a. die Form der Bebauung haben, wenn dadurch Windschleusen und zugige Ecken entstehen. Die Windeinwirkung an solchen Standorten kann zu Kronenbruch und Deformation der Magnolien führen, mindert aber auch die Luftfeuchtigkeit und steigert die Verdunstungsrate der Blätter. Negativ kann auch ein Platz von einer südexponierten Mauer oder Fassade sein, wenn im Frühjahr die einstrahlende Sonne zur vorzeitiger Saftzirkulation anregt und die Pflanzen in den folgenden Nächten durch tiefe Temperaturen geschädigt werden. Von Nachteil kann auch ein Platz unter großkronigen Bäumen sein. Sie verhindern den unter dem Kronendach wachsenden Pflanzen Zugang zu Wasser, Nährstoffen und Licht.

Winterhärtezonen

Ein begrenzender Faktor für die Kultur von Magnolien sind u. a. die winterlichen Tiefsttemperaturen und die damit verbundene Frosthärte der einzelnen Arten oder Sorten. Die Frosthärte einer Pflanze ist genetisch bedingt und lässt sich durch Umwelteinflüsse und Kulturmaßnahmen nur in Grenzen beeinflussen. Einen Einfluss auf die Winterhärte hat neben zusagenden Bodenverhältnissen (physikalische und chemische Eigenschaften, Struktur und Zustand) und einer optimalen Nährstoffversorgung als Grundlage für ein gesundes Wachstum, vor allem der Witterungsverlauf im Sommer und Herbst. Nach einem mäßig warmen und trockenen Herbst, verbunden mit einer optimalen Wasserversorgung im Frühherbst, beenden Magnolien rechtzeitig ihr vegetatives Wachstum, reifen gut aus und erreichen so ihre spezifische Frosthärte.

Beeinflusst wird die Frosthärte auch durch den Beginn der Winterfröste. Im Laufe des Winters findet in Blättern, Knospen und Trieben eine ansteigende Frosthärtung statt, die sich zum Frühjahr hin allmählich wieder auflöst.

Von beträchtlichem Einfluss auf das Gedeihen einer Magnolie kann auch die Wahl des Pflanzplatzes sein. Durch ein geschicktes Ausnutzen kleinklimatischer Standortvorteile lassen sich Magnolien nicht selten auch in solchen Winterhärtezonen kultivieren, in denen sie ohne die besonderen Vorteile des Mikroklimas nicht mehr optimal gedeihen würden.

Bei der Frage, ob eine bestimmte Magnolienart, -hybride oder -sorte an einem gegebenen Standort optimal gedeihen kann, sind u. a. Erfahrungen über deren Frosthärte hilfreich. Sie lassen sich an der Angabe der Winterhärtezone (WHZ) ablesen. Bei allen Beschreibungen der Arten und Sorten wird die niedrigste Winterhärtezone angegeben, in der diese Magnolie eine reelle Überlebenschance hat. In den nächst höheren Winterhärtezonen ist die Kultur dieser Magnolie ohnedies problemlos. Bei Sorten von Arten fehlt die Angabe der Winterhärtezone. Man kann davon ausgehen, dass Sorten die gleiche Frosthärte besitzen wie die Art.

Grundlage der hier angegebenen Winterhärtezonen sind die mittleren jährlichen Minima der Lufttemperatur. Das für die Einteilung der Winterhärtezonen zugrunde gelegte „mittlere jährliche Minimum der Lufttemperatur" wird errechnet, indem die in den Wetterhütten der einzelnen Stationen 2 m über, soweit vom Klima her möglich, rasenbedecktem Boden im Laufe langfristiger Messperioden gemessenen jährlichen Tiefsttemperaturen (absolute Minima der einzelnen Jahre) summiert und durch die Anzahl der Beobachtungsjahre dividiert werden. Die Mittelwerte werden mit t_{minJ} bezeichnet.

Die Zuordnung einer Magnolie zu der niedrigsten Winterhärtezone, in der sie noch die entsprechenden Temperaturen erträgt, bedeutet keine absolute Frosthärte in dieser Zone. In extrem kalten Wintern werden die den jeweiligen Zonen zugrunde liegenden Minima der Lufttemperatur stark unterschritten, wobei es dann zu mehr oder weniger großen Schäden am Holzgerüst der Pflanzen kommen kann. Nach allgemeinen Erfahrungen kann man aber davon ausgehen, dass Magnolien etwa eine 80-prozentige Überlebenschance in der jeweils angegeben Zone haben.

Karten der Winterhärtezonen für Europa sind in Temperaturbereiche von jeweils 5,5° C gegliedert, für das kleinräumige Mitteleuropa werden diese Zonen in Halbzonen a und b untergliedert.

Winterhärtezonen (WHZ) für Gehölze in Mitteleuropa und deren Temperaturbereiche in °C. Resultierend aus den mittleren jährlichen Minima der Lufttemperatur t_{minJ}

6a – 23,4 bis – 20,6
6b – 20,5 bis – 17,8
7a – 17,7 bis – 15,0
7b – 14,9 bis – 12,3
8a – 12,2 bis – 9,5
8b – 9,4 bis – 6,7

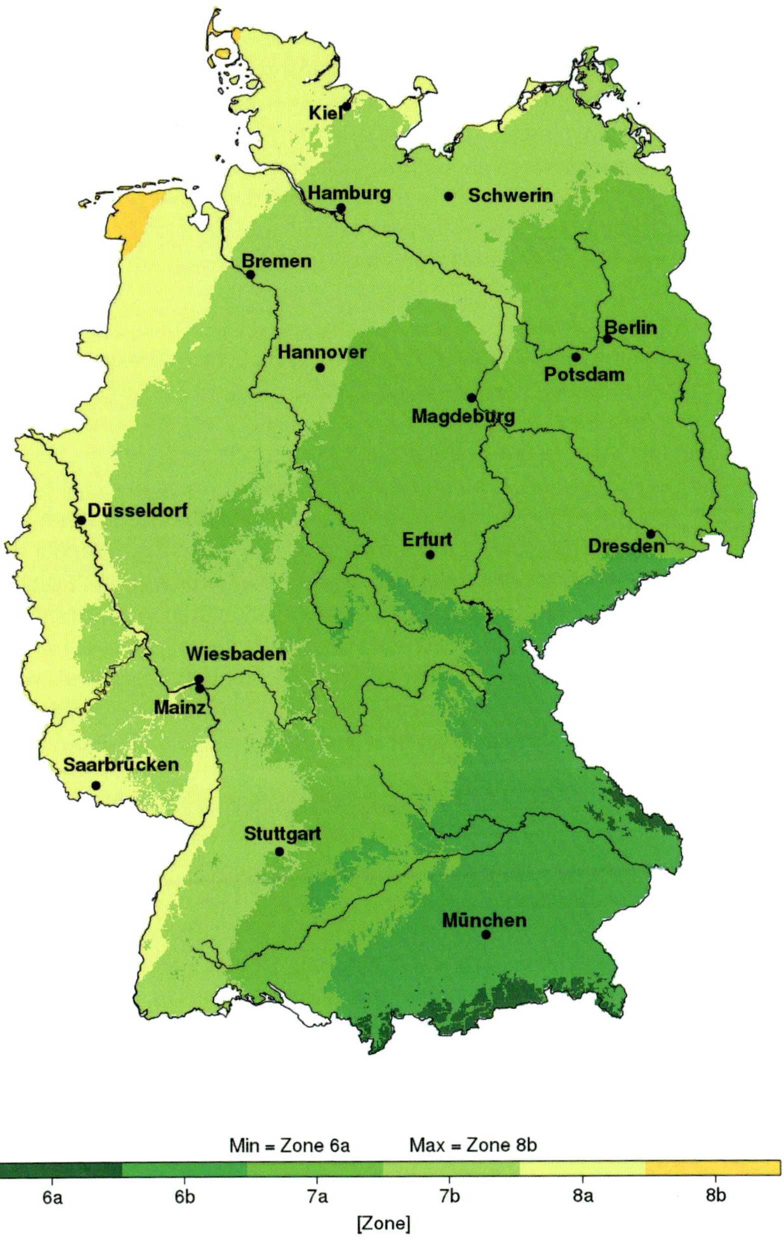

Die meisten sommergrünen Arten sind in der Winterhärtezone 6a oder 6b ausreichend frosthart. Das gilt nicht für die in Süd-China, Bhutan, Nordost-Indien und Nord-Myanmar heimische, frostempfindliche und wärmebedürftige *Magnolia campbellii* und Sorten mit einem hohen Erbanteil dieser Art. Sie sind erst in der Winterhärtezone 8a bis 7b ausreichend frosthart. Kälteempfindlich und wärmebedürftig sind naturgemäß auch alle immergrünen Magnolien. Die bei uns am häufigsten kultivierte Immergrüne Magnolie, *Magnolia grandiflora*, hält erst in der Winterhärtezone 8a zuverlässig den Wintern stand. Einige Sorten von *M. grandiflora* sind dagegen frosttoleranter als diese Art.

Das Holzgerüst frostempfindlicher Magnolien kann in der Jugend mit geeigneten Materialien wie Schilfrohrmatten, Thermovlies oder Kokosgewebe vor winterlichen Temperaturschwankungen geschützt werden. Magnolien haben vergleichsweise fleischige Wurzeln und ein relativ flach streichendes Wurzelsystem. Deshalb können Abdeckungen mit organischem Material im Wurzelbereich ein tiefes Durchfrieren und damit Wurzelschäden verhindern oder mindern. Der flachstreichenden Wurzeln wegen verbietet sich im Kronenbereich von Magnolien eine tiefgreifende Bodenbearbeitung.

Boden

Als Boden bezeichnet man die oberste, mit Leben erfüllte Schicht der Erdrinde. Sie besteht aus mineralischen Stoffen verschiedener Korngrößen und aus organischen Substanzen. Diese organischen Substanzen sind die Lebensgrundlage der Mikroorganismen. Bodenwasser und Bodenluft füllen in unterschiedlichen Mengenverhältnissen die Hohlräume des Bodens aus. Die Lagerungsweise der einzelnen Bodenbestandteile macht die Struktur des Bodens aus. Für den gärtnerischen und landwirtschaftlichen Pflanzenbau ist die Bodenkrume, ihre Struktur, ihr Wasser- und Nährstoffhaushalt von ausschlaggebender Bedeutung. In ihr breitet sich die Hauptmasse der Wurzeln aus und sie unterliegt im Wesentlichen der Bodenbearbeitung. Der Boden ist somit eine der wichtigsten Standortfaktoren.

Während man den Standortfaktor Klima nicht nachhaltig beeinflussen kann, lässt sich ein Boden durchaus verbessern. Vom Boden wird zweierlei verlangt, er muss als Wurzelgrund in physikalisch-mechanischer Hinsicht den Ansprüchen der Pflanzen genügen. Er muss außerdem die notwendigen Nährstoffe und Wasser enthalten und diese bei Bedarf an die Pflanzen abgeben.

Entspricht der Boden nicht diesen optimalen Bedingungen, sind großflächige Bodenverbesserungen durch eine tiefgreifende Bodenbearbeitung und das Einbringen verschiedener Materialien möglich, sofern es sich nicht um extreme Bodenformen handelt, wie z. B. sehr nährstoffarme, trockene Sandböden, schwere Tonböden, nasse Moorböden oder ausgesprochene Kalkböden.

Bei der Neuanlage von Gärten nach einem Hausbau, der oft starke Bodenverdichtungen zur Folge hat, ist eine tiefgreifende Bodenbearbeitung besser als das Ausheben großer Baumgruben. Ein wirksames Mittel zur Bodenvorbereitung auf verdichteten Böden ist auch der Einsatz von Gründüngungspflanzen vor der Neuanlage eines Gartens. Gründüngungspflanzen, wie beispielsweise Lupinen oder Rainfarn-Büschelschön, *Phacelia tanacetifolia*, bringen nicht nur hohe Massen an organischem Material in den Boden (200 bis 400 dt/ha), sondern schließen den Boden mit ihren oft tief reichenden Wurzeln auf, verbessern so den Wasser- und Lufthaushalt und die für einen gesunden Boden notwendige Tätigkeit der Bodenorganismen.

Bei der Zuführung organischer Materialien zur großflächigen Bodenverbesserung sollte aus ökologischen Gründen auf Torf verzichtet werden. Gut geeignet ist dagegen Kompost, der in den Entsorgungsanlagen der Landkreise aus Strauchschnitt hergestellt worden ist. Kompost aus Grünabfällen ist dagegen weniger gut geeignet, er kann durch unbekannte Stoffe hoch belastet sein.

Langfristige Bodenverbesserungen sind auch durch die Zuführung anderer natürlicher Materialen zu erreichen.

Das Einbringen von grobem Estrichsand auf feinkörnige Lehm- und Tonböden verbessert deren Wasser- und Lufthaushalt.

Agrosil *LR ist ein neutrales Silikat-Koloid mit 20 % P_2O_5 (Phosphor) und 36 % Silikat zur Verbesserung leichter und mittlerer Böden. Es erhöht die Ausnutzung von Wasser und Nährstoffen und regt das Wurzelwachstum an. Aufwandmenge 0,07 bis 0,2 kg/m^2.

Alginure Bodengranulat ist ein organisch-mineralischer Dünger und Bodenhilfsstoff zur Verbesserung der Bodenvitalität und -qualität. Es verbessert die Wasserspeicherung, die Nährstoffresorption und den Lufthaushalt des Bodens. Aufwandsmenge 0,05 bis 0,15 kg/m^2. Das Mittel ist in der Betriebmittelliste für den ökologischen Laubbau (FiBL) gelistet.

Bentonit-Sandbodenverbesserer ist ein gekörntes, natürliches Tonmineral mit 50 % Montmorillonit zur nachhaltigen Verbesserung leichter, sandiger Böden. Es speichert Wasser und Pflanzennährstoffe. Aufwandmenge 10 kg/m^2.

pH-Wert des Bodens

Der pH-Wert gibt den Säuregehalt, genauer den Gehalt an Hydronium-Ionen (H_3O^+) einer Lösung an. Die Reaktion eines Bodens kann sauer, neutral oder alkalisch sein. Sie hat Einfluss auf die Bodenstruktur und das Pflanzenwachstum. Der pH-Wert wird in Zahlen ausgedrückt, die von 1 bis 14 reichen. Bei Werten unter pH 7 wird der Boden als sauer, bei Werten über pH 7 als alkalisch bezeichnet. Ein Wert von pH 7 gilt als neutral. Magnolien gedeihen am besten bei Werten zwischen pH 5 und 7. Die Anhebung eines zu niedrigen pH-Wertes durch das Einbringen von kohlensaurem Kalk nach einer Bodenuntersuchung ist möglich, eine dauerhafte Senkung zu hoher pH-Werte ist großflächig dauerhaft nicht praktikabel.

Fazit: Nahezu alle Magnolien sind anspruchsvolle, wenig anpassungsfähige, wärmeliebende Baum- oder Straucharten mit einer engen Standortamplitude. Luft- und Bodentrockenheit werden ebenso schlecht vertragen wie stark saure oder alkalische Bodenreaktionen oder Staunässe. Das hat zur Folge, dass eine optimale Entwicklung von Magnolien nur auf frischen bis feuchten, schwach sauren bis neutralen, tiefgründigen, durchlässigen, gut gepflegten, sandig-humosen oder lehmig-humosen Böden zu erwarten ist. Andere Böden können vor dem Pflanzen von Magnolien durch oben beschriebene Maßnahmen verbessert werden.

Pflanzplatz in Garten und Park

Zahlreiche Magnolien sind in ihren natürlichen Habitaten Waldpflanzen, die dauerhaft oder in der Jugend schattige oder halbschattige Standorte ertragen. In Kultur entwickeln sie sich dagegen am besten an sonnigen oder lichtschattigen Plätzen. Bei den sogenannten Großblatt-Magnolien – *Magnolia macrophylla, M. officinalis, M. obovata* und *M. tripetala* – sollte der Pflanzplatz wegen der riesigen Blätter windgeschützt sein. Das gilt auch für

Magnolien mit besonders großen Blüten, die bei einigen Sorten Durchmesser von 20 bis 30 cm erreichen.

Immergrüne Arten benötigen einen Platz im Schutz einer Mauer oder Hecke. Sie gedeihen auch an halbschattigen Plätzen.

Pflanzen und pflegen

Der frostempfindlichen Wurzeln wegen sollten Magnolien besser im Frühjahr als im Spätherbst oder frühen Winter gepflanzt werden. Da Magnolien gegenwärtig in der Regel in Containern gezogen werden, können Pflanzaktionen auch bis in den frühen Herbst durchgeführt werden. Containerpflanzen haben gegenüber ballierten Pflanzen den Vorteil, dass die fleischigen und deshalb empfindlichen Wurzeln beim Verpflanzen nicht beschädigt werden und die den Wurzelspitzen anhaftende Mykorrhiza erhalten bleibt. Wichtig ist allerdings, dass Magnolien nicht allzu lange im gleichen Container heranwachsen, nur so kann eine Ringelbildung der Wurzeln entlang der Containerwände vermieden werden. Mit modernen Containersystemen lässt sich die Bildung von Ringelwurzeln weitgehend vermeiden. Sind trotzdem Wurzelverfilzungen an den Außenwänden des Balles sichtbar, müssen diese vorsichtig entflochten oder mehrfach mit einem Messer durchtrennt werden.

Bei ballierten Pflanzen müssen die Knoten gelöst werden, das Balliergewebe muss nicht entfernt werden, denn moderne Gewebe wie Konitex sind nur etwa sechs Monate haltbar und zerfallen dann im Boden. Auch bei Ballen mit Drahtballierung ist nur die Verdrillung des Drahtes im oberen Bereich zu lösen, Draht und Ballenwebe werden im Boden verrotten.

Pflanzanleitung für Magnolien

Werden Magnolien in einen über lange Zeit gut gepflegten, durchlässigen Gartenboden gepflanzt, ist das Ausheben größerer Pflanzgruben nicht notwendig.

Liegen derartige Verhältnisse nicht vor, muss eine Pflanzgrube in der mehrfachen Größe des Wurzelballens vorbereitet werden. Der anstehende Boden wird bis zu einer Tiefe von 50 bis 60 cm ausgehoben. Der Aushub wird mit Rhododendronerde (nicht mit saurem Rindenhumus) gemischt und teilweise wieder eingefüllt. Magnolienexperten raten davon ab, die Pflanzerde mit eigenem Kompost anzureichern, weil dieser unbekannte chemische Stoffe enthalten kann, die für die Magnolien schädlich sein können. Als Mulchmaterial ist Kompost aus dem eigenen Garten aber durchaus geeignet. Die Magnolie so stellen, dass sie nach dem Absacken der lockeren Erde so hoch steht wie vorher im Container. Nach dem Füllen der Pflanzgrube die Erde rings um den Ballen fest andrücken oder antreten ohne den Ballen zu beschädigen. Danach wird die Magnolie angepfählt und kräftig angegossen. Dabei soll das Wasser nicht mit Druck aus einer Düse ausgebracht werden, sondern langsam mit vollem Strahl ausfließen. Die Baumscheibe wird mit organischem Material abgedeckt, mit eigenem Kompost oder handhoch mit Rindenmulch, dem Hornspäne, ein organischer Stickstoffdünger, in einer Aufwandmenge von 2 bis 4 kg/m^3, beigemischt werden. Darüber hinaus sind Düngergaben gleichzeitig mit der Pflanzung überflüssig, ja eher schädlich. Rings um den Stamm wird eine flache Mulde hergestellt, damit Gieß- und Regenwasser an die Wurzeln geleitet wird.

Stammförmig gezogene Magnolien sollten mit einem Stammschutz versehen werden, um Temperaturschwankungen auszugleichen und Rindenrisse zu vermeiden. Dazu eignen sich

Schilfrohr- oder Tonkinmatten ebenso gut wie Kokosgewebe oder spezielle Stammschutzfarben.

In der Anwuchsphase ist es notwendig, den Magnolien genügend Wasser zur Verfügung zu stellen. Auch bei starken Niederschlägen können ab Mitte April zusätzliche Wassergaben in Abständen von maximal zehn Tagen notwendig sein.

Erst nach dem Pflanzen im folgenden Frühjahr und in den Folgejahren können regelmäßige Düngergaben notwendig sein. Am besten eignen sich dazu Osmocote-Produkte, umhüllte Langzeitdünger mit Wirkungszeiten von drei bis sechs Mona-

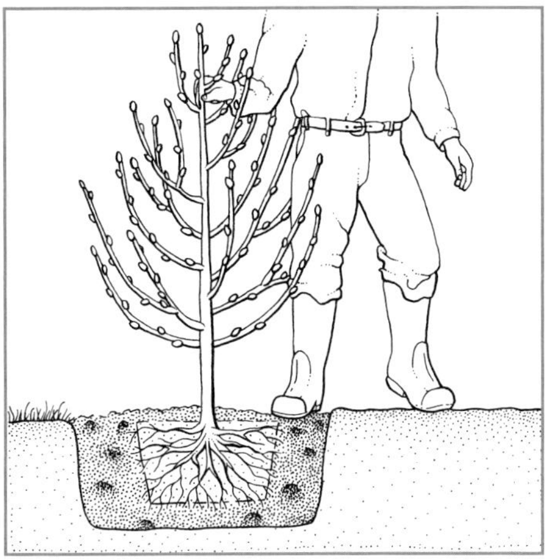

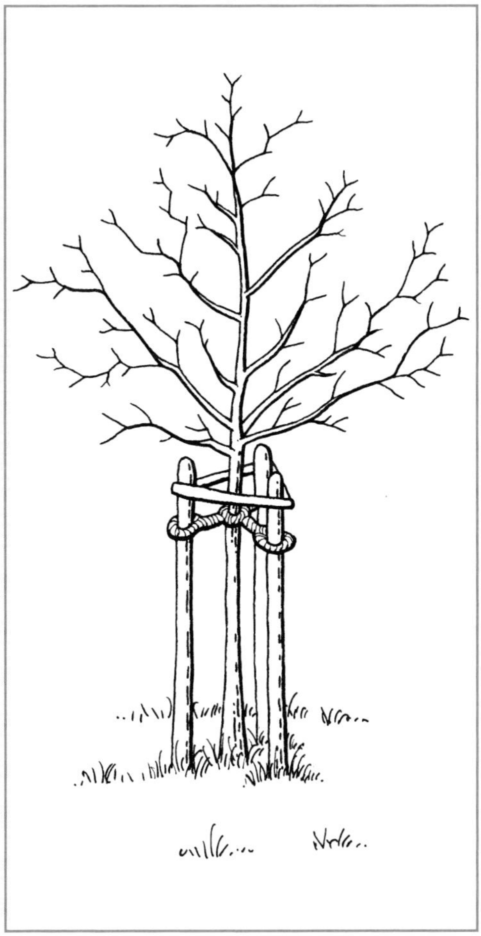

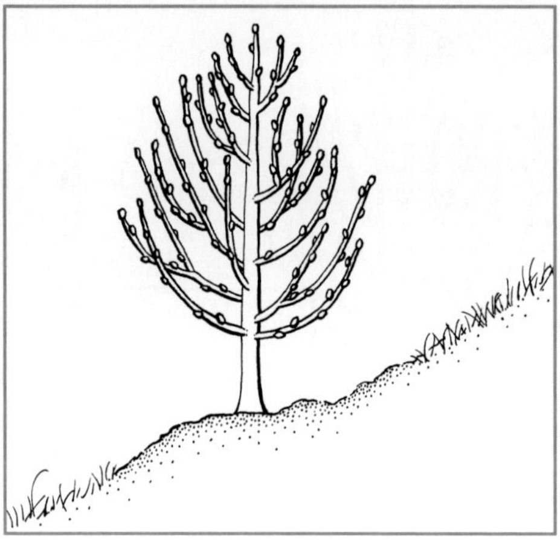

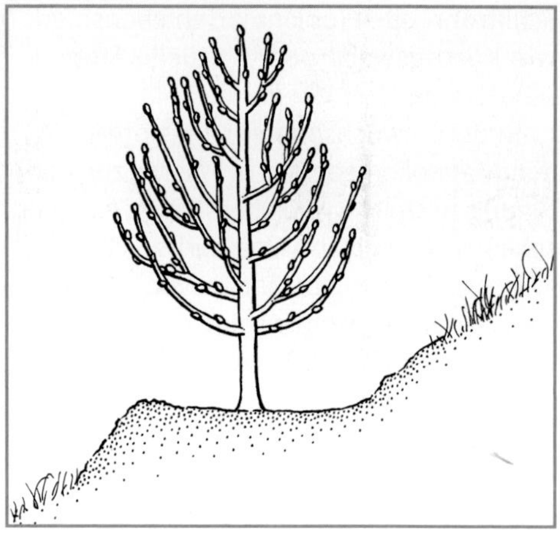

ten, oder organisch-mineralische Dünger wie Cuxin Mix 5, der in einer Aufwandmenge von 10 bis 15 kg/100 m² aufgebracht wird. Optimaler Düngezeitpunkt ist der Zeitpunkt nach dem Höhepunkt der Frühjahrsblüher.

Werden beim Pflanzen an einem Hang nicht besondere Vorkehrungen getroffen, werden Regen- und Gießwasser schnell ablaufen und die Wurzeln nicht erreichen. Durch eine einfache Geländemodellierung und das Aufsetzen von Steinen kann ein ebener Pflanzplatz hergestellt werden.

Magnolia ×brooklynensis 'Eva Maria' im Arboretum Wespelaar, Belgien.

Magnolia ×veitchii im Park der Villa Taranto, Italien

Baumförmig und großstrauchig wachsende Magnolien werden nicht selten als Solitärgehölze in Rasenflächen gepflanzt. Im Kronenbereich sollte der Boden offengehalten und mit Mulchmaterial abgedeckt werden. Dazu eignet sich der eigene Kompost ebenso gut wie Kompost aus den Entsorgungs- und Kompostanlagen der Landkreise oder Rindenmulch. Wird Rindenmulch verwendet, muss beachtet werden, dass die Bakterien bei dessen Zersetzung Nährstoffe wie Stickstoff benötigen, der dann den Magnolien nicht zur Verfügung steht. Zusätzliche Düngergaben sind dann notwendig. Am besten eignen sich dazu Hornspäne oder Rhododendrondünger, ein natürlicher NPK-Dünger mit einem geringen Salzgehalt. Er wird in Aufwandmengen von 25 bis 75 g/m^2 ausgebracht.

Schnitt

Magnolien sind mit relativ dicken Zweigen und Ästen meist sehr sparsam verzweigt. Auslichtungs- und Rückschnitte sind deshalb nur sehr selten notwendig. Bei einem Erziehungsschnitt werden nur schwache oder in die Krone hineinwachsende oder abgebrochene Zweige entfernt. Sollen Magnolien stammförmig gezogen werden, muss rechtzeitig ein kräftiger Leittrieb ausgewählt werden, die Seitentriebe werden nach und nach entfernt. Alle Schnittmaßnahmen werden am besten im Sommer oder Frühherbst durchgeführt, weil Magnolien nach dem Schneiden im Frühjahr oder Frühsommer stark bluten. Wenn, etwa nach Windbruch oder anderen Havarien, starke Rückschnitte bis auf mehrjährige Äste notwendig werden, treiben Magnolien aus schlafenden Augen wieder gut aus.

Magnolien blühen stets endständig an vorjährigen Langtrieben oder an achselständigen Kurztrieben.

Bei Rückschnitten, die nicht selten als Formschnitt an der immergrünen *Magnolia grandiflora* vorgenommen werden (wird besonders in südlichen Ländern praktiziert), verlieren die Bäume oft ihre vorjährigen Zweige. Man muss dann ein Jahr auf Blüten verzichten.

Verwendung in Gärten und Parks

Magnolien gehören dank ihrer großen, oft kelch- oder tulpenförmigen Blüten und der überschäumenden Blütenfülle vom zeitigen Frühjahr bis in den Sommer zu den attraktivsten Baum- und Straucharten, die wir in unsere Gärten und Parkanlagen bringen können. Sie sollten in keinem Garten fehlen.

Strauchförmig wachsende Arten und Sorten, wie z. B. die zauberhafte *Magnolia stellata* mit ihren reinweißen, sternförmigen Blüten werden oft in Verbindung mit frühblühenden Stauden, wie z. B. Gedenkmein, *Omphalodes verna*, Balkan-Windröschen, *Anemone blanda*, Großblättriges Kaukasusvergissmeinnicht, *Brunnera macrophylla*, Siebenbürger Leberblümchen, *Hepatica transsilvanica* oder Primeln gepflanzt. Unter den Geophyten eignen sich für Unterpflanzungen beispielsweise Puschkinien, *Puschkinia scilloides*, Sibirischer Blaustern, *Scilla sibirica*, Atlantisches Hasenglöcken, *Hyacinthoides non-scripta* sowie alle Krokusse, Narzissen und Tulpen. Passende Nachbarn unter den Gehölzen sind unter anderem die Schneeheide, *Erica carnea*-Sorten, schwachwüchsiger, blau blühender Rhododendron wie *R. fastigiatum, R. hippophäoides, R. impeditum* und *R. russatum*, sommergrüne Azaleen wie *R. albrechtii, R. kaempferi, R. mucronulatum und R. schlippenbachii* oder immergrüne Arten wie *R. repens*-Sorten und die attraktiven, vergleichsweise anspruchslosen Sorten des Yakushima-Rhododendrons, *R. degronianum* subsp. *yakushimanum*. In Verbindung mit Rhododendron ist auch die immergrüne Lavendelheide, *Pieris japonica*-Sorten, ein guter Nachbar frühblühender Magnolien. Das gilt auch für die schon im März-April blühende, sommergrüne Scheinhasel, *Corylopsis pauciflora*.

Zu den strauchförmig wachsenden Arten, die auch in kleineren Gärten Platz finden, gehören auch alle *M. ×liliiflora*-Sorten mit ihren farbstarken Blüten sowie die sommerblühenden Magnolien *M. globosa*, *M. sieboldii* und *M. wilsonii* mit ihren schalenförmigen, nickenden, duftenden Blüten, in denen die magentafarbenen oder karminroten Staubblätter besonders auffallen.

Baumförmig oder großstrauchig wachsende Magnolien werden in der Regel als üppig blühende Solitärgehölze verwendet. Ein eindrucksvolles Beispiel für eine repräsentative Verwendung von Magnolien bieten die Magnolien im Maurischen Garten und am tropischen Seerosenbecken des Zoologisch-Botanischen Gartens Wilhelma in Stuttgart. Von den 73 Magnolien in 18 Arten und Sorten im Maurischen Garten stammen die ältesten aus der Gründungszeit der Wilhelma, sie sind um 1840 gepflanzt worden.

Zu den baumförmig wachsenden Arten mit Wuchshöhen von 15 bis 20 m gehören die in China heimische Arznei-Magnolie *M. officinalis* und die japanische Honoki-Magnolie, *M. obovata*. Beide entwickeln sich mit den bis zu 40 cm langen Blätter, zu großkronigen, üppig belaubten Bäumen, die ihre weißen Blüten nach der Laubentfaltung öffnen. Während die Honoki-Magnolie überall in Deutschland den Wintern standhält, ist die Arznei-Magnolie ein Baum für eher wintermilde Lagen.

Magnolia stellata in einem Vorgarten

Magnolien am Seerosenbecken der Wilhelma in Stuttgart

Magnolien im Maurischen Garten der Wilhelma in Stuttgart

Magnolia stellata mit Narzissen und Rhodendron

Während die beiden oben genannten Arten ihre Blüten erst nach der Laubentfaltung öffnen, entfalten sich die weißen, sternförmigen Blüten der in Japan heimischen Kobushi-Magnolie, *M. kobus*, schon im April–Mai, lange vor der Laubentfaltung. Auch die Kobushi-Magnolie wächst langsam zu einem meist kurzstämmigen Baum heran, der nur selten Wuchshöhen von 20–25 m erreicht. Sie wirkt dank ihrer kleinen Blätter zierlicher als die beiden oben genannten Arten. Die Kobushi-Magnolie ist ein idealer Hausbaum für etwas größere Grundstücke.

Für *M. ×loebneri*-Sorten, an deren Zustandekommen die Kobushi-Magnolie beteiligt ist, reicht auch der Platz in kleineren Gärten. Eine *M. ×loebneri* 'Merrill' hat in meinem Garten in 40 Jahren eine Wuchshöhe von 5,5 m erreicht, bei gleicher Kronenbreite.

In den *M. ×loebneri*-Sorten vereinigen sich die positiven Eigenschaften der Eltern, die Robustheit und Wüchsigkeit der baumförmig wachsenden Kobushi-Magnolie, *M.* kobus, mit der früh einsetzenden Blütenfülle der strauchförmig wachsenden Stern-Magnolie, *M. stellata*.

M. kobus im Arboretum Wespelaar, Belgien

M. ×*loebneri*

Magnolia denudata im Palmengarten Frankfurt

Eine weitere ostasiatische Art, die in China heimische Lilien-Magnolie, *M. denudata*, wächst zu einem mittelgroßen, 15–19 m hohen Baum heran, der schon im März–April seine schneeweißen, anfangs glockigen, zur Vollblüte schalenförmigen Blüten in überreicher Fülle öffnet. Auch die Lilien-Magnolie ist ein hervorragender Hausbaum.

Zu stattlichen Bäumen wachsen auch die in Nordamerika heimische Gurken-Magnolie, *M. acuminata* var. *acuminata*, und die Großblättrige Magnolie *M. macrophylla* subsp. *macrophylla* heran. Die Gurken-Magnolie kann Höhen von 20 m erreichen. Die Großblättrige Magnolie wird zwar kaum mehr als 15 m hoch, ist mit ihren bis zu 100 cm langen, unterseits fein silbrig grau behaarten Blättern, die an den Triebenden schirmförmig genähert stehen, eine imposante Erscheinung.

Die ebenfalls in Nordamerika heimische Schirm-Magnolie, *M. tripetala* macht ihrem Namen alle Ehre. Sie entwickelt sich meist zu einem mehrstämmigen, bis 12 m hohen Großstrauch oder Kleinbaum, dessen bis 60 cm langen Blätter an den Triebenden schirmförmig gehäuft stehen. Anders als bei vielen anderen Magnolien färben sich die Blätter der Schirm-Magnolie im Herbst tabakbraun. Regelmäßig ist ein reicher Fruchtansatz zu beobachten.

M. tripetala, links: Herbstfärbung, rechts: Sammelfrucht

Ein wunderbarer Solitärbaum mit Wuchshöhen von etwa 20 m und reicher Blütenfülle im zeitigen Frühjahr ist auch die Veitch's Magnolie, *M. ×veitchii*, eine Hybride zwischen der zauberhaften *M. denudata* und der großblütigen *M. campbellii*. Trotz des Erbgutes der frostempfindlichen *M. campbellii* ist *M. ×veitchii* in der Winterhärtezone 7a ausreichend frosthart. Ihrer hohen dekorativen und robusten Eigenschaften wegen ist *M. ×veitchii* sehr häufig für Kreuzungen benutzt worden. Deshalb findet sich Erbgut der Hybride in zahlreichen hier beschriebenen Sorten.

M. ×veitchii

Aus dem östlichen Nordamerika stammt auch die Immergrüne Magnolie, *M. grandiflora*. In ihrer Heimat ein stattlicher Baum mit Wuchshöhen von 30 m, bleibt sie in Mitteleuropa wesentlich kleiner. Ihre geringe Frosthärte erlaubt nur eine Anpflanzung im Weinbauklima. Einige Sorten der Immergrünen Magnolie sind frosthärter als die Art.

Von den immergrünen ostasiatischen Magnolien werden in Mitteleuropa vorwiegend *M. figo* und *M. laevifolia* gepflanzt. Beide halten nur in wintermilden Klimazonen, in der Winterhärtezone 8a oder an kleinklimatisch günstigen Standorten den Wintern stand.

Magnolia laevifolia

Ein typisches Beispiel für großstrauchig wachsende, breitkronig aufgebaute Magnolien mit Wuchshöhen von 5–10 m bieten die Sorten der Tulpen-Magnolie, *M. ×soulangeana*, die gemeinhin als Tulpenbäume bezeichnet werden. Sie werden für den normalen Hausgarten oft zu groß, werden vielmehr oft als Solitärgehölze in größeren Gärten oder Parkanlagen gepflanzt.

Magnolia ×soulangeana als Solitärbaum im Botanischen Garten in München

Als Großsträucher oder Kleinbäume, die u. a. als Hausbäume verwendet werden können, wachsen auch zahlreiche Magnoliensorten heran, die in den Kapiteln „Magnolien mit Sortennamen“ und „Gelb blühende Magnolien“ vorgestellt werden.

Selten werden Magnolien als Alleen oder Baumreihen verwendet. Eine Baumreihe aus 20 hochstämmig gezogenen *Magnolia ×loebneri* 'Merrill' mit einer Länge von etwa 400 m befindet sich auf dem Gelände der Baumschule Ubbo Kruse in Aue, einem Ortsteil von Bad Zwischenahn.

Bouffier (2007) beschreibt eine 1987 begründete Baumreihe aus ursprünglich 50 hochstämmigen Honoki-Magnolien, *Magnolia obovata*, an der B 110, südwestlich von Murchim.

In Deidesheim wurde in der Königstraße eine Baumreihe mit der immergrünen *Magnolia grandiflora* gepflanzt.

Justice (1999) berichtet von zahlreichen *Magnolia kobus* an den Stadtstraßen von Vancouver.

Magnolienalleen finden sich gelegentlich auch in privaten Gärten, beispielsweise auf den Kanalinseln.

Allee aus *Magnolia ×soulangeana*-Sorten im Le Coin Garden auf Jersey

Der Name Sumpf-Magnolie für *M. virginiana* weist darauf hin, dass die Art in ihren natürlichen Habitaten an bodenfeuchten Standorten gedeiht. Sie benötigt auch in Kultur feuchte bis frische Böden und einen licht- bis halbschattigen Platz wie z. B. an einem Teichrand.

Gelegentlich werden Magnolien auch an Mauern oder Fassaden zu Spalieren geformt oder als dichte Wandbegrünung gezogen. Sie sollten dazu nicht an einer südexponierten Wand gepflanzt werden, weil diese sich zu stark aufheizen kann, was den Magnolien nicht bekommt.

Wandbegrünung mit *M. ×soulangeana*, 1862 gepflanzt, Adare Manor, Irland.

Wandbegrünung mit *M. grandiflora*, Adare Manor, Irland.

Dichte Begrünung mit *M. grandiflora*, Jersey.

Im 19. Jahrhundert sind baumförmig wachsende Magnolien, vor allem die robuste, winterharte Großblatt-Magnolie *Magnolia obovata*, in forstlichen Anbauversuchen verwendet worden, z. B. in Bad Freienwalde, im Forstlichen Versuchsgarten Grafrath, in Freiburg-Günterstal, im Seeholz bei Murchim und im Exotenwald Weinheim. An allen erwähnten Standorten sind noch Solitärbäume oder kleine Gruppen von *M. obovata* zu finden.

Beschreibung der Magnoliensorten

Sortennamen werden in Hochkommata gestellt. Moderne Sorten haben neben ihrem Sortennamen, der oft nur noch aus einer Folge kryptischer Buchstaben und Zahlen besteht, oft auch einen Handelsnamen, der dann in Kapitälchen geschrieben wird. Der eigentliche Sortenname folgt dann in Klammern.

Im Gegensatz zu den Artbeschreibungen werden die Sorten im Telegrammstil beschrieben. Stets in der gleichen Reihenfolge: Bei Hybrid-Sorten die Abstammung in Klammern im Anschluss an den Sortennamen. Danach folgen Angaben zum Habitus, zur Blütenfarbe, Blütenform, Blütengröße (soweit dazu Daten vorliegen) und zur Anzahl, Form und Textur der Tepalen. In Klammern folgen Angaben, die nur selten zu jeder Sorte alle hier genannten Personen und Daten umfasst: Züchter (selten auch Züchterin) der Sorte, Zeitpunkt der Kreuzung, der Einführung in die Gartenkultur, der Registrierung der Sorte, Publikation, in der die Sorte erstmals beschrieben worden ist. Die Daten entstammen u. a. der „Cultivar-List" der Magnolia Society International. Nach der Klammer folgen Angaben zur Frosthärte der Sorte und zu dessen Gartenwert in Form von ***, seltener als AGM (Award of Garden Merit).

Gartenwert von Magnolienarten und -sorten

In der Bundesrepublik Deutschland, den Niederlanden und in Großbritannien werden Gehölzsortimente immer wieder einer kritischen Überprüfung unterzogen, die sich über mehrere Jahre erstreckt und oft gleichzeitig an mehreren Prüfstellen mit unterschiedlichen Standortbedingungen, z. T. länderübergreifend (Euro-Trial), durchgeführt werden. Der aus den Prüfungen resultierende Gartenwert wird in den Niederlanden und Deutschland mit Sternchen (***) bewertet. In Großbritannien wird positiv bewerteten Sorten ein Award of Garden Merit (AGM) verliehen, symbolisiert durch einen Pokal. Magnolien sind bisher nur in Großbritannien einer kritischen Überprüfung unterzogen worden.

Für dieses Buch hat Michael Gottschalk (M.G.), Mitarbeiter in der Magnolienbaumschule Lunaplant in Kriftel, eine Einstufung des Gartenwertes für Magnoliensorten übernommen. Seine persönliche Einstufung basiert auf seinen jahrzehntelangen Erfahrungen mit der Anzucht, der Kultur und Hybridisierung von Magnolien unter mitteleuropäischen Klimabedingungen. Bei der Einstufung des Gartenwertes einer Sorte bedeuten, analog der „offiziellen" Bewertungsskala bei Sortenbonitierungen in Deutschland (D) und den Niederlanden (NL):

* Gartenwert der Sorte ist gut
** Gartenwert der Sorte ist sehr gut
*** Gartenwert der Sorte ist exzellent

Angaben zum Gartenwert werden am Schluss der Sortenbeschreibungen beispielsweise so gemacht: M.G. *** oder D ***

Als Voraussetzung für die Vergabe eines Award of Garden Merit müssen Arten und Sorten folgende Kriterien erfüllen. Sie müssen:
- einen herausragenden dekorativen Wert oder einen Nutzwert für den Garten haben,
- am Markt verfügbar sein,
- in einer guten Verfassung sein,
- im Anbau weder seltenes Kulturwissen noch eine hochspezialisierte technische Ausstattung erfordern,
- nicht besonders anfällig gegen eine bestimmte Krankheit oder einen bestimmten Schädling sein,
- Sorten dürfen nicht übermäßig zum Sortenrückfall neigen.

Magnolien vermehren

Wie alle Baum- und Straucharten lassen sich auch Magnolien generativ, durch Aussaat, oder vegetativ durch Veredlungen, Stecklinge, Absenker oder Luftableger vermehren.

Generative Vermehrung

Im Gegensatz zu zahlreichen Gemüse- oder Getreidesorten lassen sich bei Gehölzen nur Arten durch Samen reinerbig vermehren. Hybriden und Sorten müssen vegetativ vermehrt werden.

Voraussetzung für eine erfolgreiche generative Vermehrung ist ein vollkommen entwickelter Samen. Unter einem Samen versteht man ein der Arterhaltung und -verbreitung dienendes komplexes Organ einer Samenpflanze, das im reifen Zustand aus dem jungen Keimling (Embryo), das den Embryo umgebende Nährgewebe (Endosperm) und einer mehr oder weniger festen Samenschale (Testa) besteht. Ein pflanzlicher Embryo besteht aus dem Vegetationskegel, den Keimblättern und der Keimwurzel.

Samen entwickeln sich aus einer befruchteten Eizelle, in der sich die Erbanlagen von Vater- und Mutterzelle vereinigen. Gehören beide der gleichen Art an, werden die Nachkommen den Eltern weitgehend entsprechen. Verschmilzt dagegen in der Eizelle das Erbgut verschiedener Arten, weisen die Nachkommen ein uneinheitliches Erbgut auf, das zu einem unterschiedlichen Aussehen der als Hybriden bezeichneten Nachkommen führt. Für die Qualität des Saatgutes sind diese Vorgänge von großer Bedeutung. So muss man z. B. bei Saatgut, das aus Gärten oder Parkanlagen mit mehreren Magnolien stammt, mit einer Fremdbefruchtung und deshalb nicht selten mit einer starken Aufspaltung der Nachkommen rechnen.

Bei Züchtungsarbeiten werden bewusst verschiedene Arten, Hybriden und Sorten miteinander gekreuzt. Die Nachkommen werden mehrere Jahre lang beobachtet, selektiert und bei entsprechender Eignung unter Sortennamen weiterkultiviert und in den Handel gebracht.

Magnoliensamen entwickeln sich meist einzeln in balg- oder hülsenartigen Früchtchen, die zu zapfenähnlichen Sammelfrüchten verbunden sind. Zur Fruchtreife im Oktober-November öffnen sich die einzelnen Fruchtfächer auf der Bauch- oder Rückseite und entlassen die großen Samen, die zunächst noch durch einen dünnen Nabelstrang (Funiculus) mit dem Fruchtfächer verbunden bleiben. Die Samen sind von einer dicken, fleischigen, oft rot gefärbten Sarcotesta (Samenmantel) umgeben. Diese ist, in Verbindung mit einem unterentwickelten Embryo, für die Keimhemmung der Samen verantwortlich. Unter natürlichen Bedingungen wird die Sarcotesta nach dem Abfallen des Samens am Erdboden durch Mikroorganismen langsam aufgelöst. Das ist die Voraussetzung für eine erfolgreiche Keimung, die meist im folgenden Frühjahr, nicht selten aber auch erst im zweiten Jahr nach der Samenreife, stattfindet.

Bei der Kultur von Magnolien werden die Sammelfrüchte geerntet, sobald sich die ersten Fruchtfächer öffnen. In einem trockenen Raum mit Zimmertemperaturen entlassen die Sammelfrüchte ihren ölhaltigen Samen. Diese sind nur kurze Zeit lagerfähig, dürfen nicht austrocknen und müssen deshalb sofort verarbeitet werden.

Man lässt die Samen einige Tage lang in lauwarmem Wasser fermentieren und entfernt die Sarcotesta unter fließendem Wasser oder durch Reiben der Samen mit scharfem Sand. Anschließend werden die Samen sofort ausgesät oder für eine Aussaat im Frühjahr zwei bis vier Monate bei 4 bis 6° C in einem Torf-Sand-Gemisch mit einem sehr hohen Anteil an Estrichsand stratifiziert. Eine anschließende Warmstratifikation von vier Wochen, die auch im Saatbeet erfolgen kann, erhöht die Nachreife des Embryos. Während der Dauer der Stratifikation soll das Saatgut gleichmäßig feucht (nicht nass) gehalten werden. Kleine Saatgutmengen füllt man am besten, zusammen mit dem Sand-Torf-Gemisch, in Tontöpfe ein, die dann an einer kühlen Stelle, vor Mäusefraß geschützt, im Garten eingegraben werden.

Magnoliensamen keimen epigäisch. Nach dem Austritt der Keimwurzel streckt sich das Hypokotyl und wächst mit den Keimblättern über den Boden hinaus.

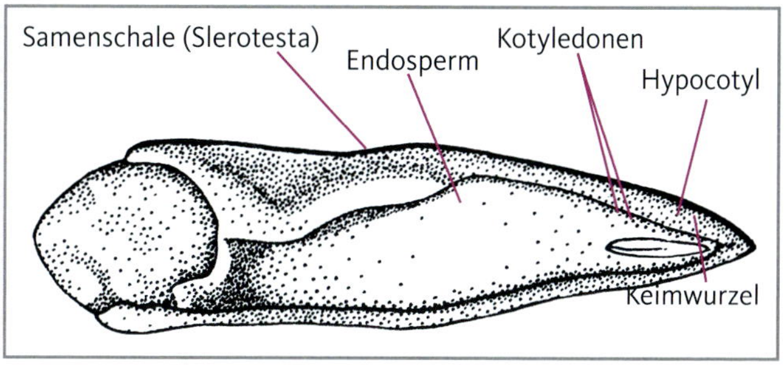

Samenaufbau bei *Magnolia grandiflora*

Entwicklung der Keimlinge bei *Magnolia grandiflora* nach 1, 5, 13 und 31 Tagen.

Magnolia obovata, Aussaat im September 2017 in Kulturkisten, Aufnahme Ende Juli 2018.

Magnolia ×loebneri, Aussaat im September 2017 in Kulturkisten, Aufnahme Ende Juli 2018.

Weil junge Magnoliensämlinge frostempfindlich sind, werden die Samen nicht selten im September in transportable Kulturkisten ausgebracht, die in einem unbeheizten Gewächs- oder Folienhaus aufgestellt werden. Die rasche Erwärmung im Frühjahr fördert und beschleunigt die Keimung. Das Substrat sollte luft- und wasserdurchlässig sein. Um Moosbildung zu verhindern, wird das Substrat mit einer 0,5–1 cm dicken Sandschicht abgedeckt. Nach dem ersten Jahr werden die Sämlinge getopft, dabei sollten die fleischigen Wurzeln möglichst wenig beschädigt werden.

Veredlungen

Im Gegensatz zu Arten müssen Hybriden und Sorten vegetativ vermehrt werden. Dazu bieten sich u.a. Veredlungen an. Diese werden ganz überwiegend im Winter durch Kopulation mit einjährigen Zweigen auf getopfte Unterlagen durchgeführt.

Die fertigen Veredlungen werden im Gewächshaus unter einer Folienabdeckung aufgestellt.

Seltener werden Magnolien im Sommer mit ausgereiften, beblätterten, ein- oder zweijährigen Trieben durch seitliches Anplatten auf im Frühjahr getopfte Unterlagen veredelt. Beim seitlichen Anplatten wird das an der Basis keilförmig zugeschnittene Edelreis hinter einen an der Unterlage teilweise abgetrennten Rindenlappen so eingefügt, dass sich mindestens auf einer Seite die Kambiumschichten von Unterlage und Edelreis decken. Die Unterlagen werden vor dem Einräumen ins Gewächshaus trocken gehalten, um den Saftfluss einzudämmen. Die Veredlungen könnten sonst im Saft „ertrinken". Vor dem Veredeln werden die Unterlagen bis auf einige verbleibende Blätter eingekürzt. Die Veredlungen stehen in Gewächs- oder Folienhäusern und zusätzlicher Folienabdeckung nahe über den Veredlungen, bei mäßiger Lichteinstrahlung, hoher Luftfeuchtigkeit und gleichmäßigen Temperaturen. Sind die Veredlungen nach etwa vier Wochen verwachsen, wird die Unterlage bis zur Veredlungsstelle zurückgenommen. Die Pflanzen werden abgehärtet.

In Mitteleuropa werden Veredlungen im Sommer durch Okulation oder Chip-Budding im Freiland nicht praktiziert.

Als Unterlage dienen überwiegend zweijährige Sämlinge der vergleichsweise kalktoleranten Kobushi-Magnolie, *Magnolia kobus*, seltener Sämlinge von Arten, die der gleichen Sektion angehören.

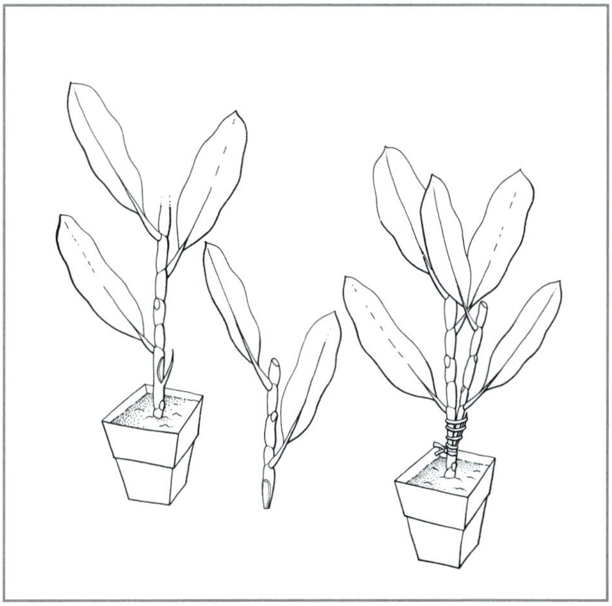

Veredlung durch seitliches Anplatten

Junge Veredlungen von *M. acuminata* var. *subcordata*

Getopfte Veredlungen von *Magnolia. sieboldii* subsp. *sieboldii*

Junge Veredlungen von *Magnolia* 'Pink Beauty'

Junge Veredlungen von *Magnolia* 'Cameo'

Getopfte Veredlung von *Magnolia* 'Sunsation'

Stecklinge

Im Gegensatz zu unbelaubten Zweigen, die bei der Steckholzvermehrung verarbeitet werden, versteht man unter einem Steckling Terminal- oder Teilstücke eines beblätterten Triebes mit einem oder mehreren Nodien.

Ein optimaler Erfolg bei der Stecklingsvermehrung wird erreicht, wenn alle wichtigen Kulturparameter in optimaler Weise aufeinander abgestimmt sind. Dazu gehören neben dem Reifezustand der Stecklinge das physiologische Alter der Mutterpflanze und die optimale Ausgestaltung aller Kulturbedingungen wie z. B. Substratmischung, Bodentemperatur, Lichteinfluss und Luftfeuchtigkeit im Gewächshaus.

Stecklinge für eine Großvermehrung werden überwiegend von im Freiland kultivierten Mutterpflanzen gewonnen. Nach einem starken Rückschnitt im Winter entwickelt sich ein kräftiger Neuaustrieb.

Ende Mai/Anfang Juni werden noch nicht verholzte Triebe mit grünem oder nur wenig bräunlich gefärbtem Periderm verarbeitet. Man entfernt die weiche Triebspitze und schneidet die Stecklinge auf eine Länge von zwei bis drei Knospen zurecht.

Um die Verdunstungsrate zu senken, werden die Blätter um die Hälfte oder ein Drittel der Blattspreitenlänge eingekürzt.

Gesteckt wird in ein luft- und wasserdurchlässiges, gleichzeitig ausreichend Feuchtigkeit speicherndes, strukturstabiles Weißtorf-Sand-Gemisch, das frei von pflanzlichen oder tierischen Schaderregern ist. Torf-Sand-Mischungen werden häufig in einem Volumenverhältnis von 1:1 oder 2:1 hergestellt. Für die Stecklingsvermehrung von Magnolien wird ein Torf-Sand-Gemisch im Verhältnis von 3:1 empfohlen. Für eine optimale Wurzelbildung ist ein hoher Luftanteil im Substrat unerlässlich.

Statt eines Torf-Sand-Gemisches kann auch ein industriell hergestelltes Vermehrungssubstrat verwendet werden. Es besteht zu 80 % aus Torf, dem 20 % Perlit zugefügt werden,

Vorbereitete Stecklinge von *Magnolia ×loebneri*

Durchgetriebene Stecklinge von *Magnolia ×soulangeana*, einzeln in Töpfe gesteckt.

Erste Wurzeln eines Stecklings von *Magnolia* 'Jane'

ein chemisch und physikalisch aufbereitetes Glas (Obsidian).

Der pH-Wert dieser Mischung liegt zwischen 5,3 und 5,8. Als Stecksubstrat hat sich auch reines Perlit bewährt

Der fleischigen Wurzeln wegen, die beim Verpflanzen leicht beschädigt werden können, werden Stecklinge einzeln in kleinlochige Multiplatten gesteckt.

Magnolien-Stecklinge werden gegenwärtig in der Regel in Großgewächshäusern mit Bodentemperaturen von 21 bis 24° C gesteckt. Die Stecklinge werden mit einer dünnen, durchsichtigen PVC-Folie abgedeckt, die unmittelbar den Stecklingen aufliegt. Bei einer hohen Sonneneinstrahlung wird zusätzlich eine Milchfolie aufgebracht.

Magnoliensteckinge sind schon nach etwa vier Wochen bewurzelt, auch ohne den Einsatz von Bewurzelungshormonen.

Absenker

Die Vermehrung durch Absenker ist eine alte Vermehrungsmethode, die aber gegenwärtig nicht mehr kommerziell betrieben wird. Von strauchförmig wachsenden Arten mit einer bodennahen Verzweigung werden mehrjährige Zweige so U-förmig abwärts gebogen, dass ein Teil vom Boden bedeckt, die Zweigspitze aber frei ist. Ideal ist dazu ein gepflegter, luft- und wasserdurchlässiger Boden mit einem hohen Humusanteil. Die Bewurzelung dauert bei Magnolien in der Regel länger als ein Jahr.

Luftableger

Auch die Vermehrung durch Luftableger ist eine uralte, in China entwickelte Vermehrungsmethode. Man versteht darunter die Gewinnung eines Ablegers, der an der Mutterpflanze zur Bildung von Sekundärwurzeln gebracht und danach von der Mutterpflanze getrennt

Magnolia ×soulangiana

wird. An einem mehrjährigen, nicht zu schwachen Zweig wird auf einer Länge von etwa 2 cm die Rinde bis zum Kambium entfernt. Die Schnittstelle wird mit einer Handvoll frischem, feuchtem Sphagnum-Moos umgeben, das mit einer Manschette aus schwarzer PVC-Folie fest verschlossen wird und die die Moospackung feucht hält. Bis zum Frühherbst ist die Wurzelbildung meist so weit fortgeschritten, dass die nun selbstständige Pflanze weiter kultiviert werden kann. Die Vermehrung durch Luftableger ist nie kommerziell betrieben worden, sondern nur zur Vermehrung wertvoller Pflanzen, die sich durch klassische Methoden nicht oder nur schwer vermehren lassen.

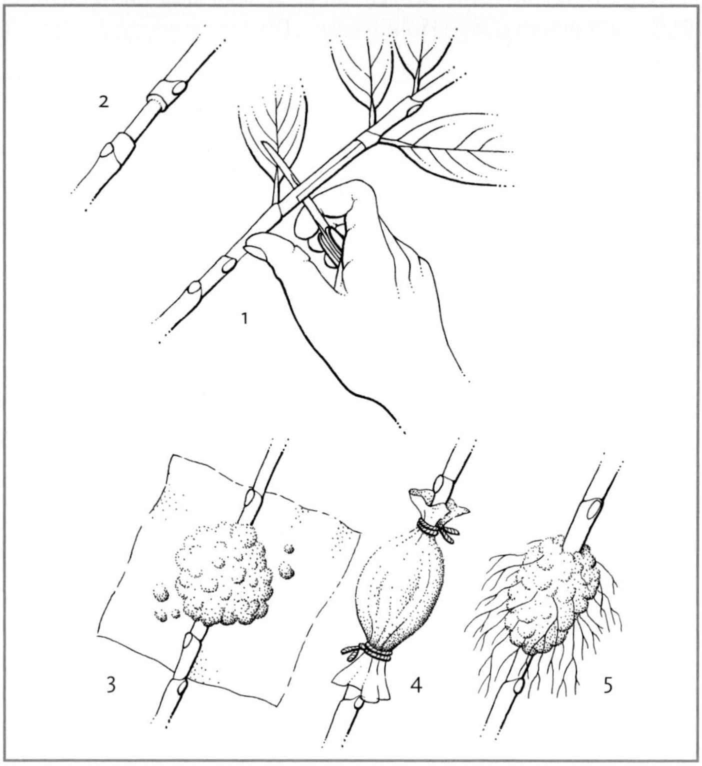

Arbeitsablauf bei der Vermehrung durch Luftableger

Mikrovermehrung

Seit den 1980er Jahren wird die In-vitro-Kultur zur autovegetativen Vermehrung von Gehölzen genutzt. Sie wird gegenwärtig bei der Vermehrung zahlreicher Gehölzarten eingesetzt, denn so lassen sich in kurzer Zeit auch neue Sorten in größeren Mengen anbieten. Sie ist außerdem wichtig für die Rejuvelinisierung von Gehölzen und zur Gewinnung von virusfreiem Vermehrungsmaterial. Im Gegensatz zu branchenüblichen Baumschuleinrichtungen sind dazu sterile Arbeitsplätze und spezielle Wachstumsräume mit steuerbaren Klimabedingungen notwendig.

Bei der In-vitro-Vermehrung, auch als Sprossspitzenkultur bezeichnet, werden von ausgewählten, gesunden, möglichst juvenilen Mutterpflanzen Apikal- oder Axillarknospen, aber auch andere Mikro-Pflanzenteile gewonnen und unter kontrollierten, sterilen Bedingungen auf einem Nährmedium zur Bewurzelung gebracht. Nach der Etablierung werden die Sprossbüschel geteilt, die neu gewonnenen Pflanzen zunächst unter sterilen Bedingungen weiter kultiviert, bis sie in unsterile Bedingungen überführt, schrittweise abgehärtet und schließlich im Freiland weiter kultiviert werden.

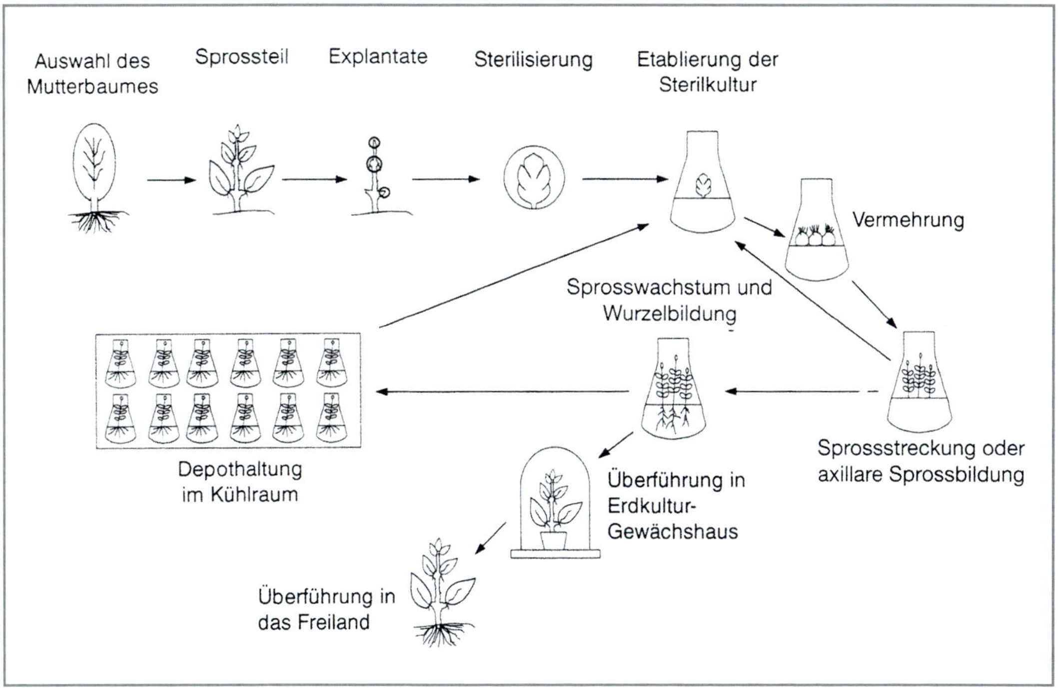

Sprossspitzenkultur zur Sterilvermehrung unter Einbeziehung einer Depothaltung.

Krankheiten und Schädlinge

Magnolien bleiben in Europa weitgehend von pilzlichen, bakteriellen oder tierischen Schaderreger verschont.

Abiotische Schadursachen

Magnolienrinde wird gerne von Kaninchen angenommen, deshalb junge Pflanzen durch Maschendraht vor Kaninchenfraß schützen.

Die häufig im Frühjahr zu beobachtende Braunfärbung der Blüten wird durch Frost verursacht.

Blattchlorosen haben ihre Ursache oft in einem zu hohen pH-Wert des Bodens, der die Eisenaufnahme blockiert. Zu hohe pH-Werte lassen sich dauerhaft nicht mit Eisenchelaten, Schwefelpulver, Kaliumbisulfat oder Blattdüngungen beheben.

Bakterienblattfleckenkrankheit

Schwarze, eckige, durch die Blattadern scharf begrenzte Flecken werden durch die Bakterienblattfleckenkrankheit, *Pseudomonas syringae*, verursacht. Befallen werden vor allem *Magnolia ×soulangeana*-Sorten. Die Ausbreitung erfolgt durch Wind, Wasser und Vermehrungsmaterial. Zur Bekämpfung wird die Verwendung gesunden Vermehrungsmaterials empfohlen.

Spinnmilben

Wie zahlreiche andere Gehölzarten können auch Magnolien von Spinnmilben wie der Bohnenspinnmilbe, *Tetranychus urticae,* befallen werden. Ein Befall zeigt sich durch chlorotische Blattsprenkelungen, Vergilbungen und Spinnfäden. Die Milben überwintern durch rote Winterweibchen. Die gelblich gefärbten Larven sind braun gefleckt.

Verticillium-Pilze

Plötzliche Absterbeerscheinungen an Blättern und Trieben sowie ein schnelles Absterben von Sämlingen werden durch *Verticillium*-Pilze wie *V. alboatrum* und *V. dahliae* verursacht. Sie dringen oft über Verletzungen in die Leitgefäße ein, verstopfen diese und scheiden Welketoxine aus. *V. dahliae* bildet Dauerformen im Boden aus. Deshalb nach dem Absterben einer Magnolie keine neue an die gleiche Stelle pflanzen.

Beschreibung der Arten und Sorten

Die meisten rezenten Magnolienarten haben ihre natürliche Verbreitung im temperierten und tropischen ostasiatischen Raum. Deshalb werden zuerst die ostasiatischen Magnolienarten und deren Sorten beschrieben. Darauf folgen die nordamerikanischen Arten. Auf die südamerikanischen Arten wird verzichtet, da sie für Mitteleuropa nicht ausreichend frosthart sind.

Anschließend werden Magnolienhybriden beschrieben, gefolgt von einer Auswahl an Magnolien, die nur noch einen Sortennamen haben. Der abweichenden Blütenfarbe wegen ist den gelb blühenden Magnolien ein eigenes Kapitel gewidmet. Den Abschluss bildet die Gattung Liriodendron.

Ostasiatische Magnolien

Die Mehrzahl der in Europa kultivierbaren Magnolien ist in China heimisch, nicht wenige davon sind dort endemisch, kommen also ausschließlich in China vor. Deutlich weniger Arten haben ihre natürlichen Areale in Japan, Korea oder im Himalaja. Die meisten sommergrünen Magnolien sind Elemente von sommergrünen Laubwäldern temperierter Zonen. Die immergrünen Arten wachsen oft in immergrünen Laubwäldern subtropischer oder tropischer Zonen.

Zahlreiche Arten gelten nach der Roten Liste der IUCN 2017 (International Union for Conservation of Nature) durch Übernutzung oder Zerstörung ihres Lebensraumes in ihrem Bestand als bedroht oder gefährdet.

In der „Flora of China" (Wu, Z. Y., Raven, P.H. (eds.), 1999–2011) werden die hier unter dem Gattungsnamen *Magnolia* beschriebenen Arten teilweise anderen Gattungen zugeordnet, wie z. B. *Yulania, Michelia, Manglietia, Oyama* und *Houpoëa.*

Die angegebene Wuchshöhe erreichen die Arten an ihren natürlichen Standorten. In Kultur erreichen die meisten Arten diese Wuchshöhen nicht. Das gilt besonders für die immergrünen Arten.

Sortennamen chinesischer Arten basieren auf einer wörtlichen Übersetzung der in «Flora of China» angegeben chinesischen Vernakularnamen durch Li Yu (li.yu@yabylon.com). Dabei ergeben sich teilweise poetische Namen wie z. B. „Die den Frühling erwartende Magnolie" für *Magnolia biondii.* Bei Sorten mit zwei Vernakularnamen ist der zuerst genannte Name gemeint.

Magnolia amoena

Magnolia amoena W.C. Cheng

Tianmushan-Magnolie, Himmelsaugen-Magnolie

Untergattung Yulania, Untersektion Yulania
(Synonym *Yulania amoena* (W.C. Cheng) D.L. Fu).

M. amoena (chinesisch tian mu yu lan) ist ein sommergrüner, bis 12 m hoher Baum mit einer glatten, grauweißen Rinde und schlanken, kahlen, purpurbraunen Zweigen. Dünn ledrig sind die elliptischen bis verkehrt eiförmigen, 10–15 cm langen, an der Spitze spitzen oder lang zugespitzten, an der Basis breit keilförmigen oder abgerundeten, ganzrandigen Blätter mit den 10 bis 13 Paar Seitennerven. Die Blätter sind oberseits kahl, unterseits ganzflächig mit krausen und entlang der Nervatur mit langen, weißen Haaren bedeckt. Die 0,8–1,3 cm langen Blattstiele sind anfangs lang weiß beharrt. Im April-Mai, vor der Laubentfaltung, öffnen sich die endständig angeordneten, etwa 6 cm breiten, leicht duftenden Blüten, sie sind hell pinkfarben bis weiß, außen von der Basis an mit einem langen, schmalen purpurroten Streifen. Die neun 5–6,5 cm langen Tepalen sind spatelförmig oder verkehrt lanzettlich. Das zylindrische Gynoeceum ist etwa 2 cm lang. Die Staubblätter sind purpurrot gefärbt. Die 4–10 cm langen, oft in großer Zahl angesetzten Sammelfrüchte sind regelmäßig zylindrisch oder asymmetrisch, weil nicht alle Fruchtblätter ausgebildet werden. Die Früchte reifen im September–Oktober. WHZ 6b.

M. amoena hat ihre natürliche Verbreitung in montanen Mischwäldern der südost-chinesischen Provinzen Anhui, Jiangsu, Jiangxi und Zhejiang. Sie kommt dort u.a. im Tianmu-Gebirge, westlich der Stadt Hangzhou, in Höhen von 200 bis 1000 m vor, außerdem in dem 1999 als UNESCO-Welterbe ausgewiesenen Wuyishan Biosphärenreservat. Durch übermäßige Holznutzung und die Gewinnung der Blütenknospen für eine medizinische Verwendung gilt *M. amoena* nach der Roten Liste der IUCN 2017 in ihrem Bestand als verletzbar. Nach Erfahrung in den USA ist *M. amoena* ausreichend frosthart und problemlos zu kultivieren.

'Chamaeleon' ('Chang Hua'). Blüten purpurn hellrot, zur Spitze hin dunkler. Tepalen länglich-lanzettlich, an der Spitze zurückgebogen, bis zum Herbst nachblühend. Wahrscheinlich eine Hybride.

Magnolia biondii Pamp. var. *biondii*

Den Frühling erwartende Magnolie

Untergattung Yulania, Untersektion Yulania
(Synonym *Magnolia conspicua* Salisb. var. *fargesii* Finet. et Gagnep., *Yulania biondii* (Pamp.) D.L. Fu).

Magnolia biondii var. *biondii*

M. biondii (chinesisch wang chun lan) erwächst zu einem bis 12 m hohen, sommergrünen, ein- oder mehrstämmigen Baum mit einer glatten, hellgrauen Rinde und schlanken, kahlen, graugrünen Zweigen. Die papierdünnen, 10–22 cm langen, ganzrandigen Blätter sind eiförmig oder elliptisch, selten verkehrt lanzettlich, vorne spitz oder zugespitzt und an der Basis breit keilförmig oder stumpf. Sie sind oberseits mattgrün, unterseits hellgrün und entlang der Mittelrippe und den 10 bis 15 Paar Seitennerven behaart. Die Blattstiele sind 1–2 cm lang. Die kelchförmigen, weißen, an der Basis auffallend hell purpurn gefleckten, duftenden Blüten öffnen sich vor der Laubentfaltung schon im

Februar-März. Von den 9, selten 12 Tepalen sind die drei äußeren linealisch und 0,8–1,1 cm lang, die inneren spatelförmig und 4–5 cm lang. Die Staubblätter sind purpurn. Das Gynoeceum ist 1,5–2 cm lang. Die 6–14,5 cm langen, zylindrischen Sammelfrüchte sind purpurn rot gefärbt, sie reifen im September. WHZ 7a.

Die natürlichen Areale von *M. biondii* befinden sich in den nord- und südostchinesischen Provinzen Gansu, Henan, Hubei und Sichuan, sie kommt dort in Höhen von 400 bis 2000 m vor und gilt nach der Roten Liste der IUCN 2017 als wenig bedroht.

M. biondii wurde 1910 von dem italienischen Botaniker RENATO PAMPANINI nach Material beschrieben, das der italienische Missionar und Naturforscher P. C. SILVESTRI in Hubei gesammelt hatte. Zum Arnold Arboretum der Harvard Universität, Jamaica Plain, Massachusetts, USA, kam die Art 1907 durch Aufsammlungen von E. H. WILSON. Weil Aussaaten scheiterten oder Jungpflanzen in der Baumschule des Arboretums nicht überlebten, konnten keine Pflanzen in die Sammlungen aufgenommen werden. Erfolgreich war eine Einführung ins Arnold Arboretum erst 1977 durch eine Aufsammlung von Y. C. TING, Boston College, aus der chinesischen Provinz Hunan. Erste Blüten konnten im Arnold Arboretum im Frühjahr 1991 beobachtet werden.

M. biondii wird im amtlichen Chinesischen Arzneibuch als Medizinalpflanze geführt. Das Holz wird als Konstruktions- und Furnierholz verarbeitet.

M. biondii blüht erst nach einigen Standjahren, die vergleichsweise kleinen Blüten sollen leichte Fröste ertragen. Im Arboretum Wespelaar, Belgien, blühen die Pflanzen im Februar–März, sie entwickeln sich dort zu starkwüchsigen, aufrechten Bäumen.

Magnolia biondii var. *biondii* mit herbstlich gefärbten Blättern.

Magnolia biondii var. *biondii*, Sammelfrucht

Magnolia biondii var. *biondii*

Magnolia biondii var. *biondii* mit stark behaarten Knospenschuppen

Magnolia biondii PAMP. var. *purpurascens* Y.L. WANG et S.Z. ZHANG

Die var. *purpurascens* ist ein sommergrüner, bis 18 m hoher Baum mit einer hellgrauen Rinde. Die ein- oder zweijährigen Triebe sind dicht hellgelb oder weiß anliegend behaart. Schmal elliptisch, schmal eiförmig oder verkehrt eiförmig sind die 10–18 cm langen, oberseits dunkelgrünen, unterseits hellgrünen Blätter. Die becherförmigen, leicht duftenden Blüten sind 5–7 cm breit. Von den 9 Tepalen sind die drei äußeren zungenförmig, 1–1,5 cm lang und purpurrot oder hellrot gefärbt. Die mittleren Tepalen sind verkehrt eiförmig-länglich, 3,7–5 cm lang und von der Basis bis zur Mitte purpurn oder purpurrot gefärbt. Die 8–10 mm langen Staubblätter haben purpurne Staubfäden. Das Gynoeceum ist 2 cm lang. Die Blüten entfalten sich im Februar-März. Die zylindrischen, 10–14 cm langen Sammelfrüchte sind zur Reife rot gefärbt. WHZ 7a.

Die var. *purpurascens* hat ihre natürliche Verbreitung in Südost-Gansu und Süd-Shanxi. Sie kommt dort in sommergrünen Laubwäldern in Höhen von 520–1320 m vor und gedeiht vorwiegend in Flusstälern. Die Blütenknospen werden lokal in der traditionellen chinesischen Medizin verwendet.

Begleitende Baum- und Straucharten der var. *purpurascens* sind nach WANG et al. (2013): Japanischer Spitz-Ahorn, *Acer pictum*, Mandschurische Birke, *Betula platyphylla*, Papiermaulbeerbaum, *Broussonetia papyrifera*, Chinesische Kastanie, *Castanea molissima*, Rundblättriger Baumwürger, *Celastrus orbiculatus*, Mongolische Haselnuss, *Corylus heterophylla*, Spießtanne, *Cunninghamia lanceolata*, Lotuspflaume, *Diospyros lotus*, Schönulme, *Euptelea pleiosperma*, Chinesische Helwingie, *Helwingia chinensis*, Japanische Helwingie, *Helwingia japonica*,

Chinesische Walnuss, *Juglans cathayensis*, Dahurische Lärche, *Larix gmelinii*, Stumpflappiger Fieberstrauch, *Lindera obutusiloba*, Stechender Fieberstrauch, *Lindera pungens*, Tangutische Heckenkirsche, *Lonicera tangutica*, Wundang-Magnolie, *Magnolia sprengeri*, Armands Kiefer, *Pinus armandii*, Chinesische Rot-Kiefer, *Pinus tabuliformis*, Drüsenstielige Pappel, *Populus adenopoda*, *Quercus aliena* var. *acutiserrata*, Gallen-Sumach, *Rhus chinensis*, *Sabina chinensis*, Chinesische Hemlocktanne, *Tsuga chinensis* und *Vitis heyneana*.

Magnolia campbellii J. D. Hook. et Thomson

Dian-Zang-Magnolie, Himalaja-Magnolie

Untergattung Yulania, Untersektion Yulania
(Synonym *Magnolia campbellii* subsp. *mollicomata* (W.W. Sm.) Kingdon-Ward, *Yulania campbellii* (J. D. Hook. et Thomson) D.L. Fu)

M. campbellii (chinesisch dian zang yu lan) entwickelt sich zu einem stattlichen, 20–30 m hohen, oft mehrstämmigen, sommergrünen Baum mit einer graubraunen Rinde, gelblich grünen Trieben und rötlich braunen Zweigen. Die 10–23(–33) cm langen Blätter mit den 12 bis 16 Paar Seitennerven sind elliptisch, länglich-eiförmig oder breit verkehrt eiförmig, an der Spitze spitz oder kurz zugespitzt und an der Basis abgerundet bis breit keilförmig. Sie sind oberseits glänzend tiefgrün, unterseits graugrün und anliegend weiß, an den Seitennerven lang seidig behaart. Die dicken, lang behaarten Blattstiele sind 1–5 cm lang. Die etwa 2,5 cm langen, eiförmigen Blütenknospen sind hellgelb seidig behaart. Die leicht duftenden, schalenförmigen, dunkelroten oder pinkfarbenen, selten weißen Blüten öffnen sich im März-April vor der Laubentfaltung. Sie sind 15–25(–35) cm breit und haben 12 bis 16 verkehrt eiförmig-spatelförmige bis länglich-eiförmige, fleischige Tepalen. Bei den Blüten, dessen Form im englischen als „cup and saucer" (Tasse-Untertasse) bezeichnet wird, stehen die drei äußeren Tepalen ab oder sind zurückgebogen, die inneren stehen aufrecht und bleiben breit tulpenförmig geschlossen. Die Tepalen sind breit eiförmig oder nahezu rund und 8–10 cm lang. Das grüne Gynoeceum ist 2–3 cm, die zahlreichen Staubblätter sind 1–3 cm lang, die Staubfäden

Magnolia campbellii

sind purpurn rot, die Narben rot. Im Juni-Juli reifen die 11–20 cm langen, anfangs purpurn roten, zur Reife bräunlichen, anfangs aufrechtstehenden, später hängenden Sammelfrüchte. WHZ 8a.

M. campbellii, ein Vertreter immergrüner Laubwälder, ist in der Himalaya-Region in Höhen von 2500 bis 3500 m weit verbreitet, von Bhutan, Nordost-Indien (Assam und Sikkim), Nord-Myanmar und Nepal bis in die west- und südzentral-chinesischen Provinzen Süd-Xizang und Nordwest-Yunnan. Im östlichen Nepal tritt *M. campbellii*, zusammen mit *Acer campbellii*, in den sommergrünen Wäldern oberhalb 2500 m als dominante Baumart auf. Sie gilt nach der Roten Liste der IUCN 2017 als wenig bedroht.

M. campbellii wurde von William Griffith, der von 1837 bis 1838 Bhutan bereist hat, entdeckt und 1848 beschrieben. Das Artepitheton wurde zu Ehren des britischen Admirals Lord Archibald Campbell (1769–1843) vergeben.

Die als *M. campbellii* var. *mollicomata* benannte Sippe, die nun als Synonym für *M. campbellii* gilt, wurde im Frühjahr 1904 von George Forrest an der Westflanke des Mekongtales entdeckt. Er fand sie dort in großer Anzahl blühend und notierte in seinem Tagebuch „I got within a mile of them". Eingeführt wurde die Sippe in Europa 1924 aus Aufsammlungen von George Forrest aus dem Gebiet der Shweli-Salween-Wasserscheide im Grenzgebiet zwischen Burma und China. Aus den Samen mit der Sammelnummer F 25655 keimten drei Pflanzen, von denen zwei mit den Namen 'Borde Hill' und 'Lanarth' in den Handel kamen.

M. campbellii wird nicht selten als die spektakulärste unter den sommergrünen Magnolien, als „Königin der Magnolien", beschrieben. Aus Samen gezogene Pflanzen blühen oft erst in einem Alter von 20 bis 30 Jahren, veredelte Pflanzen und die Sorten der Art meist sehr viel früher.

Ihrer großen Blüten wegen ist *M. campbellii* sehr häufig für Kreuzungen benutzt worden, wie z. B. mit *M. denudata* (= *M.* ×*veitchii*) und *M. liliiflora* (= *M.* 'Star Wars').

Die häufig als var. *mollicomata* (W.W. Sm.) Kingdon-Ward beschriebene Unterart wird in der „Flora of China" (Wu, Z. Y., Raven, P.H. (eds.), 1999–2011) in die Art einbezogen und ist auch nach der Datenbank „The Plant List" ein Synonym für *M. campbellii*. Das gilt auch für die als var. *alba* Treseder beschriebene Sippe.

Alba-Gruppe. Blüten weiß, an der Basis rosarot gestreift. (1925)

'Betty Jessel'. Blüten tief karmesinrot, etwa 25 cm breit, spät aufblühend. Sämling von einer Pflanze im Botanischen Garten Darjeeling, Indien, Bundesstaat Westbengalen. (Gardiner (2000)).

'Bishop Michael'. Wuchs aufrecht, etwa 11 m hoch. Blüten dunkler, größer und eine Woche früher aufblühend als die von 'Lanarth'. Sämling von 'Lanarth'. (Magnolia 51 (1) 99: 2016).

'Bishop Peter'. Wuchs schwach, in 60 Jahren etwa 6 m hoch. Blüten heller als bei 'Lanarth' und früher aufblühend. Sämling von 'Lanarth'. (Magnolia 51 (1) 99: 2016).

'Borde Hill'. Blüten dunkelrosa, größer als beim Typ. (Einer der drei Bäume, die aus der Aufsammlung von George Forrest im Jahr 1924 im Gebiet der Shweli-Salween-Wasserscheide mit der Nummer F 25655 gekeimt sind).

'Charles Raffill'. Wuchs stark. Blüten in der Knospe tief rosarot, geöffnet außen purpurrosa, innen weiß, mit einem purpurrosa Saum, 20–25,4 cm breit, leicht duftend. Frosthärter als die Art. (Jour. Roy. Hort. Soc. 88: 1963). AGM 1993.

'Darjeeling'. Wuchs baumförmig, bis 9 m hoch. Blüten dunkel wein- bis purpurrot, 18–30 cm breit, als Tasse-Untertasse ausgebildet. (Jour. Roy. Hort. Soc. 92: 1967). AGM 2012.

'Eric Walther'. Wuchs säulenförmig, sehr reich blühend. Blüten rosarot, 20–25 cm breit, Tepalen 12, eiförmig, die äußeren abstehend. (Notes Strybing Arb. 3: 1965).

'Ethel Hillier'. Wuchs stark. Blüten sehr groß, weiß, an der Basis hellrosa getönt. Selektion aus einer Wildherkunft. (Hilliers Man. of Trees and Shrubs, Ed. 2, 1973).

'Hendrick's Park'. Blüten dunkelrosa, 25–30 cm breit, mit zitronenartigem Duft (Gosslers Farms Nursery, Plant List 1971).

'Kew's Surprise'. Blüten außen lebhaft karmesinrot, innen weiß, 24 cm breit, leicht duftend, Tepalen 12. Sämling von 'Charles Raffill'. Frosthärter als die Art. (Jour. Roy. Hort. Soc. 92: 1967). AGM 2001.

'Lanarth'. Wuchs kegelförmig. Blüten tief magentarot, im Verblühen tief purpurrot, etwa 23 cm breit, Tepalen 12, 11 cm lang, 6 cm breit. (Selektion aus der Aufsammlung F 25655 von George Forrest aus dem Jahr 1924. Jour. Roy. Hort. Soc. 72: 1947).

'Late Pink'. Blüten rosa, später aufblühend als andere Sorten. (Eric Walther, Strybing Arboretum, USA, 1961).

'Maharaja'. Blüten weiß, außen an der Basis purpurn, etwa 28 cm breit, als Tasse-Untertasse ausgebildet. (Jour. Calif. Hort. Soc. 24: 1963).

Magnolia campbellii 'Darjeeling'

Magnolia campbellii 'Kew's Surprise'

Magnolia campbellii 'Lanarth'

Magnolia campbellii 'Veitch Clone'

'Maharanee'. Blätter im Austrieb pflaumenfarben. Blüten reinweiß, 20,3–25,5 cm breit. (Morris Arb. Bull. 15: 1964).

'Mary Williams'. Blüten purpurn, Tepalen 12, verkehrt eiförmig-spatelförmig, 14 cm lang, 7,5 cm breit, Staubblätter auffallend, Staubfäden violett, Staubbeutel cremefarben rosa. (Jour. Roy. Hort. Soc. 79: 1954).

'Peter Borlase'. Blüten tief rötlich rosa, mit einem helleren Mittelband. (Magnolia 28 (1) 16: 1992).

'Queen Caroline'. Blüten außen purpurrot, innen heller, bis 23 cm breit. (Magnolia 20 (1) 37: 1984).

'Sidbury'. Wuchs stark. Blüten lebhaft rosa, mittelgroß, schon als relativ junge Pflanze blühend. (Hilliers Man. of Trees and Shrubs, Ed. 2, 1973).

'Veitch Clone'. Blüten rosafarben. (Treseder's Nursery, Großbritannien, etwa 1973).

'Wakehurst'. Blüten dunkler als die von 'Charles Raffill'. (Am 12. Mai 1949 durch Queen Mary in Wakehurst Place, Großbritannien, gepflanzt).

'Werrington'. Wuchs baumförmig, bis etwa 10 m hoch. Blüten in allen Schattierungen von karmin- bis purpurrot. Auslese aus Sämlingen der Georg-Forrest-Aufsammlung Nr. 25655. 1970 benannt.

Magnolia campbellii 'Werrington'

Magnolia cavaleriei (Findet et Gagnep.) Figlar

Flach abgeschnittene Magnolie

Untergattung Yulania, Untersektion Yulania
(Synonym *Michelia cavaleriei* Finet et Gagnep.)

M. cavaleriei (chinesisch tian mu yu lan) ist ein immergrüner, bis 20 m hoher, mehrstämmiger Baum mit einer grauweißen Rinde und dünnen, kahlen, purpurnen Zweigen. Die Knospen sind anliegend grauweiß behaart. Schmal elliptisch bis verkehrt eiförmig sind die ledrigen, 10–15 cm langen, an der Spitze kurz zugespitzten, an der Basis breit keilförmigen bis abgerundeten Blätter mit den 11 bis 13 Paar Seitennerven. Die Blätter sind oberseits dunkelgrün und kahl, unterseits entlang der Nervatur und in den Nervenwinkeln lang weiß behaart. Die Blattstiele sind 1,5–3 cm lang. Die etwa 6 cm breiten, roten oder hellroten, duftenden Blüten stehen an achselständigen Kurztrieben. Von den 9 bis 12 Tepalen sind die äußeren, 4,5–7 cm langen verkehrt eiförmig bis elliptisch, die inneren schmaler. Das zylindrische, etwa 2 cm lange Gynoeceum hat 6–14 Fruchtblätter. Die 9–10 mm langen Staubblätter haben purpurrote Staubfäden. Die Blüten öffnen sich vor der Laubentfaltung im März-April. Die zylindrischen, grünlich braunen Sammelfrüchte sind 4–10 cm lang. Sie reifen im September-Oktober. WHZ 8a.

M. cavaleriei besiedelt in den chinesischen Provinzen Anhui, Fujian, Hebei, Jiangsu, Jiangxi und Zhejian montane, subtropische Wälder in Höhen von 800 bis 2400 m. Sie gilt nach der Roten Liste der IUCN 2017 als wenig bedroht.

Magnolia champaca (L.) Baill. ex Pierre

Gelbe Magnolie, Champaca

Untergattung Yulania, Sektion Michelia
(Synonym *Michelia champaca* L.)

M. champaca (chinesisch huang lan) ist ein 25–39(–40) m hoher, immergrüner Baum mit einer graubraunen Rinde und graubraunen, anliegend hellgelb behaarten Trieben. Mit überhängenden Zweigen wird eine schirmförmige Krone aufgebaut. Die dünn ledrigen, 8–23(–34) cm langen, eiförmigen bis länglichen oder lanzettlichen, an der Spitze spitzen oder lang zugespitzten, an der Basis keilförmigen oder abgerundeten Blätter mit den 11 bis 22 Paar Seitennerven sind oberseits kahl, unterseits behaart. Die Blattstiele sind 2–3,5 cm lang. Die kelchförmigen, elfenbeinfarbenen, gelben oder orangefarbenen, sehr stark duftenden Blüten stehen aufrecht an achselständigen Kurztrieben. Von den 12 bis 15 (bis 21) Tepalen sind die äußeren 4 oder 6 schmal verkehrt eiförmig oder linealisch bis spatelförmig und 2–4 cm lang, die inneren kleiner. Das Gynoeceum hat bis zu 30 Fruchtblätter. Die Staubblätter sind orangegelb gefärbt. Die Blüten entfalten sich im Mai-Juni. Die im September-Oktober reifenden Sammelfrüchte sind 7–15 cm lang. WHZ 9.

M. champaca ist in den tropischen Regenwaldgebieten der indo-malaiischen Region weit verbreitet. Sie kommt dort in immergrünen Laubwäldern in Höhen von 200 bis 1600 m vor, in Bangladesch, Indonesien, Malaysia, Kambodscha, Myanmar, Nepal und Thailand, außerdem in den west- und südzentral-chinesischen Provinzen Südost-Xizang und Südwest-Yunnan. Aufsammlungen von *M. champaca* stammen von GEORGE FORREST, der die Art im Juni 1924 in einem Garten der chinesischen Stadt Tengyuch fand und im Oktober 1932 an gleicher Stelle Samen ernten konnte.

M. champaca gilt nach der Roten Liste der IUCN 2017 als wenig bedroht.

M. champaca wird in vielfacher Weise verwendet. Die sehr stark duftenden Blüten sind in tropischen Ländern ein Haarschmuck der Frauen. Sie werden bei Zeremonien und Massagen als Duftspender in Räumen und als Duftstoff in Seifen, Räucherstäbchen und der Lebensmittelindustrie eingesetzt. In der Alternativmedizin gelten die Inhaltsstoffe als Aphrodisiakum. Die Blüten werden außerdem als weltweit teuerstes Parfümaroma für die Herstellung des Parfüms „Joy" verwendet. In Java wird die Art für Aufforstungen erodierter Flächen eingesetzt. In Thailand ist *M. champaca* seit langer Zeit ein Tempelbaum. Die Blätter enthalten einen natürlichen Giftstoff, der zur Bekämpfung des Reispilzes, *Pyricularia oryzae*, eingesetzt werden kann. Die Blätter sind Futter für Seidenraupen. Blüten und Rinde haben eine medizinische Bedeutung. Blütenextrakte werden z. B. gegen Lepra eingesetzt. Das hellgelbe bis olivbraune Holz wird zur Herstellung von Möbeln, Fenstern und Türen verwendet. Das fette Samenöl hat antibakterielle Eigenschaften.

Das Artepitheton *champaca* ist von dem indonesischen Vernakularnamen tjampaka abgeleitet.

Magnolia chapensis (DANDY) SIMA

Lechang Magnolie

Untergattung Yulania, Sektion Yulania
(Synonym *Michelia chapensis* DANDY)

M. chapensis (chinesisch le chang han xiao) ist ein immergrüner, 15–30 m hoher Baum mit einer glatten, grauen oder dunkelbraunen Rinde und dunkelbraunen, kahlen oder kurz braun behaarten Zweigen. Dünn ledrig sind die 5,5–15 cm langen, verkehrt eiförmigen oder länglichen bis elliptischen, an der Spitze zugespitzten, an der Basis keilförmigen, glänzend dunkelgrünen Blätter mit den 9 bis 12 Paar Seitennerven. Die oberseits gefurchten, kahlen oder anfangs behaarten Blattstiele sind 1–2,5 cm lang. Die stark duftenden, cremegelben Blüten werden an kurzen Seitenzweigen angelegt, sie öffnen sich im März-April. Von den sechs Tepalen sind die äußeren verkehrt eiförmig-elliptisch und etwa 3 cm lang und 1,5 cm breit, die inneren schmaler. Das schmal zylindrische Gynoeceum ist etwa 1,5 cm lang. Die Staubblätter sind 1,7 bis 2 cm lang. Die zylindrischen Sammelfrüchte sind 3–10 cm lang, sie reifen von August bis November. Die 1–1,5 cm langen Früchtchen sind voneinander getrennt. WHZ 7b.

M. chapensis kommt in immergrünen Mischwäldern in Höhen von 500 bis 1650 m in den südost- und südzentral-chinesischen Provinzen Guangdong, Guangxi, Guizhou, Hunan, Jiangxi und Yunnan natürlich vor. In China wird die Art sowohl gärtnerisch als auch holzwirtschaftlich genutzt. Sie gilt nach der Roten Liste der IUCN als wenig bedroht.

M. chapensis ist durch ihre zahlreichen eleganten, cremegelben Blüten und die glänzend grünen Blätter eine attraktive Art.

Magnolia compressa

Magnolia compressa Maxim.

Taiwan-Magnolie

Untergattung Yulania, Sektion Michelia (Synonym *Michelia compressa* (Maxim.) Sarg.)

M. compressa (chinesisch tai wan han xiao) ist ein immergrüner, bis 18 m hoher Baum mit einer glatten, graubraunen Rinde. Junge Zweige, Blattstiele und die Mittelrippe der Blattunterseiten sind anliegend kurz braun behaart. Dünn ledrig sind die 5–11 cm langen, verkehrt eiförmigen bis schmal elliptischen, an der Spitze spitzen oder scharf zugespitzten, an der Basis keilförmigen, oberseits glänzend dunkelgrünen Blätter mit den 8 bis 12 Paar Seitennerven. Die Blattstiele sind 0,8–1,2 cm lang. Aus goldgelb seidig behaarten Knospen entfalten sich die hellgelben bis cremeweißen, an der Basis purpurnen Blüten mit den 12 schmal verkehrt eiförmigen Tepalen. Die bis zu 45 Staubblätter sind 5–6 mm lang. Das etwa 4 mm lange Gynoeceum ist fein goldgelb behaart. Die Blüten entfalten sich schon im Januar-Februar. Die im Oktober-November reifenden Sammelfrüchte sind 3–5 cm lang, die Samen ziegelrot. WHZ 8a.

Die natürliche Verbreitung der Art beschränkt sich auf Taiwan, Süd-Japan und die Philippinen. Sie kommt dort in Höhen zwischen 200 und 2600 m in immergrünen Laubwäldern vor. In China wird die Art als Bauholz genutzt. Aus Inhaltsstoffen werden gegen Krebs wirksame Medikamente eingesetzt. Zum Gefährdungsstatus von *M. compressa* lassen sich keine Aussagen machen, weil die Datenlage dazu nicht ausreicht.

Magnolia conifera (Dandy) V.S. Kumar

Süd-Guangxi-Magnolie

Untergattung Magnolia, Sektion Manglietiastrum

(Synonym *Magnolia ovoidea* (H.T. Chang et Q.) V.S. Kumar, *Manglietia conifera* Dandy, *Manglietia glaucifolia* Y.W. Law et Y.F. Wu, *Manglietia ovoidea* H.T. Chang et Chen).

M. conifera (chinesisch gui nan mu lian) ist ein immergrüner, bis 20 m hoher Baum mit einer glatten, grauen Rinde, rötlich braun behaarten Trieben und Blattknospen. Schmal verkehrt eiförmig bis schmal verkehrt eiförmig-elliptisch sind die 12–15 cm langen, ledrigen Blätter mit den 12 bis 14 Paar Seitennerven. Die Blätter sind oberseits glänzend dunkelgrün und kahl, unterseits hell- bis bläulich grün. Die Blattstiele sind 2–3 cm lang. Aus eiförmigen Knospen entfalten sich die seitwärts abstehenden oder nickenden Blüten mit den 9 bis 11 Tepalen, die äußeren drei sind ledrig, 3,2 bis 5,4 cm lang und gelblich grün oder grün gefärbt, die inneren sind von stabiler Textur, 2,8–1,4 cm lang und gelblich mit einem purpurnen Hauch an der Basis. Die Staubblätter sind rötlich rot gefärbt, das Gynoeceum hat 20 bis 28 Fruchtblätter. Die Blüten entfalten sich im Mai-Juni. Die eiförmigen Sammelfrüchte sind 3–4 cm lang, sie reifen im September-Oktober.

M. conifera kommt in den südöstlichen und südzentralchinesischen Provinzen Nord-Guangdong, Guangxi, Südost-Guizhou, Süd-Hunan und Südost-Yunnan, sowie in Nord-Vietnam natürlich vor. Besiedelt werden feuchte Täler in Höhen von 700 bis 1300 m.

Die Bestände von *M. conifera* gelten nach der IUCN Red List als wenig gefährdet. WHZ 8b.

In China wird *M. conifera* als Ziergehölz gepflanzt, außerdem medizinisch und forstlich genutzt.

Die immergrünen ledrigen Blätter der Art erinnern an die der immergrünen *M. grandiflora*, die nickenden Blüten an die von *M. sieboldii* subsp. *sieboldii*.

Magnolia cylindrica E.H. Wilson var. *cylindrica*

Huangshan-Magnolie

Untergattung Yulania, Untersektion Yulania

(Synonym *Yulania cylindrica* (E.H. Wilson) D.L. Fu)

M. cylindrica (chinesisch huang shan yu lan) ist ein bis 10 m hoher, sommergrüner Baum mit einer glatten, grauweißen Rinde. Die purpurbraunen Zweige riechen angekratzt unangenehm. Triebe, Blattstiele und Blattunterseiten sind anliegend hellgelb behaart. Elliptisch bis verkehrt eiförmig sind die 8–15 cm langen, an der Spitze spitzen oder kurz zugespitzten, an der Basis abgerundeten bis breit keilförmigen Blätter mit den 8 bis 11 Paar Seitennerven. Die Blätter sind oberseits glänzend dunkelgrün, unterseits dicht und lang hellgelb seidig behaart. Die 0,5–2 cm langen Blattstiele sind oberseits gefurcht. Die eiförmigen Blütenknospen sind lang graugelb oder silbergrau seidig behaart. Die duftenden, kelchförmigen Blüten sind weiß oder an der Basis purpurn rosa, sie öffnen sich vor der Laubentfaltung im

April-Mai. Von den 9 Tepalen sind die drei äußeren kelchblattähnlich und 2–2,5 cm lang, die inneren verkehrt eiförmig oder spatelförmig und 6,5–10 cm lang. Das grüne Gynoeceum ist etwa 1,2 cm lang. Purpurn gefärbt sind die etwa 1 cm langen Staubblätter. 5–7,5 cm lang sind die zylindrischen, anfangs roten, zur Reife im August-September dunkel purpur-schwarzen, hängenden Sammelfrüchte, die zur Reife zwischen den Fruchtblättern tief aufgespalten sind. WHZ 6b. AGM 1993.

Die natürlichen Vorkommen von *M. cylindrica* liegen in den nordost- und südost-chinesischen Provinzen Anhui, Fujian, Henan, Hubei, Jiangxi und Zhejiang. Die Art besiedelt montane Bergwälder und schattige Täler in Höhen von 700 bis 1600 m.

Magnolia cylindrica var. cylindrica

M. cylindrica kommt auch in dem seit 1990 in der UNESCO-Welterbeliste geführten Huangshan-Nationalpark in Anhui vor, eine der attraktivsten Bergregionen Chinas mit 72 spektakulären, oft von Kiefern gekrönten Gipfeln auf einer Fläche von 154 km^2.

M. cylindrica wurde 1925 durch R. C. Ching, einem Pflanzensammler für Ernest Henry Wilson, entdeckt.

In ihren natürlichen Arealen wird *M. cylindrica* als Feuerholz genutzt, die Blüten für eine medizinische Verwendung geerntet. Die Art gilt nach der Roten Liste der IUCN 2017 als verletzbar.

M. cylindrica kam 1936 aus dem Botanischen Garten Lu-shan in China zu J. Norman Henry in Glawyne, Pennsylvania und etwa zur gleichen Zeit nach Großbritannien, die Samen keimten dort aber nicht. Samen von Henry's Pflanzen erreichten 1950 die Baumschule Hillier, Ampfield, Hampshire, Großbritannien.

Das Artepitheton *cylindrica*, lateinisch cylindrus bedeutet walzenförmig und bezieht sich auf die Form der Sammelfrüchte.

'Bjuv'. Blätter bläulich grün. Blüten weiß, an der Basis lebhaft purpurn. Die äußeren kelchblattähnlichen Tepalen rasch abfallend. (Magnolia 31 (1) 59: 1996).

Magnolia cylindrica var. cylindrica

Magnolia cylindrica E.H. Wilson var. *purpurascens* Y.L. Wang et S.Z. Zhang

Die var. *purpurasens* ist ein sommergrüner, 8–12 m hoher Baum mit einer glatten, hellgrauen Rinde und gelblich braunen Zweigen. Schmal verkehrt eiförmig oder verkehrt eiförmig-länglich sind die 14–17 cm langen Blätter. Sie sind an der Basis keilförmig, an der Spitze stumpf oder spitz, oberseits grün, unterseits hellgrün und dicht kurz behaart. Die becherförmigen Blüten haben neun Tepalen. Die drei äußeren Tepalen sind dreieckig oder zungenförmig und 0,8–3 cm lang. Die inneren, 3,7–4,2 cm langen, verkehrt eiförmig-länglichen Tepalen sind außen purpurrot, gelegentlich aber an der Spitze mehr oder weniger weiß. Die Staubfäden der 8–10 mm langen Staubblätter sind an der Basis purpurrot. Das 1,2–1,5 cm lange, zylindrisch-eiförmige, purpurn gelbe Gynoeceum hat 50 bis 65 Fruchtblätter.

Blütezeit sind die Monate Februar–März. WHZ 6b.

Die var. *purpurascens* hat ein eng begrenztes Verbreitungsgebiet. Sie kommt in den Bezirken Jingning und Songyang im Süden der chinesischen Provinz Zhejiang unter subtropischen Klimabedingungen in wintergrünen Laubwäldern in Höhen von 1100 bis 1220 m in Tälern und an Bachufern vor. Die Population im Bezirk Jingning umfasst nur zehn, die Population im Bezirk Songyang mehr als 20 Exemplare.

Begleitende Baum- und Straucharten sind nach Wang et al. (2013): *Alnus trabeculosa, Bretschneideri sinensis, Camellia chekiangoleosa, Chimonobambusa qudrangularis, Emmeopteris henryi, Halesia macgregori, Pinus taiwanenesis* und *Taxus wallichiana* var. *mairei*. Im Bezirk Songyang gedeiht außerdem eine größere Population von *Magnolia sinostellata*, die im Bezirk Jinining fehlt.

Magnolia dawsoniana Rehder et E.H. Wilson

Glänzende Blätter Magnolie, Dawson's Magnolie

Magnolia dawsoniana

Untergattung Yulania, Untersektion Yulania
(Synonym *Yulania dawsoniana* (Rehder et E.H. Wilson) D.L. Fu)

M. dawsoniana (chinesisch guang ye yu lan) ist ein sommergrüner, 9–20 m hoher Baum oder Strauch. Die gelbbraunen, kahlen oder fein behaarten Triebe sind schütter mit Lentizellen bedeckt. Verkehrt eiförmig bis elliptisch-verkehrt eiförmig sind die 7,5–14(–18) cm langen, an der Spitze stumpfen oder kurz zugespitzten, an der Basis sich verjüngenden Blätter mit den 8 bis 10 Paar meist rötlichen Seitennerven. Die Blätter sind oberseits glänzend grün, unterseits hellgrün und in den

Magnolia dawsoniana

Nervenwinkeln und der Mittelrippe beiderseits weiß wollig behaart. Die dünnen Blattstiele sind 1–3 cm lang. Die aufrecht stehenden oder nickenden, duftenden Blüten sind 16–25 cm breit. Sie öffnen sich im März-April, später als viele frühblühende Magnolien. Die 9 bis 12 schmal länglich-löffelförmigen Tepalen sind außen rosarot, zur Spitze hin weiß, innen weiß und leicht rosa überhaucht. Schmal zylindrisch ist das 1,5 bis 2 cm lange Gynoeceum. 1,2–2 cm lang sind die purpurn roten Staubblätter. Die dunkelroten, zylindrischen Sammelfrüchte sind 7–14 cm lang, sie reifen im September-Oktober. WHZ 8a.

Die natürliche Verbreitung von *M. dawsoniana* beschränkt sich auf die nord- und südzentral-chinesischen Provinzen Hunan und Sichuan. Sie kommt dort in montanen Wäldern in Höhen von 1400–2500 m vor. In China gehört die Art zu den forstlich wichtigen Baumarten. Die Stammrinde wird medizinisch genutzt. *M. dawsoniana* ist nach der Roten Liste der IUCN-Liste 2017 in ihrem Bestand gefährdet.

Magnolia dawsoniana, Sammelfrüchte

Magnolia dawsoniana

Magnolia dawsoniana 'Clarke'

M. dawsoniana wurde 1869 von dem französischen Naturforscher PIERRE DAVID (1826–1900) im Baoxing-Gebiet der chinesischen Provinz Sichuan entdeckt, einem Hotspot der Biodiversität und seit 2006 Teil des UNESCO Weltkulturerbes „Sichuan Panda Heiligtümer – Wolong, Mt. Siguniang und Jiajing Berge".

1908 wurde *M. dawsoniana* auch von E.H. WILSON auf seiner dritten China-Expedition im westlichen Sichuan, im Berggebiet südöstlich von Kangding, einer Stadt des Autonomen Bezirkes Garzê der Tibeter, entdeckt und in die USA, in das Arnold Arboretum der Harvard Universität, Jamaica Plain, Massachusetts, eingeführt. Vom Arnold Arboretum kamen Pflanzen nach Frankreich, in die Baumschule Leon Chenault, Orleans und von dort in den Kew Garden, Chelsea, Großbritannien.

Das Artepitheton *dawsoniana* erinnert an JACKSON T. DAWSON, den ersten Superintendanten des Arnold Arboretums in Jamaica Plain, USA.

'Chyverton Red'. Wuchs kompakt, aufrecht bis domförmig. Blüten bei warmer Witterung hell karmesinrot, bei kühler Witterung dunkler. Originalpflanze in Chyverton, Cornwall. (Treseder's Nursery, Großbritannien, Katalog etwa 1973).

'Clarke'. Wuchs baumförmig, schon als junge Pflanzen reich blühend. Blüten tiefrosa, 20 cm breit, Tepalen 10 cm lang. (Gosslers Farm Nursery, USA, Katalog 1988/89).

'Lanarth'. Blüten in der Knospe purpurrosa, rasch heller werdend, zuletzt weiß, lavendelfarben getönt, Tepalen 10 cm lang. (Treseder's Nursery, Großbritannien, Katalog etwa 1965).

Magnolia dawsoniana 'Strybing'

'Ruby Rose'. Blüten purpurrot, bis 30 cm breit. Tepalen 12. Möglicherweise eine Hybride. (Magnolia 20 (1) 37: 1984).

'Strybing'. Blüten rosarot, größer als die der Art. (Otto Eisenhut, Schweiz, Katalog 1989).

'Washington Park Clone'. Blüten tiefrot, Tepalen breit. (Strybing Arboretum, USA. CALLAWAY (1994)).

Magnolia decidua (Q.Y. ZHENG) V.S. KUMAR

Sommergrüne Magnolie

Untergattung Magnolia, Sektion Manglietiastrum (Synonym *Manglietia decidua* Q.Y. ZHENG)

M. decidua (chinesisch lu ye mu lian) ist ein sommergrüner, bis 15 m hoher Baum mit einer glatten grauweißen Rinde. Die glatten, purpurnen Triebe sind schütter mit weißen, nahezu kugeligen Lentizellen bedeckt. Die 14–20 cm langen, dünn ledrigen, schmal ver-

Magnolia decidua

Magnolia decidua im Botanischen Garten Guangzhou, Südchina

kehrt eiförmigen bis elliptischen, an der Spitze stumpfen oder kurz zugespitzten, an der Basis keilförmigen Blätter mit den 9 bis 12 Paar Seitennerven stehen oft an den Zweigenden gehäuft. Die Blätter sind oberseits glänzend dunkelgrün, unterseits nur anfangs grauweiß behaart. Gelblich weiß gefärbt sind die duftenden, endständig platzierten Blüten. Die 15 oder 16 Tepalen sind in fünf oder sechs Kreisen angeordnet. Die drei äußeren, etwa 7 cm langen Tepalen sind lanzettlich bis schmal verkehrt eiförmig und kürzer als die inneren. Das länglich eiförmige Gynoeceum ist mit den 15 bis 22 Fruchtblättern etwa 1 cm lang. Die 54 bis 60 Staubblätter sind 6–7 mm lang. Die Blüten öffnen sich im Mai vor der Laubentfaltung. 4,7–7 cm lang sind die nahezu kugeligen bis eiförmigen, im September-Oktober reifenden Sammelfrüchte. WHZ 8a.

M. decidua hat ein einziges Areal mit weniger als 500 Individuen in der südost-chinesischen Provinz Jiangxi. Sie wächst dort in Höhen zwischen 400 und 700 m in Bambuswäldern. Sie wird in der Roten Liste der IUCN 2017 als gefährdete Art geführt.

M. decidua kam 1999 durch Philippe de Spoelberch nach Europa. Sie gedeiht in seinem Arboretum in Wespelaar, Belgien, im Schutz von Kiefern gut.

Das Artepitheton *decidua*, lateinisch deciduus, bedeutet abfallend und bezieht sich auf die sommergrünen Blätter der Art.

Magnolia delavayi Franch.

Berg-Magnolie, Delavays Magnolie

Untergattung Magnolia
Sektion Manglietiastrum

Magnolia delavayi

M. delavayi (chinesischer Name unbekannt) ist ein immergrüner, bis etwa 10 m hoher, breit kegelförmiger Baum oder Strauch mit einer grauen bis grauschwarzen Rinde. Die derb ledrigen, elliptischen bis eiförmigen oder länglich-eiförmigen, 10–20(–32) cm langen Blätter sind an der Spitze abgerundet oder stumpf, an der Basis spitz oder abgerundet und am Saum gewellt. Die Blätter sind oberseits matt dunkelgrün und nur anfangs fein behaart, unterseits hellgrün oder gelblich grün und fein behaart. Die Nervatur ist tief eingesenkt. Aus großen, domförmigen Knospen entfalten sich die schalenförmigen, duftenden, 18–20 cm breiten Blüten. Die neun fleischigen Tepalen sind etwa 10 cm lang. Die drei äußeren, grünlich weißen Tepalen stehen zur Vollblüte ab, die inneren, cremeweiß gefärbten sind spatelförmig bis verkehrt eiförmig, 7–10 cm lang und von stabiler Textur. Die Blüten haben etwa 210 Staubblätter und ein 3–4 cm langes, fein gelblich behaartes Gynoeceum mit etwa 100 Fruchtblättern. Blütezeit sind die Monate Juli-September. Die eiförmig-länglichen, 6,7–9,5 cm langen Sammelfrüchte sind zur Reife hellbraun. WHZ 8a.

M. delavayi hat ihre natürlichen Habitate nur in den süd- und nordzentral-chinesischen Provinzen Guizhou, Síchuan und Yunnan. Sie ist 1886 von dem Lazaristenpater Pierre Jean Marie Delavay (1834–1895) in der Nähe von Lankong entdeckt und durch Franchet nach ihm benannt worden. 1899 ist sie durch E. H. Wilson aus der chinesischen Provinz Yunnan in den Royal Botanic Garden Kew, Großbritannien, eingeführt worden.

M. delavayi gilt nach der Roten Liste der IUCN 2017 als wenig bedroht. In China wird die Rinde der Art medizinisch genutzt.

M. delavayi hat von allen immergrünen Magnolien aus temperierten Regionen die größten Blätter, sie sind sehr steif und pergamentartig. *M. delavayi* ist der in den USA heimischen, ebenfalls großlaubigen Immergrünen Magnolie, *M. grandiflora*, recht ähnlich. Die Blätter von *M. delavayi* sind unterseits anfangs fein behaart oder kahl, die von *M. grandiflora* unterseits dicht filzig rötlich, rehbraun oder orangefarben behaart.

'Multipetal'. Blüten 23 cm breit, mit 33 Tepalen gefüllt. (Louisiana Nursery, USA. Callaway (1994)).

Magnolia delavayi

Magnolia delavayi

Magnolia denudata Desr.

Yulan-Magnolie, Lilien-Magnolie

Untergattung Yulania, Untersektion Yulania

(Synonym *Magnolia conspicua* Salisb., *M. conspicua* Salisb. var. *purpurascens* Rehder et. E.H. Wilson, *M. conspicua* var. rosea Veitch, *M. heptapeta* (Buc'hoz) Dany, *M. cyathiformis* Riuz ex K. Koch, *Yulania denudata* (Desr.) D.L. Fu)

M. denudata (chinesisch yu lan, japanisch haku-mokuren) ist ein sommergrüner, bis 9–12 (–25) m hoher Baum oder großer Strauch einer breit kegelförmigen, abgerundeten Krone und einer tiefgrauen, im Alter rauen, gefurchten Borke. Die recht dicken, anfangs seidig

Magnolia denudata

behaarten, bald kahlen Triebe sind rötlich oder purpurn braun, gelegentlich auch silbergrau. Die Winterknospen und 1–2,5 cm langen Blattstiele sind dicht graugelb und lang seidig behaart. 10–15(–18) cm lang sind die verkehrt eiförmigen bis verkehrt eiförmig-elliptischen, von der Mitte zur Spitze hin sich verjüngenden, an der Basis breit abgerundeten oder keilförmigen bis leicht herzförmigen Blätter mit den 8 bis 10 Paar Seitennerven. Die Blätter sind oberseits tiefgrün, unterseits heller und entlang der Mittelrippe wollig behaart. Aus eiförmigen Blütenknospen entfalten sich die duftenden,10–16 cm breiten, schalenförmigen, creme- bis elfenbeinweißen, an der Basis oft rosa überhauchten, aufrecht stehenden Blüten, die sich im Februar-März öffnen. Die 9, selten 12 länglich verkehrt eiförmigen Tepalen sind 6–8(–10) cm lang. Das hellgrüne, zylindrische Gynoeceum ist 2–2,5 cm, die zahlreichen purpurnen Staubblätter 7–12 mm lang. Die zylindrischen, in Kultur oft unregelmäßig ausgebildeten, anfangs grünlich roten Sammelfrüchte sind 12–15 cm lang, sie reifen im August-September. WHZ 6b, AGM 1993.

M. denudata kommt in den südost- und südzentral-chinesischen Provinzen Anhui, Chongqing, Guangdong, Guizhou, Hubei, Hunan, Jiangxi, Shaanxi, Yunnan und Zhejian in montanen Wäldern in Höhen von 500–1000 m natürlich vor. *M. denudata* gilt nach der Roten Liste der IUCN 2017 als wenig bedroht.

Magnolia denudata

Die Yulan-Magnolie gehört in China zu den uralten Kulturpflanzen, die seit mehr als 1000 Jahren an Tempeln und in kaiserlichen Gärten gepflanzt und häufig gemalt worden ist. Das fein texturierte Holz wird zu Furnieren und Brettern verarbeitet. Die Blütenknospen werden medizinisch genutzt, außerdem lässt sich aus ihnen ein flüchtiges Öl gewinnen.

M. denudata wurde vermutlich schon zur Zeit der chinesischen Tang-Dynastie (618 bis 907) nach Japan eingeführt, wurde auch dort bald populär und gelangte 1789 durch Sir Joseph Banks als erste ostasiatische Magnolie nach Großbritannien.

Die überaus reich blühende Yulan-Magnolie gehört zu den attraktivsten sommergrünen Arten. In Kultur wird die Art kaum mehr als 9 m hoch und entwickelt sich zu einem Kleinbaum mit ausgebreiteten Ästen.

Die als *M. denudata* var. *purpurascens* (MAXIM.) REHDER et E.H. WILSON beschriebene Sippe ist ein Synonym von *M. sprengeri* PAMP.

'Chaerhays Clone'. Blüten reinweiß. (Treseder's Nursery, Katalog, etwa 1973).

'Double Diamond'. Wuchs baum- oder strauchförmig, 5–8 m hoch. Blüten reinweiß, halb gefüllt, 10–20 cm breit. (Chinesische Selektion).

'Forrest's Pink'. Siehe *M. ×soulangeana* **'Forrest Pink'**

FRAGRANT CLOUD ('Dan Xin'). Wuchs baum- oder strauchförmig, 4–6 m hoch. Blüten violettrosa mit weiß. (Aus China eingeführt).

Magnolia denudata

'Gere'. Blüten elfenbeinfarben, vasenförmig, duftend, zwei bis drei Wochen später blühend als die Art, deshalb weniger spätfrostgefährdet. (Magnolia 16 (1) 29: 1980).

'Jade Lamp'. Wuchs strauchförmig, schon als junge Pflanze reich blühend. Blüten reinweiß, pokalförmig, sehr groß, Tepalen zahlreicher als bei den Blüten der Art. (Chinesische Selektion).

'Late Clone'. Spät blühende Sorte. (Louisiana Nursery, USA, vor 1994).

'Moon Garden'. Blüten weiß, duftend. (Callaway (1994)).

'Purple Eye'. Wuchs breitbuschig, stärker und großblättriger als die Art. Blüten reinweiß, kelchförmig, groß, von den 9 Tepalen sind die drei inneren an der Basis beider-

Magnolia denudata 'Jade Lamp'

seits dunkel purpurn gefleckt, die inneren Tepalen heller gefleckt. Möglicherweise eine Hybride. (Hilliers Man. of Trees and Shrubs, Ed. 2, 1973).

'Sawada's Cream'. Blüten klein, in der Knospe buttergelb, aufgeblüht cremeweiß, reich fruchtend. (Magnolia 28 (1) 53: 1992).

'Sawada's Pink'. Blüten hellrosa. (CALLAWAY (1994)).

'Swarthmore Sentinel'. Wuchs aufrecht, schmal kegelförmig, in 20 Jahren etwa 12 m hoch, die Krone 5 m breit. Blüten creme- bis elfenbeinweiß, an der Basis rosarot oder purpurn getönt, kelchförmig, duftend, Tepalen 9 bis 12. (Magnolia 44 (1) 85: 2009).

'Wada's Japanese Clone'. Wuchs stark. Blüten hellrosa, spät aufblühend. (KOICHIRO WADA, Japan. CALLAWAY (1994)).

Magnolia doltsopa (BUCH.HAM. ex DC.) FIGLAR

Südasiatische Magnolie, Tempel-Magnolie

Untergattung Magnolia, Sektion Michelia

(Synonym *Magnolia excelsa* WALL., *Michelia doltsopa* BUCH.HAM. ex DC.)

M. doltsopa (chinesisch nan ya han xiao) ist ein immergrüner, bis 30 m hoher, in Kultur bis etwa 11 m hoher Baum. Triebe, Knospen, Stiele und Blattunterseiten sind grauweiß anliegend filzig behaart. Elliptisch bis schmal elliptisch sind die 10–22 cm langen, ab der Spitze spitzen oder lang zugespitzten, an der Basis breit keilförmigen bis abgerundeten, am Saum leicht gewellten Blätter mit den 10 bis 14 Paar Seitennerven. Die Blätter sind oberseits graugrün, unterseits dicht fein behaart. Die Blattstiele sind 1–2 cm lang. Sehr kurz gestielt sind die achselständigen, weißen oder sehr hellgelben, stark duftenden, 13–18 cm breiten Blüten, die sich im April-Mai öffnen. Die 12 bis 16 schmal verkehrt eiförmig-löffelförmigen Tepalen sind 5–7 cm lang. Das schmal eiförmige Gynoeceum ist 1,5–2 cm, die Staubblätter 1,2–1,7 cm lang. Die gelblich rosafarbenen Sammelfrüchte sind 4–7 cm lang, sie reifen im September-Oktober. WHZ 8a.

Magnolia doltsopa

M. doltsopa hat ihre natürliche Verbreitung in der östlichen Himalayaregion, in Bhutan, Nepal, Indien (Assam) und Nord-Myanmar, außerdem in den west- und südzentral-chinesischen Provinzen Xizang (Tibet) und Yunnan in Höhen von 1500–2400 m vor. Habitate der Art befinden sich unter anderen in Höhen über 1000 m in den subtropischen Meghalaya-Wäldern mit den Khasi-, Garo- und Jaintia-Hügeln in den indischen Bundesstaaten Meghalaya und den angrenzenden Regionen von Assam. Die regenreiche Ökoregion der Meghalaya-Wälder gilt als die artenreichste Indiens mit einer großen Vielfalt an Vögeln, Säugetieren und Pflanzen, darunter zahlreichen Magnolienarten. *M. doltsopa* wird als Bau- und Brennholz genutzt.

Die bei uns selten kultivierte Art kam 1924 durch GEORGE FORREST nach Europa.

Er fand die Art im April und Mai 1924 im Gebiet der Shweli-Salween-Wasserscheide im Grenzgebiet zwischen Burma und China in Höhen zwischen 2400 und 3000 m (Sammlungsnummern 24102 und 24217) und im März 1925 in den Bergen nordwestlich der chinesischen Stad Tengyueh, seiner Basisstation, im südwestlichen Yunnan, nahe der Grenze zu Myanamar (Sammlungsnummer 26258).

Der Gefährdungsstatus von *M. doltsopa* kann nicht beurteilt werden, weil die Datenlage dazu nicht ausreicht.

'Silver Cloud'. Blüten zahlreicher als bei der Art und schon als sehr junge Pflanze reich blühend. (Duncan and Davis, Neuseeland, 1950er oder 1960er Jahre).

Magnolia duclouxii (FINET et GAGNEP.) HU

Chuan-Dian-Magnolie

Untergattung Magnolia, Sektion Manglietiastrum
(Synonym *Manglietia duclouxii* FINET et GAGNEP.)

M. duclouxii (chinesisch chuan, dian, mu lian) ist ein immergrüner, bis 6 m hoher Baum mit dünnen, kahlen Zweigen. Dünn ledrig sind die 8–13 cm langen, verkehrt lanzettlichen bis verkehrt eiförmig-lanzettlichen Blätter mit den 9 bis 11 Paar Seitennerven. Die Blätter sind oberseits glänzend dunkelgrün, unterseits graugrün und kahl oder anliegend braun behaart. Die Blattstiele sind 1,2–3 cm lang. Die stark duftenden, rosaroten Blüten haben neun konkave, verkehrt eiförmige, 2,6–4,5 cm lange Tepalen von stabiler Textur, die inneren Tepalen sind purpurn rot gefärbt. Die 1–1,2 cm langen Staubblätter haben 1–1,5 mm lange Staubfäden. Die Blüten entfalten sich im Mai-Juni. Eiförmig-elliptisch sind die 5–6 cm langen rötlichen, im September-Oktober reifenden Sammelfrüchte.

M. duclouxii hat ihre natürliche Verbreitung in den süd- und nordzentralchinesischen Provinzen Guangxi, Südost-Sichuan, Nordost-Yunnan, sowie in West-Vietnam. Sie kommt dort in Höhen von 1300 bis 2000 m in immergrünen Laubwäldern vor.

Zum Gefährdungsstatus der Art werden in der UICN Red List aus Mangel an Daten keine Aussagen gemacht.

Die seit 2013 in Neckarsulm-Waldhilsbach kultivierte, nun 5 m hohe Pflanze hat die letzten Winter bei Temperaturen von bis zu – 18° C problemlos überlebt. WHZ 6b.

Magnolia ernestii Figlar

Emei-Magnolie, Gelbe Lilien-Magnolie

Untergattung Magnolia, Sektion Michelia

(Synonym *Michelia wilsonii* Finet et Gangep., *M. sinensis* Hemsl. et E.H. Wilson, *M. szechuanica* Dandy)

M. ernestii (chinesisch e mei han xiao) ist ein immergrüner, 20–25 m hoher Baum. Die Triebe sind grün, hellbraun oder rötlich braun und spärlich anliegend behaart. Die ledrigen, 9–15 cm langen Blätter mit den 8 bis 13 Paar Seitennerven sind an der Spitze spitz oder kurz zugespitzt, an der Basis keilförmig. Sie sind oberseits kahl und glänzend grün, unterseits bläulich grün und spärlich glänzend anliegend weiß behaart. Die Blattstiele sind 1,5–4 cm lang. Die sehr stark duftenden, 5–6 cm breiten, gelblich weißen Blüten sind achselständig angeordnet. Sie entfalten sich im März-Mai. Die 9 bis 12 verkehrt eiförmigen oder spatelförmigen Tepalen sind 2–5 cm lang. Das zylindrische Gynoeceum ist 3,5–4 cm lang. Die 1–2 cm langen Staubblätter sind grün oder gelb. Die zylindrischen, gedrehten Sammelfrüchte sind 6–15 cm lang, sie reifen im August-September. Die Früchtchen sind voneinander getrennt. WHZ 8a.

Heimisch ist die Art in den nord- und südzentral-chinesischen Provinzen Chongqing, Guizhou, Hubei, Jiangxi, Sichuan und Yunnan. Sie kommt dort in Bergwäldern in Höhen von 600 bis 2000 m vor. Habitate der Art finden sich unter anderem am Saum des Sichuan-Beckens und in der Umgebung der kreisfreien Stadt Lichuan im westlichen Hubei. In China wird die Art mit spirituellen Vorstellungen verbunden und deshalb in Tempelgärten gepflanzt.

Das Artepitheton *ernestii* erinnert an Ernest Henry Wilson, den erfolgreichsten Pflanzensammler des frühen 20. Jahrhunderts.

M. ernestii gilt nach der Roten Liste der IUCN 2017 in ihren Bestand als fast bedroht.

Magnolia figo (Lour.) DC. var. *figo*

Lächelnde Magnolie

Untergattung Magnolia, Sektion Michelia

(Synonym *Liriodendron figo* Lour., *Magnolia annonifolia* Salisb., *Michelia figo* (Lour.) Spreng., *M. amoena* Q.F. Zheng et M.M. Lin)

M. figo var. *figo* (chinesisch han xiao hua) ist ein immergrüner, reich verzweigter und dicht beblätterter, bis 15 m hoher Baum oder Strauch. Triebe, Knospen, Stiele und die 0,4–2,7 cm langen Kurztriebe sind dicht grau oder braun filzig behaart. Schmal elliptisch oder verkehrt eiförmig-elliptisch sind die 4–10 cm langen, an der Spitze stumpfen, an der Basis breit keilförmigen Blätter mit den 7 bis 12 Paar Seitennerven. Die Blätter sind oberseits glänzend grün und kahl, unterseits entlang der Mittelrippe anliegend braun behaart. Die Blattstiele sind nur 2–4 mm lang. Die stark süß duftenden, 1–1,2 cm breiten, schalenförmigen Blüten stehen einzeln aufrecht an achselständigen Kurztrieben. Die sechs elliptischen, 1,2–2 cm langen, weißen oder cremegelben, fleischigen Tepalen sind an der Basis gelegentlich rot oder purpurn getönt. Die Blüten entfalten sich im April-Mai. Das Gynoeceum ist länger als die Staubblätter. 2–3,5 cm lang sind die asymmetrischen, zur Reife im Juli-August rotbraunen Sammelfrüchte mit den deutlich getrennten, spitz geschnäbelten, mit grauen, warzigen Lentizellen bedeckten Früchtchen. WHZ 8a.

Die Unterart kommt in den warm temperierten, südost-chinesischen Provinzen Anhui, Guangdong, Guangxi, Jiangxi und Zhejiang natürlich vor. Sie wird in zahlreichen warmtemperierten, subtropischen und tropischen Ländern als Ziergehölz und Heilpflanze kultiviert. *M. figo* var. *figo* gilt nach der Roten Liste der IUCN 2017 als wenig bedroht.

M. figo kam 1789 nach Großbritannien. Dort wird eine purpurrosa blühende Form als Port Wine Magnolia bezeichnet.

Das Artepitheton *figo* setzt sich nach Genaust (1996) aus chinesisch fei = leuchtend rot und gao = hell, strahlend zusammen und bezieht sich auf die roten Blüten der var. *crassipes*.

'Lady of the Night'. Bis 6 m hoher Strauch. Blüten cremefarben.

'Purple Queen'. Bis 6 m hoher Strauch. Blüten an der Basis dunkler als die der Art. (Shibamichi, Japan).

Magnolia figo var. *figo*

M. figo Skinneriana-Gruppe (Synonym *Michelia skinneriana* Dunn) unterscheidet sich von *M. figo* var. *figo* durch den kräftigen, baumförmigen Wuchs und die Blätter mit den 10 bis 16 Paar Seitennerven. Die Kurztriebe sind gelbbraun filzig behaart. Die Skinneriana-Gruppe wächst kräftiger und mehr baumförmig als die var. *figo*. Die Blüten sind heller als die der var. *figo* und ohne rötliche Färbungen. Heimisch ist die Gruppe in den südost-chinesischen Provinzen Fujian, Guangdong, Guangxi, Huan, Jiangxi und Zhejiang.

Magnolia figo var. *crassipes* (Y.W. Law) Figlar et Noot.

Purpurblüten-Magnolie

(Synonym *Michelia crassipes* Y.W. Law)

Die Unterart (chinesisch zi hua han xao) entwickelt sich zu einem etwa 5 m hohen Baum oder Strauch. Die Kurztriebe sind 0,3–0,4 cm lang. Die 7–13 cm langen Blätter haben 6 bis 9 Paar Seitennerven. Die sehr stark duftenden, purpurnen oder rötlich purpurnen Blüten haben 1,8–2 cm lange, dünne Tepalen. Das Gynoeceum ist kürzer als die Staubblätter. Heimisch ist die Unterart im nördlichen Guangdong und im nordwestlichen Guangxi. Sie kommt dort in immergrünen Laubwäldern in Höhen von 300–1000 m vor.

Die durch ihre süß duftenden Blüten sehr attraktive *M. figo* gehört unter den ehemaligen *Michelia*-Arten zu den häufiger kultivierten Spezies. Unter klimatischen Bedingungen wie im Tessin lässt sich die Art problemlos kultivieren.

'Frosty Pale Purple'. Blüten hell purpurrosa, süß duftend, 5 cm breit. (Bill Smith, USA).

'Stellar Ruby'. Wuchs stark, Blüten sehr dunkel purpurn, stark duftend. (Bill Smith, USA).

Magnolia floribunda (Finet. et Gagnep.) Figlar
Vielblütige Magnolie
Untergattung Yulania, Sektion Michelia
(Synonym *Michelia floribunda* Finet. et Gagnep.)

M. floribunda (chinesisch duo hua han xiao) ist ein immergrüner, etwa 20 m hoher Baum mit einer anfangs kegelförmigen, später abgerundeten Krone und einer glatten, grauen Rinde. Die dünnen, purpurn braunen oder purpurn schwarzen Triebe sind anfangs anliegend grauweiß oder gelblich braun behaart, bald aber kahl. Schmal elliptisch bis eiförmig oder lanzettlich sind die 6–14,5(–17) cm langen, an der Spitze spitzen bis zugespitzten, an der Basis breit keilförmigen bis abgerundeten Blätter mit den 8 bis 14 Paar Seitennerven. Oberseits sind die Blätter glänzend tiefgrün, unterseits grün oder bläulich grün und anliegend lang weiß behaart. Die 1–2,5 cm langen Blattstiele sind anliegend weiß behaart. Die an achselständigen, dicht anliegend silbrig behaarten Kurztrieben angelegten, weißen, stark duftenden Blüten haben 12 bis 15 löffelförmige oder verkehrt lanzettliche, 2,5–3,5 cm lange Tepalen. Das Gynoeceum ist etwa 1 cm lang. Die Blüten öffnen sich im Februar-April. Regelmäßig zylindrisch oder gedreht sind die 2,5 cm langen, im August-September reifenden Sammelfrüchte mit den voreinander getrennten Früchtchen. WHZ 8a.

Magnolia floribunda

Heimisch ist die Art in Höhen von 800 bis 2700 in Laos, Myanmar, Thailand und Vietnam sowie in den südost- und südzentral-chinesischen Provinzen Guangxi, Guizhou, Hunan, Jiangxi, Sichuan und Yunnan. Die Einführung der Art verdanken wir GEORGE FORREST. Er sammelte Material der Art im Oktober 1924 sowie im Februar, März und Oktober 1925 im Shweli-Salween-Distrikt nördlich von Hotou sowie in der Umgebung der chinesischen Stadt Tengyuch. Aus der Sammelnummer 2639 wurden 1928 zwei Pflanzen in Caerhays Garden, Großbritannien, gepflanzt.

Zum Gefährdungsstatus der Art können aus Mangel an Daten keine Aussagen gemacht werden.

Attraktiv ist *M. floribunda* vor allem durch ihre Blüten mit den zahlreichen schmalen Tepalen und durch die blaugrünen Blattunterseiten. Gute Erfahrungen mit der Kultur von *M. floribunda* liegen aus Großbritannien und dem westlichen Nordamerika vor.

Das Artepitheton *floribunda*, lateinisch floribundus, bedeutet reichblühend.

Magnolia foveolata (MERR. ex DANDY) FIGLAR

Goldblättrige Magnolie

Untergattung Yulania, Sektion Michelia
(Synonym *Michelia foveolata* MERR. ex DANDY)

M. foveolata (chinesisch jin ye han xiao) ist ein immergrüner, bis 30 m hoher Baum mit einer hell- bis dunkelgrauen Rinde. Triebe, Knospen, Stiele, Blattunterseiten und Kurztriebe sind rötlich braun, braun oder weiß filzig behaart. Dick ledrig sind die 17–23 cm langen, an der Spitze spitzen oder zugespitzten, an der Basis breit keilförmigen, stumpfen, meist asymmetrischen, oberseits glänzend dunkelgrünen Blätter mit den 16 bis 26 Paar Seitennerven. Die Blattstiele sind 1,5–3 cm lang. Die hellgelben oder gelblich grünen, an der Basis der 9 bis 12 Tepalen purpurnen Blüten werden an achselständigen Kurztrieben angelegt. Die drei äußeren, breit verkehrt eiförmigen Tepalen sind 6–7 cm lang, die mittleren und inneren Tepalen sind schmaler. Das Gynoeceum besitzt zahlreiche Fruchtblätter. Die etwa 50 Staubblätter haben dunkel purpurne Staubfäden. Blütezeit sind die Monate März-Mai. Zylindrisch sind die 7–20 cm langen, im September-Oktober reifenden Sammelfrüchte mit den voneinander getrennten Früchtchen. WHZ 8b.

In den südost- und südzentral-chinesischen Provinzen Fujian, Guangdong, Guangxi, Guizhou, Hainan, Hubei, Hunan, Jiangxi und Yunnan sowie in Nord-Vietnam besiedelt *M. foveolata* in Höhen von 500–1800 m feuchte Standorte in immergrünen Laubwäldern. Sie gilt nach der Roten Liste der IUCN 2017 als wenig bedroht.

Große, ledrige Blätter mit der rostroten Unterseite und hellgelbe Blüten mit den auffallenden Staubblättern machen *M. foveolata* zu einer attraktiven Art. Sie kam erst 1993 aus dem Botanischen Garten Nanjing, China, nach Europa und in die USA.

'Shibamichi'. Wuchs baumförmig, offenkronig, etwa 9 m hoch, die Krone etwa 5 m breit. Blüten cremegelb, anfangs kugelig, aufgeblüht kelchförmig, 6–10 cm breit. (AKIRA SHIBAMICHI, Japan).

Magnolia globosa Hook. f. et Thoms.

Haarblättrige Magnolie, Tsarong-Magnolie

Untergattung Magnolia, Untersektion Oyama

(Synonym *Magnolia tsangorensis* W.W. Sm., *Oyama globosa* (Hook. f. et Thoms.) N.H. Xia et C.Y. Wu.)

Magnolia globosa

Magnolia globosa

M. globosa (chinesisch mao ye tian nü hua) ist ein sommergrüner, bis 10 m hoher, breitkroniger Baum mit einer glatten, schwärzlichen Rinde und rotbraunen bis dunkel purpurroten Zweigen. Die sehr dünnen, dunkelbraunen bis rötlich braunen Triebe sind nur anfangs behaart. Elliptisch-eiförmig bis breit eiförmig sind die 10–24 cm langen, an der Spitze spitzen oder stumpfen, an der Basis abgerundeten oder nahezu herzförmigen Blätter mit den 8 bis 12 Paar Seitennerven. Anfangs sind die Blätter oberseits entlang der Nervatur und unterseits ganzflächig krauswollig rötlich braun behaart, später oberseits dunkelgrün, unterseits bläulich grün und fein behaart. Die ebenfalls braun behaarten Blattstiele sind 3–3,5 cm lang. Aus eiförmigen Knospen entfalten sich die weißen, duftenden, nickenden, 6–7,5 cm breiten, anfangs kugeligen, aufgeblüht kelchförmigen Blüten, die gleichzeitig mit der Laubentfaltung im Mai-Juni aufblühen. Die 9 bis 12 verkehrt eiförmigen oder elliptischen Tepalen sind 4–6,5 cm lang. Das grünliche Gynoeceum ist etwa 3,5 cm lang. Die 12–17 mm langen Staubblätter sind auffallend magentarot. Die ellipsoiden, 6–8 cm langen, hängenden Sammelfrüchte sind zur Reife im August–September rötlich braun. WHZ 6b.

Das ausgedehnte Areal von *M. globosa* reicht von Ost-Nepal, Bhutan, Sikkim und Nord-Myanmar bis zu den nord- und südzentral-chinesischen Provinzen Sichuan, Xizang und Yunnan. Besiedelt werden montane Mischwälder und Dickichte in Höhen von 1900 bis 3300 m. *M. globosa* gilt nach der Roten Liste der IUCN 2017 als wenig bedroht. Aus Samen und Blättern lässt sich ein flüchtiges Öl gewinnen.

Die Art wurde 1919 von George Forrest nach Großbritannien eingeführt. Er hatte Samen im Grenzgebiet zwischen Yunnan und Tibet gesammelt. In Loch Inch, Wightonshire, haben Exemplare aus der Forrest-Aufsammlung erstmals im Mai 1931 geblüht.

Das Artepitheton *globosa*, lateinisch globosus = kugelrund, bezieht sich vermutlich auf die anfangs ± kugeligen Blüten.

Magnolia insignis Wall.

Rotblüten-Magnolie

Untergattung Magnolia, Sektion Manglietiastrum (Synonym *Manglietia insignis* Wall.)

M. insignis (chinesisch hong hua mu lian) ist ein immergrüner, bis 30 m hoher Baum. Die Zweige sind kahl oder anfangs an den Nodien rostrot oder gelblich braun behaart. Schmal eiförmig oder elliptisch sind die ledrigen 10–26 cm langen, an der Spitze zugespitzten oder geschwänzt zugespitzten, an der Basis verjüngten Blätter. Sie sind oberseits kahl, unterseits entlang der Mittelrippe rötlich braun behaart. Die Blattstiele sind 1,8–3,5 cm lang. Die duftenden Blüten werden an 8–10 mm dicken, achselständigen Kurztrieben angelegt. Sie entfalten sich im Mai-Juni. Von den 9 bis 12 Tepalen sind die drei äußeren, etwa 7 cm langen, abstehenden Tepalen außen rötlich oder purpurrot gefärbt, die mittleren und inneren, 5–7 cm langen, aufrecht stehenden Tepalen sind milchig weißlich rosa gefärbt. Das Gynoeceum ist 5–6 cm, die Staubblätter sind 1–1,8 cm lang. Die eiförmig-elliptischen, 7–12 cm langen Sammelfrüchte sind anfangs rot gefärbt, sie reifen im August-September. WHZ 8a.

M. insignis wächst in Höhen von 900–1200 m immergrünen Laubwäldern in den südzentral- und südost-chinesischen Provinzen Guangxi, Guizhou, Hunan, Sichuan, Xizang und Yunnan sowie in Nordost-Indien, Nord-Myanmar, Nepal und Thailand.

Sie gilt nach der Roten Liste der IUCN 2017 als wenig bedroht. In China wird die Art als Zier- und Forstbaum genutzt.

M. insignis wurde 1912 von George Forrest in Yunnan entdeckt und gedeiht nun an mehreren Standorten in Großbritannien.

'Anita Figlar'. Bis 12 m hoher Baum. Krone anfangs kegelförmig, im Alter unregelmäßig und 4,5–6 m breit. Blätter bis 18 cm lang. Tepalen 9, die drei äußeren abstehend, die mittleren aufrecht, tiefrot, die inneren hellrosa bis weiß. (Donglin Zhan, University of Georgia, 2016 registriert).

Magnolia kobus DC.

Kobushi-Magnolie

Untergattung Yulania, Untersektion Yulania (Synonym *Buergeria obovata* Sieb. et Zucc., *M. kobus* var. *borealis* Sarg., *M. borealis* (Sarg.) Kudo, *M. pseudokobus* S. Abe et Akasawa)

M. kobus (japanisch kobushi) ist ein sommergrüner, meist kurzstämmiger, bis 15 m hoher Baum mit einer anfangs kegelförmigen, später abgerundeten, bis 10 m breiten Krone und einer im Alter rauen, braunen oder silbergrauen Borke. Verkehrt eiförmig, an der Spitze kurz zugespitzt und an der Basis keilförmig verschmälert sind die 6–12 cm langen Blätter mit den 9 bis 11 Paar Seitennerven. Sie sind oberseits dunkelgrün, unterseits heller und auf den Nerven behaart. Die gelbgrünen, behaarten Blattstiele sind etwa 2,5 cm lang. Aus dicht

Magnolia kobus

Magnolia kobus

seidig behaarten Knospen öffnen sich im April-Mai die weißen, duftenden, 10 cm breiten, schalenförmigen Blüten. Von den 9 bis 12 Tepalen sind die drei äußeren linealisch, 15–18 mm lang und hinfällig, die inneren abstehend bis ausgebreitet, schmal verkehrt eiförmig und 2–3,5 cm lang. Die etwa 1,3 cm langen Staubblätter sind meist purpurn oder an der Basis rosafarben. 7–10 cm lang sind die kurz zylindrischen oder unregelmäßig ausgebildeten, roten Sammelfrüchte. WHZ 6a.

Die attraktive, häufig gepflanzte, erst nach mehreren Standjahren blühende Art, kommt auf allen japanischen Hauptinseln in sommergrünen, von einigen Nadelholzarten durchsetzten Berg- und Hügelwäldern vor, außerdem auf der Insel Quelpaert und in Südkorea. Zum Gefährdungsstatus von *M. kobus* werden aus Mangel an Daten in der Roten Liste der IUCN 2017 keine Aussagen gemacht.

CHARLES SPRAGUE SARGENT (1841–1929), ab 1973 Direktor des Arnold Arboretums in Jamaica Plain, Massachusetts, USA, fand die Art auf seiner Japanreise im Herbst 1892, unter anderem an Flussufern und am Ufer der Volcano Bucht im südlichen Hokkaido. (SARGENT 1894).

M. kobus ist vermutlich 1879 durch CHARLES MARIES (1851–1902), der im Auftrag der britischen Baumschule James Veitch & Sons, Chelsea, als Pflanzensammler nach Japan geschickt worden war, nach Europa gekommen. Die erste Einführung in die westliche Welt stammt aber von dem Pflanzensammler GEORGE ROGERS HALL (1826–1899), der *M. kobus*, zusammen mit *M. stellata*, etwa 1861 gesammelt hat und Pflanzen an die Parsons Brothers Nursery, Long Island, New York abgegeben hat. 1876 erhielt das Arnold Arboretum, Boston, Saatgut aus Sapporo. Die Pflanzen wurden als *M. kobus* var. *borealis* bezeichnet, eine Sippe mit nördlicher Verbreitung und stärkerem Wuchs. Die Varietät gilt heute als Synonym für *M. kobus*.

ENGELBERT KAEMPFER hat das heutige Artepitheton *kobus* als japanischen Volksnamen der Art angegeben, der tatsächlich aber kobushi lautet.

M. kobus kann auch in Deutschland beträchtliche Ausmaße erreichen. Als vermutlich stärkstes Exemplar seiner Art wird in der Liste der Rekordbäume der Deutschen Dendrologischen Gesellschaft ein Baum im Westpark, Dortmund, geführt, er hatte 2013 eine Höhe von 13, eine Kronenbreite von 12 und einen Stammumfang in Brusthöhe von 2,51 m.

Das Holz von *M. kobus* wird in Japan als Brennholz oder zur Herstellung von Gebrauchsgegenständen und Holzschnittzarbeiten verwendet. Blütenknospen der Art werden in Japan und China medizinisch genutzt.

Magnolia kobus

M. kobus steht, zusammen mit der Quitte, *Cydonia japonica*, und dem Pfirsich, *Prunus persica*, für den 2. Monat des japanischen Blumenkalenders. In Japan galt noch bis ins 19. Jahrhundert der chinesisch-japanische Mondkalender. Der zweite Monat dieses Kalenders entspricht dem März im heute gültigen gregorianischen Kalender. Der europäische Kalender wurde in Japan am 1. Januar 1873 eingeführt.

'Borealis'. (Synonym *M. borealis* (SARG.) KUDO). Wuchs stärker als der Typ, Blätter und Blüten größer. (Seit 1908 bekannt).

'Esveld Select'. In 10 Jahren 4 m hoch. Blüten weiß, sehr zahlreich. Blätter im Austrieb violettrot getönt. (C. ESVELD, Niederlande. GARDINER (2000)).

'Isis'. Wuchs mit steif aufstrebenden Ästen schmal säulenförmig, bei einer Höhe von 10 m etwa 2–3 m breit. Blätter bis 17 cm lang, elliptisch, im Austrieb bronzefarben überhaucht. Blüten wie bei der Art. Schon als junge Pflanze blühend. (Ungarische Selektion, 2009).

'Janaki Ammal'. Blüten weiß, die Tepalen breiter als beim Typ. Durch eine Colchizin-Behandlung erzielte, polyploide Sorte. (Wisley Garden, Großbritannien. CALLAWAY (1994)).

Magnolia kobus 'Isis'

'Kobushi-modoki'. Wuchs schwach. Blüten reinweiß, voll entfaltet an der Basis rosa überhaucht, anfangs aufrecht stehend, später seitwärts geneigt oder hängend (Vor 2016 eingeführt).

'Morris Fragrant'. 7–8 m hoher Baum. Blüten weiß, gefüllt, sehr stark duftend. (Morris Arboretum, USA).

Magnolia kobus 'Norman Gould'

'Norman Gould'. Durch eine Colchizin-Behandlung erzielte, polyploide, kompakt und straff aufrecht wachsende, reich blühende Sorte mit runzeligen Blättern und 10 cm breiten, reinweißen Blüten. Wird auch als *M. stellata* 'Norman Gould' beschrieben. (RHS Garden Wisley, vor 1973 eingeführt).

'Octopus'. (Synonym 'EDWARD KEHR'). 5–8 m hoher Baum. Blüten weiß, 5–10 cm breit. Oktoploide Sorte. (AUGUST KEHR, USA. Magnolia 36 (2) 70: 2000).

'Pickard's Stardust'. Blüten weiß, stark duftend, Tepalen aufrecht stehend, schmaler als die der Art. (Sämlingsselektion von *M. kobus*, vor 1984 eingeführt).

'Rogow'. Wuchs kompakt, 4–5 m hoch, besonders winterhart, schon als junge Pflanze reich blühend. Blüten rosaweiß mit einem purpurroten Streifen von der Basis bis zur Spitze der Tepalen. Möglicherweise eine Hybride. (Arboretum Rogow, Polen).

Magnolia kwangtungensis MERR.

Kwantung-Magnolie

Untergattung Magnolia, Sektion Manglietiastrum (Synonym *Manglietia moto* DANDY, *Magnolia moto* (DANDY) V.S. KUMAR)

M. kwangtungensis (chinesischer Name unbekannt) ist ein immergrüner, bis 20 m hoher Baum mit einer dunkelgrauen Borke, die stark mit Lentizellen durchsetzt ist. Die Triebe sind dicht mit langen, krausen, dunkelbraunen oder rostfarbenen Haaren bedeckt. Die ledrigen, verkehrt eiförmigen, 11–19 cm langen Blätter mit den 9 bis 19 Paar Seitennerven sind oberseits glänzend grün und kahl, unterseits heller und schütter mit krausen, dunkelbrauen, anliegenden Haaren bedeckt. Die Blattstiele sind 1,5–3,7 cm lang. Die cremeweißen, duftenden, endständig angelegten Blüten sind auswärts gerichtet oder hängen an langen Stielen herab. Blütenknospen und -stiele sind dicht mit krausen, rostfarbenen Haaren bedeckt. Die Blüten haben 9 Tepalen, die äußeren drei sind ledrig, länglich oder eiförmig und 3,5–5,7 cm lang, die inneren von stabiler Textur, spatelförmig oder verkehrt eiförmig und 9–12 cm lang. Die Staubblätter sind rot gefärbt. Das Gynoeceum hat 48 bis 71 Fruchtfächer. Blütezeit sind die Monate Mai-Juni. Die eiförmigen Sammelfrüchte sind 5–7 cm lang, sie reifen im August-September. WHZ 7a.

M. kwangtungensis hat ihre natürliche Verbreitung in den südöstlichen und südzentralchinesischen Provinzen Fujin, Guangdong, Guangxi, Hunan und Yunnan. Sie kommt dort in Höhen zwischen 400 und 1200 m in Mischwäldern vor. Über den Schutzstatus der Art werden aus Mangel an Daten in der IUCN Red List keine Angaben gemacht.

M. kwangtungensis ist durch ihre lang gestielten und dicht rostfarben behaarten Blütenknospen eine auffallende Erscheinung. Nach Erfahrungen aus den USA beginnen Bäume der Art in einem Alter von etwa zehn Jahren zu blühen. Bäume der Art haben im Raulston Arboretum, Raleigh, North Carolina, Temperaturen von –18° C problemlos überstanden. Die Art dürfte auch in Europa ausreichend frosthart sein.

Das Artephitetum kwantung leitet sich von einem Gebiet gleichen Namens im Süden der Halbinsel Liadong am Gelben Meer ab, das von 1898 an vom Kaiserlichen China an das Russische Reich verpachtet worden war.

Magnolia laevifolia (Y.W. Law et Y.F. Wu) Noot.

Yunnan-Magnolie

Untergattung Yulania, Sektion Michelia
(Synonym *Magnolia amabilis*, Sima et Y.H. WANG, *M. dianica* Sima et Figlar, *Michelia yunnanensis* Franch. ex Finet et Gagnep.).

M. laevifolia (chinesisch yun nan han xiao) ist ein immergrüner, bis 4 m hoher, buschig aufrechter Strauch. Junge Zweige, Kurztriebe, Knospen und die Unterseite junger Blätter sind dicht rotbraun samtig behaart. Derb ledrig sind die 4–10 cm langen, schmal verkehrt eiförmigen bis elliptischen, an der Spitze spitzen oder kurz zugespitzten, an der Basis keilförmigen, oberseits glänzend tiefgrünen Blätter mit den 7 bis 9 Paar Seitennerven. Die Blattstiele sind 4–5 mm lang. Die stark duftenden, reinweißen, schalenförmigen Blüten werden an achselständigen Kurztrieben angelegt. Sie entfalten sich im März–April, besitzen 6 bis 12 Tepalen und

Magnolia laevifolia

Magnolia laevifolia 'Summer Snowflake'

Magnolia laevifolia 'Summer Snowflake'

zahlreiche Staubblätter mit 5–10 mm langen, goldgelben Staubbeuteln und weißen Staubfäden. Die drei äußeren Tepalen sind verkehrt eiförmig bis elliptisch, die inneren länglich oder spatelförmig und 2–2,2 cm lang. Das eiförmige bis länglich ellipsoide, 1–1,3 cm lange Gynoeceum ist anliegend fein rötlich braun behaart, die Staubblätter sind auffallend gelb gefärbt. Im August-September reifen die abgeflacht kugeligen, 1–4,5 cm langen Sammelfrüchte mit den 5–9 voneinander getrennten Früchtchen. WHZ 8a.

M. laevifolia hat ihre natürliche Verbreitung in den süd-, west- und nordzentralchinesischen Provinzen Guizhou, Sichuan, Südost-Xizang (Tibet), und Zentral- und Süd-Yunnan. Sie kommt dort in Bergwäldern und Gebüschen in Höhen zwischen 1100 und 2300 m vor. In China werden die Blüten zur Herstellung von Parfüm verwendet.

Die Art kam in den 1980er Jahren aus dem Botanischen Garten Kunming, China, nach Neuseeland und von dort nach Europa. Zum Gefährdungsstatus können aus Mangel an Daten keine Aussagen gemacht werden.

Das Artepitheton *laevifolia* bedeutet glattblättrig.

Gail's Favourite ('GCWOOD213'). Wuchs buschig aufrecht, bis 2,5 m hoch. Blütenknospen goldbraun samtig behaart. Blüten weiß, im Frühsommer aufblühend, sehr zahlreich. (Glyn und Gail Church, New Plymouth, Neuseeland).

'Kunming'. Blüten cremefarben. (Selektion aus dem Botanischen Garten Kunming, Provinz Yunnan).

'Michelle'. Wuchs kompakt, reich verzweigt, regelmäßig blühend, frosthärter als die Art. (Tony Avent, USA, 2006).

'Summer Snowflake'. Wuchs schwach, in zehn Jahren etwa 2 m hoch, frosthärter als die Art. Blätter unterseits mit kupferfarbenem Indumentum. Blüten cremeweiß, etwas größer als die der Art, Staubblätter purpurn, nach der Hauptblüte im Mai-Juni im Sommer nachblühend. (Cistus Nursery, USA).

'Velvet and Cream'. Wuchs kompakter und buschiger als bei der Art. Blüten größer und zahlreicher. (PETER CAVE, Cambridge, Großbritannien).

Magnolia laevifolia 'Velvet and Cream'

Magnolia liliiflora DESR.

Purpur-Magnolie, Lilien-Magnolie

Untergattung Yulania, Untersektion Yulania

(Synonym *Magnolia purpurea* CURTIS, *M. denudata* DESR. var. *purpurea* (CURTIS) C.K. SCHNEID., *M. pentapeta* (BUC'HOZ) DANDY, *Yulania liliiflora* (DESR.) D.L. FU)

M. liliiflora (chinesisch zi yu lan, japanisch mokuren) ist ein sommergrüner, 3–6 m hoher und gleich breiter Strauch mit einer graubraunen Rinde und grünlich purpurnen bis hell purpurnen braunen Trieben. Die elliptisch-verkehrt eiförmigen bis verkehrt eiförmigen, an der Spitze spitzen bis zugespitzten, an der Basis breit keilförmigen Blätter sind 8–18 cm lang. Sie haben 8 bis 10 Paar Seitennerven. Oberseits sind die Blätter glänzend tiefgrün, unterseits graugrün und entlang der Nerven behaart. Die Blattstiele sind 0,8–2 cm lang. Aus ovalen, hellgelb seidig behaarten Knospen entfalten sich die vasenförmigen, etwa 7 cm breiten, aufrecht stehenden Blüten. Von den 9 bis 12 fleischigen Tepalen sind die drei äußeren, lanzettlichen, 2–3,5 cm langen purpurn rot, die inneren, nicht spreizenden, 8–10 cm langen, elliptisch-verkehrt eiförmigen außen purpurn oder purpurrot, innen weißlich gefärbt. Die 8–10 mm langen Staubblätter sind purpurn rot. Das hell purpurne, kahle Gynoeceum ist etwa 1,5 cm lang. Die Blüten öffnen sich im März-April vor der Laubentfaltung. Elliptisch und 7–10 cm lang sind die dunkel purpurbraunen, im August-September reifenden Sammelfrüchte. WHZ 6b.

M. liliiflora wird in China seit vielen hundert Jahren als Ziergehölz kultiviert, ihre ursprüngliche Verbreitung ist deshalb umstritten. In der „Flora of China" werden als Verbreitungsgebiete die nord-, südzentral- und südost-chinesischen Provinzen Chongqing, Fujin, Hubei, Shaanxi, Sichuan und Yunnan genannt. Die Art kommt dort an Waldrändern und an Hängen in Höhen von 300–1600 m vor. Zum Gefährdungsstatus von *M. liliiflora* sind aus Mangel an Daten keine Aussagen möglich.

In China werden die Blütenknospen für die Herstellung medizinischer Produkte geerntet. Die Art kam als Ziergehölz von China nach Japan und von dort 1790 nach Europa, in den Garten des Duke of Portland. Sie wurde rasch populär.

Das Artepitheton *liliiflora*, lateinisch lilium = Lilie und lateinisch florus = -blütig, bezieht sich auf die lilienähnlichen Blüten.

Magnolia liliiflora 'Angustifolia'

'Angustifolia'. Blätter schmaler als die der Art. (Arboretum Het Leen, Belgien).

'Darkest Purple'. Blüten tief purpurn, angenehm nach Zitronen duftend, Tepalen 9, lang und schmal. (Overlook Nursery, USA, Katalog 1948/49).

Magnolia liliiflora 'Darkest Purple'

Magnolia liliiflora 'Doris'

'Doris'. Wuchs strauchförmig, 2–3 m hoch. Blüten weinrot.

Magnolia liliiflora 'Gracilis'

'Gracilis'. Wuchs aufrecht, locker verzweigt, schwächer als die Art. Blüten kleiner und zierlicher, Tepalen schmaler, außen tief purpurn. (1807 als *M. gracilis* Salisb. beschrieben).

'Holland Red'. Blüten tief purpurrot, Tepalen 6 bis 8, breit, innen wie außen gefärbt, spät und über einen langen Zeitraum aufblühend. (Otto Eisenhut, Schweiz, Katalog 1989).

'Little Geisha'. Wuchs strauchig, etwa 2 m hoch und breit, sehr reich und farbstark blühend, im Sommer nachblühend. Blüten 8–10 cm breit. (MICHAEL GOTTSCHALK, Kriftel, Deutschland, seit 2010 in Kultur).

'Lyons'. Blüten tief purpurrot, Tepalen gedreht, spät aufblühend. (Gosslers Farm Nursery, USA, Katalog 1980/81).

'Nigra'. Wuchs etwas kompakter als die Art, etwa 5 m hoch, die Krone etwa 4 m breit. Blüten außen dunkel purpurn, innen weißlich rosa, vasenförmig, 10–13 cm breit, Tepalen 9 bis 18. Häufiger in Kultur als die Art und die anderen hier genannten Sorten. (1861 durch JAMES GOULD VEITCH, Großbritannien, aus Japan importiert). AGM 1993.

'O'Neill'. Blüten außen lebhaft purpurrot, innen purpurrosa mit dunkleren Adern, die 10 bis 13 Tepalen schmaler als die von 'Nigra', die äußeren drei bis vier kleiner als die inneren und heller gefärbt. (J.C. MCDANIEL, USA. Amer. Mag. Soc. 9 (2): 1973).

'Trewithen'. Blüten groß, bis 12 cm lang, Tepalen außen dunkel karminrot, innen rosa. (Asiatic Magnolia, 1955).

Magnolia liliiflora 'Nigra'

Magnolia liliiflora 'O'Neill'

Magnolia macclurei (DANDY) FIGLAR

Betörender Duft Magnolie

Untergattung Yulania, Sektion Michelia
(Synonym *Michelia macclurei* DANDY)

M. macclurei (chinesisch zui xiang han xiao) ist ein immergrüner, bis 30 m hoher Baum mit einer glatten, grauweißen Rinde. Triebe, Knospen, Stiele und Kurztriebe sind dicht glänzend rötlich braun filzig behaart. Elliptisch bis eiförmig, an der Spitze spitz oder kurz zugespitzt, an der Basis keilförmig sind die 7–18 cm langen, ledrigen Blätter mit den 10 bis 15 Paar Seitennerven. Die Blätter sind oberseits dunkelgrün und seidig, unterseits rötlich bis gelblich behaart. Die 1,5–4 cm langen Blattstiele sind oberseits schmal gefurcht. Die weißen, sehr stark duftenden Blüten stehen einzeln oder bis zu dritt an achselständigen Kurztrieben. Von den 9 bis 12 Tepalen sind die drei äußeren 3,5–4,5 cm lang und schmal verkehrt eiförmig bis spatelförmig, die inneren schmaler als die äußeren. Das 1,4–2 cm lange Gynoeceum hat bis zu 28 Fruchtblätter. Die 1–2 cm langen Staubblätter sind purpurn gefärbt. Die Blüten öffnen sich im März-April. Ellipsoid bis nahezu kugelig sind die 3–7 cm langen, im September-November reifenden Sammelfrüchte mit den voneinander getrennten Früchtchen. WHZ 8b.

Heimisch ist *M. macclurei* in den südost- und südzentral-chinesischen Provinzen Guangdong, Guangxi, Hainan und Yunnan sowie in Nord-Vietnam. Besiedelt werden immergrüne Laubwälder in Höhen von 200 bis 1500 m. Die Art gilt nach der Roten Liste der IUCN 2017 als wenig bedroht.

In China wird die Art gärtnerisch und holzwirtschaftlich genutzt. Den Blüten von *M. macclurei* wird ein besonders starker Duft bescheinigt. FLOYD MCCLURE, der die Art 1925 in Guangdong gefunden hat, bemerkt in seinen Notizen. "The fragrance of the flowers is the most intoxicating ever breathed."

Magnolia martinii H. LÉV.

Gelbes Herz Magnolie

Untergattung Yulania, Sektion Michelia
(Synonym *Michelia martini* (H. LÉV.) H. LÉV.)

M. martinii (chinesisch huang xin han xiao) ist ein immergrüner, bis 20 m hoher Baum mit einer grauen, glatten Rinde, braunen, schütter mit Lentizellen bedeckten Zweigen und olivgrünen, glatten Trieben. Elliptisch bis länglich oder verkehrt eiförmig sind die ledrigen, 6,5–18 cm langen, an der Spitze spitzen oder kurz zugespitzten, an der Basis keilförmigen, beiderseits kahlen Blätter mit den 11 bis 17 Paar Seitennerven. Die Blattstiele sind 1,5–2 cm lang. Die weißen oder hellgelben, duftenden Blüten werden einzeln an achselständigen Kurztrieben angelegt. Von den 6 bis 8 Tepalen sind die äußeren 5–7 cm lang und verkehrt eiförmig bis länglich oder spatelförmig, die inneren 3–8 cm lang und elliptisch bis länglich. Das hellgrüne Gynoeceum ist etwa 3 cm lang. Die 1,3–1,8 cm langen Staubblätter haben purpurne Staubfäden. Die Blüten entfalten sich im Februar-März. 8–15 cm lang sind die runzeligen, im August-Oktober reifenden Sammelfrüchte mit den voneinander getrennten Früchtchen. WHZ 8a.

Magnolia martinii

Heimisch ist *M. martinii* in den südost-, süd- und nordzentral-chinesischen Provinzen Guangdong, Guangxi, Guizhou, Henan, Hubei, Hunan, Sichuan und Yunnan sowie in Vietnam. Sie kommt in subalpinen und alpinen Wäldern in Höhen von 1000 bis 2000 m vor und gilt in ihrem Bestand als wenig gefährdet.

M. martinii kam erstmals 1988 durch ROGER WARNER nach Großbritannien zu KEVIN HUGHES in Spinners Garden in der Nähe von Lymington, Hampshire.

Magnolia maudiae (DUNN) FIGLAR

Shenshan-Magnolie

Untergattung Yulania, Sektion Michelia

(Synonym *Michelia maudiae* DUNN, *Michelia chingii* W.C. CHENG.)

M. maudiae (chinesisch shen shan han xiao) ist ein immergrüner, bis 20 m hoher Baum mit einer dünnen, hellgrauen bis graubraunen Rinde. Die ledrigen, 9,5–17,5 cm langen Blätter mit den 7 bis 12 Paar Seitennerven sind elliptisch bis verkehrt eiförmig, vorne plötzlich zugespitzt, an der Basis keilförmig, beiderseits kahl, oberseits glänzend tiefgrün, unterseits bläulich graugrün. Die Blattstiele sind 1–3 cm lang. Die weißen, stark duftenden Blüten werden einzeln oder in Paaren an achselständigen Kurztrieben angelegt. Von den 6 bis 9 Tepalen sind die drei äußeren verkehrt eiförmig und 5–8 cm lang, die inneren breit eiförmig bis elliptisch oder spatenförmig und 4,5–5 cm lang. Das Gynoeceum hat zahlreiche Fruchtblätter. Die 1,5–2,2 cm langen Staubblätter haben hell purpurne Staubfäden. Die Blüten öffnen sich im Februar-März. Die 7–15 cm langen, verkehrt eiförmigen oder eiförmigen Sammelfrüchte sind zur Reife im September-Oktober dunkelbraun. Die Früchtchen sind voneinander getrennt. WHZ 8a.

Magnolia maudiae

Magnolia maudiae

M. maudiae besiedelt in den südost- und südzentral-chinesischen Provinzen Anhui, Guangdong, Guangxi, Guizhou, Jiangxi, Hunan und Zhejiang immergrü-

Magnolia maudiae

ne Laubwälder in Höhen von 600 bis 1500 m. Sie gilt nach der Roten Liste der IUCN 2017 als wenig bedroht.

In den USA wird die Art, die schon in jungen Jahren zu blühen beginnt, wegen ihrer großen, duftenden Blüten geschätzt. In British Columbia haben Pflanzen Temperaturen von –18° C schadlos überstanden.

Nach Yu (2018) ist nicht ganz klar, worauf sich „shen shan" bezieht. Am ehesten könnte es „tief in den Bergen" bedeuten.

Magnolia nitida W.W. Sm.

Glänzende Blätter Magnolie

Untergattung Gynopodium, Sektion Gynopodium
(Synonym *Parakmeria nitida* (W.W. Sm.) Y.W. Law)

M. nidita (chinesischer Name unbekannt) ist ein immergrüner, 6–15 m hoher Baum oder Strauch mit einer dunkelgrauen Rinde. Elliptisch oder länglich sind die ledrigen, 7,5–12,5 cm langen, an der Spitze spitzen oder stumpfen, an der Basis keilförmigen Blätter mit den 7 bis 13 Paar Seitennerven. Die Blätter sind im Austrieb bronzerot, später bronzefarben und zuletzt oberseits glänzend dunkelgrün, unterseits glänzend hellgrün. Die kahlen, gelblich grünen Blattstiele sind etwa 2,5 cm lang. Die duftenden, cremeweißen bis gelben Blüten sind 5–7,5 cm breit. Die 9 (bis 12) verkehrt eiförmigen Tepalen sind etwa 5 cm lang, die äußeren sind an der Basis gelegentlich purpurn getönt. Die Narben des apfelgrünen Gynoeceums sind karminrot, die Staubblätter gelblich. Die Blüten öffnen sich im März-April. 5–7,5 cm lang sind die länglichen, anfangs glänzend grünen, stark duftenden Sammelfrüchte. WHZ 8b.

M. nitida hat ihre natürlichen Areale in immergrünen Laubwäldern in Höhen von 1770 bis 3660 m im nordwestlichen Yunnan, dem angrenzenden südöstlichen Xizang (Tibet) sowie im nordöstlichen Myanmar. Sie gilt nach der Roten Liste der IUCN 2017 als verletzbar.

In China wird das gelbliche, dauerhafte Holz als Konstruktions- und Furnierholz genutzt.

Die Art wurde 1917 von George Forrest entdeckt und in Großbritannien eingeführt. Erste Samen keimten in Kew Garden. Sie gilt in Großbritannien der hochglänzenden Blätter wegen als eine der attraktivsten immergrünen Magnolien.

Das Artepitheton *nitida*, lateinisch nitidus bedeutet glänzend, hübsch und bezieht sich auf die glänzend grünen Blätter.

Magnolia obovata

Magnolia obovata

Magnolia obovata Thunb.

Honoki-Magnolie

Untergattung Magnolia, Untersektion Rytidospermum (Synonym *Magnolia hypoleuca* Siebld et Zucc., *Houpoëa obovata* (Thunb.) N.H. Xia et C.Y. Wu)

M. obovata (japanisch hō-no-ki) ist ein stattlicher, sommergrüner, bis 30 m hoher, sparsam verzweigter, anfangs breit kegelförmiger, später sehr breit- und offenkroniger Baum mit kräftigen, kahlen, purpurnen Zweigen und kahlen Knospen. Die lang glatt bleibende Rinde ist silbergrau. Die 20–38(–45) cm langen und 12–18(–20) cm breiten, verkehrt eiförmigen, an der Spitze kurz zugespitzten oder stumpfen, an der Basis plötzlich zusammengezogenen Blätter mit den 17 bis 23 Paar Seitennerven stehen an den Zweigenden quirlartig gehäuft und sind schirmförmig ausgebreitet. Die Blätter sind im Austrieb kupferfarben, voll entwickelt oberseits dunkelgrün und kahl, unterseits silbrig grau oder blaugrün. Die meist kahlen, purpurn getönten Blattstiele sind 2,5–3,5 cm lang. Die milchweißen, stark exotisch duftenden, becher- oder schalenförmigen, aufrecht stehenden Blüten sind 14–20 cm breit. Von den 9 bis 12 fleischigen Tepalen sind die drei äußeren kürzer als die 8,5–12 cm langen inneren, verkehrt eiförmigen bis elliptisch verkehrt eiförmigen. Das Gynoeceum ist etwa 3 cm lang. Die 1,5–2 cm langen Staubblätter haben purpurrote Staubfäden. Die Blüten öffnen sich im Mai-Juni. Länglich-zylindrisch sind die 12–20 cm langen, hängenden, anfangs scharlachroten, im September-Oktober reifenden Sammelfrüchte mit den hochroten Samen. Die Früchtchen sind durch lang abstehende Griffel geschnäbelt. WHZ 6a, AGM 1993.

M. obovata kommt in Japan auf allen Hauptinseln und auf der Riukyu-Insel in Höhen von 600 bis 1680 m, auf den Kurilen in Höhen von 100 bis 300 m. Vašak (1973) fand die Art auf Hokkaido zusammen mit Sachalin-Tanne, *Abies sachalinensis*, Yedo-Fichte, *Picea jezoensis* subsp. *jezoensis*, Japanischer Eibe, *Taxus cuspidata*, Sachalin-Korkbaum, *Phellodendron sachalinense, Quercus mongolia* subsp. *crispula*, Ermans-Birke, *Betula ermanii*, Geschwänztem Ahorn,

Magnolia obovata, Sammelfrucht

Acer caudatum subsp. *ukurunduense*, *Populus tremula* var. *sieboldii*, Sargents Kirsche, *Prunus sargentii*, Japanischer Eberesche, *Sorbus commixta*, Japanischer Erle, *Alnus japonica*, Japanischer Birke, *Betula platyphylla* var. *japonica*, Weißem Maulbeerbaum, *Morus alba*, Baumaralie, Kalopanax septemlobus, Gelbblütiger Weigelie, *Weigela middendorffiana*, *Euonymus macropterus*, Japanischem Trauben-Holunder, *Sambucus sieboldiana*, *Rhododendron pentandrum*, Zweifarbigem Buschklee, *Lespedeza bicolor*, Runzeliger Stechpalme, *Ilex rugosa* und Breitblatt-Zwergbambus, *Sasa palmata*.

M. obovata gilt nach der Roten Liste der IUCN 2017 als wenig bedroht.

Um 1970 sind im Schlosspark Pruhonice, unweit von Prag, Hybriden zwischen *M. obovata* und *M. tripetala* entstanden. Nachkommen dieser Kreuzung werden in tschechischen und polnischen Baumschulen als *M. ×pruhoniciana* angeboten.

Das leichte, fein texturierte, leicht zu bearbeitende Holz von *M. obovata* ist in Japan ein begehrtes Konstruktions- und Bauholz sowie Rohstoff für die Herstellung von Furnieren, Werkzeugen, Spielwaren, Holzschnitzarbeiten und Musikinstrumenten. In Teilen Japans werden die großen Blätter zum Verpacken von Lebensmitteln benutzt, außerdem als Unterlage, frisch oder getrocknet und wieder aufgeweicht, beim Grillen von Fleisch, Fisch und

Magnolia obovata, junge Blätter

Gemüse, wie z. B. Lauch, Pilzen oder miso (Sojabohnenpaste) in „hoba miso“ (Hoba bedeutet Magnolienblatt). Rindenextrakte sind Bestandteil der traditionellen japanischen Medizin.

Die mit *M. officinalis* eng verwandte Art kam durch Thomas Hogg 1865 in die USA. In Deutschland ist die Art seit 1877 und in Großbritannien seit 1883 in Kultur. Die beiden Arten unterscheiden sich u. a. durch ihre Zweigspitzen und Knospen. Sie sind bei *M. officinalis* dicht anliegend behaart, bei *M. obovata* kahl. Die Blätter sind bei *M. obovata* verkehrt eiförmig und deshalb oberhalb der Mitte am breitesten, bei *M. officinalis* länglich-eiförmig.

Aus Samen gezogene Honoki-Magnolien beginnen meist erst in einem Alter von 15–20 Jahren zu blühen, veredelte Pflanzen in der Regel deutlich früher.

M. obovata gehört, zusammen mit *M. officinalis* und *M. rostrata* sowie der in den USA heimischen *M. macrophylla*, ihrer riesigen Blätter wegen zu den sogenannten Großblatt-Magnolien. Die Honoki-Magnolie entwickelt sich zu imposanten, großkronigen Bäumen. Im Herbst fallen die hochroten Sammelfrüchte auf, sie zählen zu den größten der Gattung.

M. obovata kann auch in Deutschland beträchtliche Ausmaße erreichen. Der vermutlich stärkste Baum seiner Art steht nach der Liste der Rekordbäume der Deutschen Dendrologischen Gesellschaft im Schlosspark Heltorf in Düsseldorf-Angermünd. Er hatte 2018 eine Höhe von ca. 15, einen Kronendurchmesser von ca. 20 und einen Stammumfang in Brusthöhe von 2,48 m.

Das Artepitheton *obovata* bedeutet verkehrt eiförmig und bezieht sich auf die Form der Laubblätter, die in der oberen Hälfte der Blattspreite ihre größte Breite haben.

'Lydia'. Wuchs schmal aufrecht, Krone eiförmig. Blüten 15–18 cm breit, außen rosa überhaucht. Reich fruchtend, Sammelfrüchte kastanienbraun. (Polly Hill, USA, etwa 1985).

'Pink Flush'. Blüten außen rosa überhaucht (Otto Eisenhut, Schweiz, Katalog 1989).

Magnolia officinalis var. *officinalis*, Rehder et E.H. Wilson

Houpo, Arznei-Magnolie

Untergattung Magnolia, Untersektion Rytidospermum (Synonym *Magnolia biloba* (Rehder et E.H. Wilson, *Houpoëa officinalis* (Rehder et E.H. Wilson) N.H. Xia et C.Y. Wu)

M. officinalis var. *officinalis* (chinesisch hou po) ist ein sommergrüner, bis 20 m hoher Baum mit einer dicken, braunen, stets glatt bleibenden Rinde, dicken, hell- bis graugelben, anfangs dicht anliegenden, seidig behaarten Trieben und großen, eiförmig-kegelförmigen, ebenfalls behaarten Winterknospen. Länglich verkehrt eiförmig sind die 22–45 cm langen, 10–24 cm breiten, an der Spitze stumpfen, an der Basis keilförmigen, am Saum leicht gewellten, pergamentartigen Blätter mit den 13 bis 23 Paar Seitennerven. Sie sind oberseits apfelgrün und kahl, unterseits bläulich graugrün und entlang der Nervatur grau behaart. Die Blätter stehen zu siebt bis neunt quirlartig gehäuft an den Zweigenden. Die dicken, hell grünlich gelben,

Magnolia officinalis var. *officinalis*

Magnolia officinalis var. *biloba*

anfangs behaarten Blattstiele sind 2,5–4 cm lang. Die schalenförmigen, weißen, stark duftenden, aufrecht stehenden Blüten sind 10–15 cm breit. Sie haben 9 bis 12(bis 17) dick fleischige Tepalen, von denen die 3 äußeren, hellgrünen, 8–10 cm langen, länglich-verkehrt eiförmigen zur Vollblüte weit abstehen. Die inneren, 8–8,5 cm langen, aufrecht stehenden Tepalen sind verkehrt eiförmig-löffelförmig. Das grüne, cremegelb gepunktete, ellipsoid-eiförmige Gynoeceum ist 2,5–3 cm lang. Die zahlreichen, 2–3 cm langen, cremegelben Staubblätter haben rote Staubfäden. Die Blüten entfalten sich im Mai-Juni. Ellipsoid-eiförmig sind die 9–15 cm langen, rötlich oder purpurn braunen, im August-Oktober reifenden Sammelfrüchte mit den etwa 4 mm langen, durch Griffelreste geschnäbelten Früchtchen. Die Früchte reifen von August bis Oktober. WHZ 7b.

M. officinalis var. *biloba* Rehder et E.H. Wilson unterscheidet sich von der var. *officinalis* nur durch die an der Spitze tief gebuchteten Blätter. Weil das Merkmal nicht konstant und die beiden Unterarten nicht immer sicher zu trennen sind, wird die var. *biloba* auch als Sorte aufgefasst und dann als *M. officinalis* 'Biloba' bezeichnet. AGM 1993.

M. officinalis ist eine langlebige Art, die bis zu 100 Jahre alt werden kann. Sie beginnt etwa in einem Alter von 15 Jahren zu blühen. *M. officinalis* ist in China weit verbreitet und kommt in zahlreichen südost-, süd- und nordzentral-chinesischen Provinzen in Höhen von 300 bis 1500 m in sommergrünen Laubwäldern natürlich vor.

Stamm- und Wurzelrinde, Blütenknospen und Samen von *M. officinalis* sind in China seit mehr als 2000 Jahren wichtige Bestandteile der traditionellen chinesischen Medizin. Aus den Samen wird Öl gewonnen. Das gelblich braune, gerade genarbte, fein texturierte, weiche Holz wird u. a. für die Herstellung von Furnieren und Musikinstrumenten genutzt.

Wildpopulationen sind durch die Entnahme von Rinde und Blütenknospen stark zurückgegangen, deshalb gilt die Art in ihrem Bestand nach der IUCN-Liste 2017 als fast gefährdet.

Gegenwärtig wird *M. officinalis* für die Gewinnung der Rinde in Plantagen kultiviert, vor allen in den Provinzen Zhejiang, Fujian, Hunan und Guangxi. Der riesigen Blätter wegen benötigt *M. officinalis*, wie alle Großblatt-Magnolien, in Garten und Park einen windgeschützten Standort.

Die der *M. obovata* sehr ähnliche und zunächst mit ihr verwechselte *M. officinalis* wurde etwa 1885 von AUGUSTINE HENRY (1857–1930) entdeckt und 1900 durch E. H. WILSON als „Chinese hypoleuca" in Großbritannien, in die Baumschule Veitch & Sons, eingeführt. Die var. *biloba* kam erst 1936 aus dem Botanischen Garten Lushan, China, in die Baumschule Hillier, Ampfield, Großbritannien.

M. officinalis gedeiht auch in Deutschland gut. Eine 53 Jahre alte *M. officinalis* var. *biloba* im Forstbotanischen Garten in Tharandt hatte 2013 eine Höhe von ca. 10 m, eine Kronenbreite von 6 m und einen Stammdurchmesser in Brusthöhe von 0,5 m.

Das Artepitheton *officinalis* bedeutet offizinell und weist auf die medizinische Bedeutung der Art hin.

Magnolia officinalis var. *biloba*

Magnolia officinalis var. *biloba*, Sammelfrucht

Magnolia officinalis var. *biloba*, Herbstfärbung

Magnolia rostrata W.W. Sm.

Langschnäbeliger Houpo

Untergattung Magnolia, Untersektion Rytidospermum (Synonym *Houpoëa rostrata* (W.W. Sm.) N.H. Xia et C.Y. Wu)

M. rostrata (chinesisch chang hui hou po) ist ein sommergrüner, bis 25 m hoher, offenkroniger Baum mit einer hellgrauen Rinde und sehr kräftigen, braunen Zweigen. Blattknospen und die rötlich braunen Triebe sind krauswollig behaart. Verkehrt eiförmig bis breit verkehrt eiförmig sind die derben, 34–50 cm langen, an der Spitze breit abgerundeten, an der Basis abgerundeten bis schwach herzförmigen, im Austrieb kupfrig grünen Blätter mit den 28 bis 30 Paar Seitennerven. Oberseits sind die Blätter glänzend dunkelgrün, unterseits bläulich grün und auf der Nervatur rötlich braun krauswollig behaart. Die Blätter stehen an den Triebenden zu siebt bis neunt quirlartig gehäuft und schirmartig ab. Die dicken, anfangs behaarten Blattstiele sind 4–7 cm lang. Die süß duftenden, 8–10 cm breiten Blüten öffnen sich im Mai-Juni nach der Laubentfaltung, sie stehen einzeln endständig an den vorjährigen Langtrieben. Von den 9 bis 12 Tepalen sind die drei äußeren, länglich-elliptischen, 8–13 cm langen, zurückgeschlagenen außen an der Basis grün und zur Spitze hin hellrosa. Die inneren, reinweißen, verkehrt eiförmig-löffelförmigen, domförmig zusammenstehenden Tepalen sind 12–14 cm lang und von sehr stabiler Textur. Das zylindrische Gynoeceum ist rosa mit cremefarbenen Markierungen. Die Staubfäden sind purpurrot gefärbt, die Staubbeutel etwa 1 cm lang. Die länglichen, anfangs roten, zur Reife braunen, aufrecht stehenden, im September-Oktober reifenden Sammelfrüchte sind 11–20 cm lang. WHZ 8b.

M. rostrata besiedelt vier kleine Areale im nordwestlichen Myanmar, im westlichen Yunnan sowie im Mêdog-Bezirk von Xizang (Tibet) und Yunnan. Sie kommt dort in Höhen von 2100 bis 3000 m vor. In Myanmar und Nordost-Indien kommt die Art zusammen mit *M. campbellii* und *M. globosa* vor. In China wird *M. rostrata* als Blütenbaum verwendet und für die Gewinnung der Rinde als Grundlage medizinischer Produkte angebaut. In der Roten Liste der IUCN 2017 wird die Art als gefährdet geführt.

M. rostrata unterscheidet sich von anderen ostasiatischen Großblatt-Magnolien wie *M. officinalis* und *M. obovata* durch das rötlich braune Indumentum auf der Unterseite junger Blätter. *M. rostrata* wurde 1917 von George Forrest in Yunnan entdeckt und zunächst mit *M. campbellii* verwechselt. *M. rostrata* hat eine geringere Frosthärte als *M. officinalis* und *M. obovata*.

Magnolia salicifolia (Siebold et Zucc.) Maxim.

Weidenblättrige Magnolie, Anis-Magnolia

Untergattung Yulania, Untersektion Yulania

(Synonym *Buergeria salicifolia* Sieb. et Zucc., *Magnolia slavinii* B.E. Harkn., *M. famasia* Paul Parm., *Yulania salicifolia* (Siebold et Zucc.) D.L. Fu, *Talauma salicifolia* (Siebold et. Zucc.) Miq.)

M. salicifolia (japanisch tamu-shiba) ist ein sommergrüner, 10–15 m hoher Baum mit einer breit kegelförmigen Krone, einer silbergrauen, rauen Borke und dünnen, gelblich braunen, kahlen Zweigen. Die Endknospen sind gelb oder silbrig langseidig behaart. Breit lanzettlich bis länglich-eiförmig sind die 6–12 cm langen, an der Spitze zugespitzten, an der Basis breit keilförmigen, dünn ledrigen Blätter mit den 9 bis 13 Paar Seitennerven. Sie sind oberseits dunkelgrün und kahl, unterseits blaugrün und zerstreut anliegend behaart. Gerieben verströmen die Blätter einen starken zitronen- oder verbenenähnlichen Duft. Die gelblich braunen, kahlen Blattstiele sind etwa 2,5 cm lang. Die duftenden, reinweißen Blüten sind 7,6–10 cm breit. Von den 6 bis 9 (bis 12) Tepalen sind die inneren spatelförmig und 5–10 cm lang, die äußeren drei lanzettlich, deutlich kleiner und an der Basis rosa getönt. Die etwa 1,3 cm langen Staubblätter sind weiß oder cremeweiß. Die Blüten öffnen sich im April-Mai. Rötlich braun sind die zylindrischen, 5–7,6 cm langen Sammelfrüchte. WHZ 6a. AGM 1993.

M. salicifolia kommt auf der japanischen Hauptinsel Honshu vornehmlich im Bereich des Japanischen Meeres natürlich vor, außerdem auf Shikoku und Kyushu in Bergwäldern in Höhen von 500 bis 1300 m. Auf Shikoku gedeiht *M. salicifolia* in der Mittel- und Unterschicht des *Chamaecyparis*-Waldes. In der Baumschicht dieses Waldes sind neben der Hinoki-Scheinzypresse, *Chamaecyparis obtusa*, vor allem Siebolds Hemlocktanne, *Tsuga sieboldii*, Mädchen-Kiefer, *Pinus parviflora*, Japanischer Lebensbaum, *Thuja standishii*, und die Schirmtanne, *Sciadopitys verticillata*, vertreten. In der Mittel- und Unterschicht wachsen neben *M. salicifolia* auch Japanische Zimterle, *Clethra barbinervis*, *Toxicodendron trichocarpum*, Nikko-Azalee, *Rhododendron pentaphyllum*, Japanischer Rhododendron, *Rhododendron degronianum*, Langstielige Stechpalme, *Ilex pedunculosa* und Sakakistrauch, *Cleyera japonica* (Schwind 1967). *M. salicifolia* gilt nach der Roten Liste

Malus salicifolia

Magnolia salicifolia

der IUCN-Liste 2017 in ihrem Bestand als wenig bedroht.

Das Artepitheton *salicifolia* setzt sich zusammen aus lateinisch salix = Weide und lateinisch folius = -blättrig und bezieht sich auf die schmalen, lanzettlichen Laubblätter.

M. salicifolia wurde zuerst von dem Arzt und Japanforscher PHILIPP FRANZ VON SIEBOLD gesammelt und 1846 von SIEBOLD und ZUCCARINI als *Buergeria salicifolia* beschrieben. 1872 wurde die Art von CARL JOHAN MAXIMOWICZ (1872–1891) in die Gattung *Magnolia* transferiert. Die Art kam 1892 durch CHARLES SPRAGUE SARGENT (1841-1927) aus einer Aufsammlung am Mt. Hakkoda auf Honshu an das Arnold Arboretum in Jamaica Plain, Massachusetts, USA. Sargent beschreibt die Blätter in seiner „Forest Flora of Japan" als „the delicate odour is anis-seed". Die gleichzeitig auf ihrer gemeinsamen Studienreise von JAMES HARRY VEITCH (1840–1924) gesammelten Samen keimten nicht. Die Baumschule Veitch erhielt aber 1883 Samen oder Sämlinge aus dem Arnold Arboretum und konnte 1902 in ihrem Katalog Pflanzen anbieten.

'Else Frye'. Wuchs aufrecht. Blätter länglich-elliptisch, 7–15 cm lang. Blüten 8–9 cm lang, die neun Tepalen weiß, außen an der Basis purpurrosa getönt. (Arb. Bull. Univ. Wash. 24: 43, 1961).

Magnolia salicifolia 'Miss Jack'

'Fasciata'. Wuchs säulenförmig. (MILLAIS: Magnolias, 1927)

'Jermyns'. Wuchs strauchförmig. Blätter größer als die der Art, unterseits auffallend bläulich grün. Blüten später aufblühend als bei der Art. (Hillier and Sons, Großbritannien, 1973).

'Iufer'. Wuchs baumförmig, in zehn Jahren 4,5–6 m hoch. Blüten reinweiß, breit schalenförmig, Tepalen 9, schmal verkehrt eiförmig, Staubblätter purpurrosa. (Iufer Nursery, USA, 1987 registriert).

'Kochanakee'. Wuchs kegelförmig. Blüten groß. (Gosslers Farm Nursery, USA, Katalog 1980/81).

'Miss Jack'. Wuchs stark. Blätter lanzettlich. Blüten weiß, Tepalen 6, weit spreizend. (Gosslers Farm Nursery, USA, Katalog 1980/81).

'Treseder'. Wuchs kompakt, säulenförmig. (Treseder's Nursery, Großbritannien, vor 1994 eingeführt).

'Van Veen'. Blüten besonders stark duftend. (Otto Eisenhut, Schweiz, Katalog 1989).

'W.B. Clark'. Blüten größer als beim Typ. (J. Clarke Nursery, USA. 1965/66).

Magnolia sargentiana Rehder et E.H. Wilson

Konkavblättrige Magnolie, Sargents Magnolie

Untergattung Yulania, Untersektion Yulania
(Synonym *Magnolia conspicua* Salisb. var. *emarginata* Desr., *M. denudata* Ders. *var. emarginata* (Finet et Gagnep.) Pamp., *Yulania sargentiana* (Rehder et E.H. Wilson) D.L. Fu)

M. sargentiana (chinesisch ao ye yu lan) ist ein sommergrüner, 8–20(–25) m hoher, schlank aufrecht wachsender Baum mit einer braungrauen Rinde, gelblich braunen Trieben und dicht gelblich behaarten Endknospen. Verkehrt eiförmig bis nahezu länglich-verkehrt eiförmig sind die 10–19 cm langen, an der Spitze abgerundeten bis eingekerbten, an der Basis schmal bis breit keilförmigen Blätter mit den 8 bis 12 Paar Seitennerven. Die Blätter sind oberseits glänzend grün und kahl, unterseits graugrün und behaart. Die dunkelbraunen Blattstiele sind 2–4,5 cm

Magnolia sargentiana

Magnolia sargentiana

lang. Aus etwa 3,5 cm langen, hellgelb samtig behaarten Knospen entfalten sich die 20,3–25,4 cm breiten, schalenförmigen, duftenden Blüten mit den 10 bis 14(bis 17) fleischigen, 8–10 cm langen, länglichen Tepalen. Sie sind außen purpurrosa, innen hellrosa gefärbt. Das grüne, kahle, 1,8–2 cm lange Gynoeceum hat purpurfarbene Narben, die 1–1,9 cm langen Staubblätter purpurfarbene Staubfäden. Die Blüten entfalten sich im März-April in großer Fülle. Die zylindrischen, 8–15 cm langen, im September reifenden Sammelfrüchte sind zur Reife rötlich braun gefärbt. WHZ 7b.

Heimisch ist *M. sargentiana* im mittleren und südlichen Sichuan sowie im nördlichen und nordöstlichen Yunnan. Die Art kommt dort vereinzelt in sommer- und immergrünen Mischwäldern in Höhen von 1400 bis 3000 m vor. Die Art gilt nach der Roten Liste der IUCN 2017 als verletzbar.

Bestände von *M. sargentiana* werden stellenweise für den Anbau von *Gastoria*-Arten verdrängt. *Gastoria*-Arten sind blattgrünlose Pflanzen aus der Familie der Orchidaceae, deren fleischige, knollige Rhizome in der chinesischen Medizin gegen Kopfschmerzen und Migräne verwendet werden. Die Stammrinde von *M. sargentiana* wird medizinisch genutzt.

M. sargentiana wurde 1896 von dem französischen Missionar Armand David (1826–1900) in Sichuan entdeckt und 1908 von E.H. Wilson in das Arnold Arboretum, Jamaica Plain, Massachusetts, USA, eingeführt. Sie wurde bald sehr beliebt und hoch geschätzt. Das Artepitheton *sargentiana* wurde zu Ehren von Charles Sprague Sargent, dem ersten Direktor des Arnold Arboretums, Jamaica Plain, Massachusetts, vergeben. Von Wilson's Einführungen kamen 1913 und 1918 Pflanzen in den Royal Botanic Garden, Kew. In Großbritannien haben erste Pflanzen der Art 1832 in Nymans Garden, Sussex, geblüht.

Aus Samen gezogene *M. sargentiana* beginnen erst ab einem Alter von 15 bis 20 Jahren zu blühen. Nicht selten alternieren die Pflanzen, erleben also nur in jedem zweiten Jahr eine Vollblüte.

Die als *M. sargentiana* var. *robusta* Rehder et E. H. Wilson beschriebene Sippe ist ein Synonym von *M. sargentiana*.

'Broadleas'. Blüten gefüllt. (Philippe de Spoelberch, Belgien).

'Blood Moon'. Wuchs baumförmig, etwa 5 m hoch. Blüten außen hell purpurrot, zur Spitze hin heller, innen milchweiß, stark duftend, groß, Tepalen zehn, die äußeren sechs abstehend, die vier inneren aufrecht und domförmig zusammengeneigt. (Strybing Arboretum, USA).

'Chyverton Dark'. Blüten in der Knospe fuchsienrosa, geöffnet malvenfarben. (Treseder's Nursery, Großbritannien, etwa 1973 eingeführt).

'Multitepal'. Blüten hellrosa bis purpurn rosa, mit 19 bis 27 Tepalen gefüllt. (Sir Peter Smithers, Schweiz) (Magnolia 19 (1) 23: 1983).

'White'. Blüten in der Knospe rosa, geöffnet reinweiß. (Treseder's Nursery, Großbritannien, Katalog etwa 1965)

Magnolia sieboldii subsp. *sieboldii* K. Koch

Himmelsfeeblume, Siebolds Magnolie

Untergattung Magnolia, Untersektion Oyama
(Synonym *Magnolia parviflora* Siebold et Zucc., *M. verecunda* Koidz., *Oyama sieboldii* (K. Koch) N.H. Xia et C.Y. Wu)

M. sieboldii subsp. *sieboldii* (chinesisch tian nü hua) ist ein sommergrüner, locker aufgebauter, bis 10 m hoher Baum oder Strauch mit einer hellgrauen Rinde und hellbraunen bis silbergrauen Zweigen. Die dünnen Triebe sind anfangs silbergrau zottig behaart. Die eiförmigen oder elliptischen, an der Spitze spitzen, an der Basis keilförmigen Blätter sind (6–)9–15(–25) cm lang, sie haben 6 bis 8 Paar Seitennerven. Oberseits sind die Blätter dunkelgrün, unterseits bläulich grün, braun und weiß behaart und schüttern gelb gepunktet. Die braunen, anliegend behaarten Blattstiele sind 1–4(–6,5) cm lang. Die nickenden, anfangs kugeligen, weißen, aufgeblüht schalenförmigen, rahmfarbenen, duftenden, 7–10 cm breiten Blüten haben 9 bis 12 Tepalen. Die drei äußeren sind länglich verkehrt eiförmig bis verkehrt eiförmig und 4–6 cm lang, die inneren kleiner. Etwa 1,5 cm lang ist das grüne Gynoeceum. Die 0,9–1,1 cm langen Staubblätter sind auffallend purpurrot gefärbt. Die Blüten öffnen sich nach der Laubentfaltung im Mai-Juni. Verkehrt eiförmig bis elliptisch sind die 2–7 cm langen, im September-Oktober reifenden Sammelfrüchte mit den hochroten Samen. WHZ 6a. AGM 1993.

Die natürliche Verbreitung von *M. sieboldii* subsp. *sieboldii* reicht von den südost-, nordost- und südzentral-chinesischen Provinzen Anhui, Fujian, Guangxi, Guizhou, Hebei, Hunan, Jiangxi, Jilin, Liaoning und Zhejiang bis nach Japan (Honshu, Shikoku, Kyushu), Korea und die südliche Mandschurei. Sie kommt dort zerstreut in Höhen von 1600 bis 2000 m vor. Der Bestand von *M. sieboldii* subsp. *sieboldii* gilt nach der Roten Liste der IUCN 2017 als wenig bedroht.

M. sieboldii hat beim Magnolienfest der Manchu, der zweitgrößten der 55 anerkannten ethnischen Minderheiten Chinas, eine kultische Bedeutung.

Die Sippe wurde von Siebold und Zuccarini 1846 zunächst als *M. parviflora* beschrieben, bevor Karl Koch sie 1853 als *M. sieboldii* benannte.

M. sieboldii ist anderen Arten der Untersektion Oyama – *M. globosa* und *M. wilsonii* – recht ähnlich. *Bei M. globosa* sind die Blätter mit Längen von 10–24 cm deutlich größer als die der beiden anderen Arten, deren Blätter bei *M. sieboldii* 5–10 und bei *M. wilsonii* 5–15 cm lang sind. Bei *M. wilsonii* sind die Zweige rotbraun bis purpurbraun, bei *M. sieboldii* hellbraun bis silbergrau.

Magnolia sieboldii subsp. *sieboldii*

Magnolia sieboldii subsp. *sieboldii* 'Colossus'

Das genaue Einführungsdatum von *M. sieboldii* ist unbekannt. Sie soll seit 1865 in Europa in Kultur sein und begeisterte rasch durch ihre reinweißen Blüten mit den auffallenden, purpurroten Staubblättern. Das Artepitheton *sieboldii* erinnert an den deutschen Arzt und Japanforscher PHILIPP FRANZ VON SIEBOLD (1796–1866).

'Colossus'. Tetraploide Sorte, in allen Teilen größer als der Typ. Blüten mit 18 Tepalen gefüllt. (Magnolia 33 (1) 63: 1998). AGM 2012.

Magnolia sieboldii subsp. *sieboldii* 'Pride of Norway'

'Genesis'. Durch Colchicin-Behandlung erzielte, tetraploide Sorte, die sich vom Typ durch längere Blätter, deutlich größere Blüten und längere Staubblätter unterscheidet. (Magnolia 25 (1) 47: 1989).

'Harold Eppstein'. Blüten weiß, halb gefüllt, duftend, zahlreich, im Spätsommer regelmäßig nachblühend, dann oft mit ganz gefüllten Blüten. (AUGUST KEHR, USA. Magnolia 29 (2) 56; 1994).

'Kwanso'. Blüten mit bis zu 36 Tepalen gefüllt (TODD GRESHAM, USA, 1961 registriert).

Magnolia sieboldii subsp. *sieboldii* 'Semiplena'

'Lolita'. Blüten kleiner als die der Art. Staubblätter rosarot. (Im Arboretum Wespelaar, Belgien, selektiert).

'Michiko Renge'. Blüten weiß, halb gefüllt, nickend, Staubblätter rosarot. (Japanische Selektion, benannt nach der japanischen Kaiserin) (Otto Eisenhut, Schweiz, Katalog 1989).

'Minor'. In allen Teilen kleiner als der Typ. (1888 aus Japan importiert. Dict. Gard. Cent. Suppl. 1901).

'Pride of Norway'. Blüten weiß, bis 15 cm breit, Tepalen 9 bis 10, bei Nachblüten oft 10 bis 14, Staublätter intensiv purpurrot gefärbt. Tetraploide, sehr frostharte Sorte. (AUGUST KEHR, USA. Magnolia 36 (2) 70: 2001).

Magnolia sieboldii subsp. *sieboldii* 'Treeform'

'Semiplena'. 'Blüten gefüllt, weit geöffnet (Jour. Hort. Soc. 65: 1940).

'Tree Form'. Wuchs baumförmig, schmalkronig, mit durchgehender Stammverlängerung. (WIM RUTTEN, Niederlande).

'White Flounces'. Blüten 10 cm breit, mit 16 bis 24 Tepalen gefüllt. (Magnolia 31 (1) 59: 1996).

Magnolia sieboldii subsp. *sinensis* (Rehder et E.H. Wilson) Spongberg

Wilde Himmelsfeeblume

(Synonym *Magnolia globosa* Hook. f. et Thomson var. *sinensis* Rehder et E.H. Wilson, *M. sinensis* (Rehder et E.H. Wilson) Stapf, *Oyama sinensis* (Rehd. et E.H. Wilson) N.H. Xia et C.Y. Wu)

Die Unterart (chinesisch yuan ye tian nü hua) ist ein etwa 10 m hoher Baum mit einer hellbraunen Rinde und dünnen, graubraunen, zuletzt kahlen Zweigen. Verkehrt eiförmig sind die ledrigen 8–13(–26) cm langen, an der Spitze abgerundeten oder zugespitzten, an der Basis keilförmigen Blätter mit den 9 bis 13 Paar Seitennerven. Die Blätter sind oberseits glänzend dunkelgrün, unterseits hell graugelb zottig behaart. Die anliegend hellgelb behaarten Blattstiele sind 1,5–4(–8) cm lang. Die weißen, duftenden, schalenförmigen, nickenden Blüten sind 8–12(–15) cm breit. Sie haben meist 9 Tepalen, von denen die drei äußeren, eiförmigen bis elliptischen kleiner sind als die inneren, breit verkehrt eiförmigen, 6–7,5 cm langen Tepalen. Etwa 1,5 mm lang ist das schmal verkehrt eiförmig-ellipsoide Gynoeceum, 0,9–1,3 cm lang die Staubblätter mit den purpurroten Staubfäden. Die Blüten entfalten sich nach der Laubentfaltung im Mai-Juni. Schmal ellipsoid sind die 2–2,5 cm langen, im September-Oktober reifenden Sammelfrüchte. WHZ 6a. AGM 1993.

Die Verbreitung der Unterart beschränkt sich auf die Kreise Lushan, Tianquan und Wenchuan in der nordzentral-chinesischen Provinz Sichuan. In Wenchuan wurde die Unterart von E. H. Wilson entdeckt und 1908 an das Arnold Arboretum der Harvard Universität, Jamaica Plain, Massachusetts, USA, geschickt. In China wird die Rinde der var. *sinensis* als Ersatz für *M. officinalis* medizinisch genutzt. Die Unterart gilt nach der Roten Liste der UICN 2017 als verletzbar.

Magnolia sieboldii subsp. *sinensis*

Die Art wurde von dem französischen Gärtner Léon Chenault (1853–1930) unter dem Namen *Magnolia nicholsoniana* Hort. vertrieben, ein Synonym für *M. wilsonii* und *M. sinensis*. Von den anderen Arten der Untersektion Oyama unterscheidet sich die subsp. *sinensis* u. a. durch ihre Blütengröße. Die Blüten sind mit Durchmessern von 8–15 cm größer als die von *M. globosa*, *M. wilsonii* und der subsp. *sieboldii*.

Magnolia sinica (Y.W. Law) Noot.

Schirmholz

Untergattung Gynopodium, Sektion Manglietiastrum (Synonym *Manglietia sinica* (Y.W. Law) B.L. Chen et Noot., *Manglietiastrum sinicum* Y.W. Law)

M. sinica (chinesischer Name unbekannt) ist ein immergrüner, bis 40 m hoher Baum mit einer schirmartigen Krone und einer grauen, längs gefurchten Borke. Schmal verkehrt eiförmig sind die ledrigen 15–26(–30) cm langen, an der Spitze kurz zugespitzten Blätter mit den 13 bis 16 Paar Seitennerven. Sie sind beiderseits kahl, oberseits glänzend grün, unterseits heller. Die 1,5–2 cm langen, kahlen Blattstiele sind an der Basis leicht verdickt. Einzeln und endständig stehen die duftenden Blüten mit ihren 9 Tepalen. Die drei äußeren, länglichen oder spatelförmigen sind außen tiefrot, innen rötlich rosa, die inneren, kleineren weiß gefärbt. Das Gynoeceum hat 13–16 Fruchtblätter. Die Staubblätter sind cremefarben bis rot. Blütezeit ist der April. Verkehrt eiförmig bis ellipsoid sind die 2,5–4 cm langen, grünen oder braunen, im Oktober-November reifenden Sammelfrüchte. WHZ 8b.

M. sinica gedeiht im südöstlichen Yunnan in Höhen von 1300 bis 1500 m in immergrünen Laubwäldern. Die einzige bekannte Population umfasst weniger als 50 erwachsene Exemplare. Sie gilt nach der Roten Liste der IUCN 2017 als kritisch gefährdet. In Baumschulen sollen inzwischen aber mehrere tausend Pflanzen in Kultur sein.

Durch die Xichou Company kam 1995 Samen aus Yunnan in den Botanischen Garten der Universität Berkeley, Kalifornien, USA. Von dort wurde *M. sinica* weiter verbreitet.

Magnolia sinostellata Chiu, P.L. et Chen, Z.H.

Chinesische Stern-Magnolie

Untergattung Yulania, Untersektion Yulania (Synonym *Yulania sinostellata* (P.L. Chiu et Z.H. Chen) D.L. Fu)

M. sinostellata wird von vielen Taxonomen als Synonym von *M. stellata* angesehen, weil beide Arten morphologisch nicht zu unterscheiden seien. Nach DNA-Untersuchungen am Botanischen Garten Shenzhen, Provinz Zhejiang, China, hat *M. sinostellata* zwar die gleichen chrysanthemenähnlichen Blüten wie *M. stellata*, unterscheidet sich von dieser aber durch die Farbe der Zweigrinde, die Form der Laubblätter und der Tepalen, sowie durch eine abweichende Chromosomenstruktur. So sind z. B. die Pollenkörner von *M. sinostellata* zu 55 % steril, die von *M. stellata* zu 90 %. Die Anzahl der durchschnittlichen Bivalente (= Paar homologer Chromosomen während der ersten meiotischen Teilung) beträgt bei *M. stellata* 8,9, bei *M. sinostellata* 14,8. (Wang 2013).

M. sinostellata ist ein sommergrüner, 3,5–4 m hoher, dünntriebiger Strauch. Die ein- und zweijährigen Zweige sind grün, die älteren aschgrau gefärbt und spärlich mit Lentizellen bedeckt. Elliptisch oder eiförmig-elliptisch sind die 7–12 cm langen, 2,5-4 cm breiten Blätter. Sie sind an der Basis keilförmig, an der Spitze zugspitzt oder schwanzförmig zugespitzt,

Magnolia sinostellata

Magnolia sinostellata

oberseits kahl und unterseits in den Nervenwinkeln weißzottig behaart. Die gelblich behaarten Blütenknospen sind 1–2 cm lang und 5–7 m breit. Die schalenförmig, anfangs hellrosa Blüten verblassen im Verblühen, der basale rote Fleck setzt sich als schmaler Strich bis zur Mitte der Tepalen fort. Die 12–15(–18) fleischigen, 3,3–4,5 cm langen Tepalen sind eiförmig-lanzettlich bis spatelförmig-eiförmig. Die 86 bis 99 Staubblätter sind 7–9(–10) mm lang, die Staubblätter 6–7 mm, die Staubfäden 2–4 mm lang. Das zylindrische Gynoeceum ist 2–4 mm lang. Die Sammelfrüchte sind aus zahlreichen, 2 mm langen, eiförmigen Fruchtblättern zusammengesetzt.

M. sinostellata wurde zuerst am 26. Februar 1987 in der Caoyutang Forstfarm im Jingning Bezirk der ostchinesischen Provinz Zhejiang entdeckt. Die Pflanzen kommen dort als Strauch oder Kleinbaum in einem Sekundärwald in Höhen zwischen 950 bis 1200 m vor. Auf einer Fläche von 25 Hektar gedeihen etwa 120 Pflanzen auf feuchtem Boden in einem Bachtal. 1989 erfolgte die Beschreibung durch CHIU und CHEN.

M. sinostellata besiedelt zwei weitere Habitate im subtropischen Klima im südlichen Teil der Provinz Zhejiang.

Eine größere Population von etwa 1000 Exemplaren wurde im Juli 2011 im Stadtwald von Dalingkou, Songyang Bezirk entdeckt. Sie kommen dort in einem lockeren Schluchtwald in Höhen zwischen 700 und 1260 m vor, u. a. zusammen mit *Indocalamus tesselatus*, Taiwan-Kiefer, *Pinus taiwanensis*, Gallen-Sumach, *Rhus chinensis*, Zweifarbigem Buschklee, *Lespedeza bicolor*, *Viburnum fordiae*, Arznei-Magnolie, *Magnolia officinalis* und Huangshan-Magnolie, *Magnolia cylindrica*. Der Bestand zeichnet sich durch eine reiche Naturverjüngung aus, besonders in Höhen zwischen 1000 und 1200 m.

Nur sieben oder acht Exemplare sind im April 2012 am Mt. Yandang, Wenzhou Bezirk, nahe des Berggipfels in einer Höhe von etwa 885 m, entdeckt worden. Auf diesem flachgründigen, steinigen Boden erreichen die Pflanzen nur Wuchshöhen von 1,5 m. Sie breiten sich durch Ausläufer aus, bilden Horste und blühen reich. Die in der benachbarten Schlucht auf sickerfeuchtem Boden wachsenden Pflanzen erreichen dagegen Höhen von 2–2,5 m. Nach der Roten Liste der IUCN ist die Art in ihrem Bestand gefährdet. (Chiu et Chen 1989).

Zwei Bearbeiter der Magnoliaceae in der „Flora of China" – Yuhu Liu und H.P. Nooteboom – gehen davon aus, das es sich bei der Sippe um *M. stellata* handelt, die sich an einigen Stellen in China etabliert hat. Der dritte Bearbeiter – Nihane Xia – hält *M. sinostellata* für eine eigenständige Art. Bei der in Deutschland unter dem Namen 'Chinatown' ('Jing Ling') bekannten Art soll es sich um *Magnolia sinostellata* handeln.

Kulturerfahrungen mit *M. sinostellata* in Europa sind mir nicht bekannt. Die Art gedeiht offenbar am besten auf bodenfeuchten Standorten, wie z.B. im Uferbereich fließender Gewässer. Nach den Begleitbaumarten zu urteilen, dürfte *M. sinostellata* in der Winterhärtezone 7a ausreichend frosthart sein.

Magnolia sprengeri Pamp.

Wudang-Magnolie, Sprengers Magnolie

Untergattung Yulania, Untersektion Yulania

(Synonym *Magnolia purpurascens* (Maxim.) Millais, *M. denudata* Desr. var. *purpurascens* (Maxim.) Rehder et E.H. Wilson, *M. diva* Stapf et Millais, *M. sprengeri* var. *diva* Stapf, *M. elongata* (Rehder et E.H. Wilson) Millais, *Yulania sprengeri* (Pamp.) D.L. Fu)

Magnolia sprengeri

Magnolia sprengeri

Magnolia sprengeri, Sammelfrucht

M. sprengeri (chinesisch wu dang yu lan) ist ein sommergrüner, bis 21 m hoher Baum mit einer hell graubraunen oder schwärzlich braunen Rinde, die sich an alten Bäumen in kleinen Platten löst. Die kahlen Zweige sind graubraun. Verkehrt eiförmig sind die 10–18 cm langen, an der Spitze spitzen oder kurz zugespitzten, an der Basis keilförmigen Blätter. Sie sind oberseits nur anfangs fein anliegend behaart, unterseits auf den Nerven spärlich anliegend behaart. Die braunen Blattstiele sind 1–3 cm lang. Aus hellgrau seidig behaarten Knospen öffnen sich im April-Mai, vor der Laubentfaltung, die 10–20 cm breiten, schalenförmigen, duftenden Blüten mit den 12(bis 14) verkehrt eiförmigen bis spatelförmigen, 5–10 cm langen Tepalen. Sie sind außen rötlich purpurn, innen hellrosa oder weiß gefärbt. Das hellgrüne, zylindrische Gynoeceum ist 2–3 cm lang. Die 1–1,5 cm langen Staubblätter haben purpurn rote Staubfäden. Die Blüten öffnen sich gleichzeitig mit der Laubentfaltung im März-April. Die zylindrischen, rötlich braunen, im August-September reifenden Sammelfrüchte sind 6–17 cm lang. WHZ 7b.

In den nord- und südzentral- sowie ost-chinesischen Provinzen Chongqing, Gansu, Guizhou, Henan, Hubei, Hunan, Jiangxi, Shaanxi, Sichuan und Yunnan kommt *M. sprengeri* zerstreut in Wäldern und Dickichten in Höhen von 1300–2400 m vor. Sie wird in China als Blütenbaum gepflanzt, Rinde und Blütenknospen werden medizinisch genutzt. *M. sprengeri* wird in der Roten Liste der IUCN 2017 als wenig gefährdet eingestuft.

Magnolia sprengeri

M. sprengeri wurde 1912 und 1913 durch den italienischen Entomologen Filippo Silvestri (1873–1949) im nordwestlichen Hubei gesammelt. Die von E.H. Wilson während seiner China-Expeditionen 1906 und 1910 gesammelten, weiß und rosa blühenden Pflanzen wurden von ihm und Alfred Rehder als *M. denudata* var. *elongata* und *M. denudata* var. *purpurascens* beschrieben. Namen, die nun als Synonyme von *M. sprengeri* gelten.

M. sprengeri ist in Europa seit 1913 in Kultur, nachdem Pflanzen aus Wilsons Aufsammlung über die Baumschule Veitch & Sons, Großbritannien, in den Royal Botanic Garden, Kew, den Bodnant Garden in Tal-y-Cafn, Wales und in Caerhys Castle, Cornwall, gelangten. Die Pflanzen in Kew Gardens und Bodnant wurden als *M. sprengeri* var. *elongata*, die Pflanze in Caerhays Castle als *M. sprengeri* 'Diva' bezeichnet. Die als *M. sprengeri* var. *elongata* (Rehder et E. H. Wilson) Johnson beschriebene Sippe ist ein Synonym von *M. sprengeri*. Die als var. *diva* Stapf beschriebene Varietät hat heute den Rang einer Sorte.

Das Artepitheton *sprengeri* wurde von dem italienischen Botaniker Renato Pampanini (1875–1949) zu Ehren des deutschen Botanikers und kaiserlichen Gartenmeisters Carl Ludwig Sprenger (1846–1917) vergeben.

M. sprengeri gehört zu den Arten, die als Sämlingspflanzen erst spät zu blühen beginnen. Nicht selten dauert die vegetative Phase 15 bis 20 Jahre.

'Burncoose'. Wuchs baumförmig, klein bis mittelgroß. Blüten tief purpurrosa, duftend, dunkler als bei 'Diva', etwa 17,5 cm breit. (Burncoose Nursery, Großbritannien, 1988). AGM 2012.

Magnolia sprengeri 'Burncoose'

Magnolia sprengeri 'Burncoose'

Magnolia sprengeri 'Burncoose', Herbstfärbung

'Claret Cup'. Wuchs baumförmig, klein bis mittelgroß. Blüten außen purpurrosa, innen hellpurpurn bis weiß, leicht duftend, kelchförmig, als Tasse-Untertasse ausgebildet, etwa 20 cm breit, die 12 bis 14 Tepalen in drei Kreisen zu je vier. Sämling der Originalpflanze in Caerhays Garden, Cornwall, Großbritannien. (Journ. Roy. Bot. Soc. 88: 1963).

'Copeland Court'. Wuchs kompakt, dicht verzweigt. Blüten einheitlich karmesinrot, dunkler und leuchtender als bei 'Diva', bis 24 cm breit, Tepalen 12 bis 14. Sämling von 'Diva'. (Treseder's Nursery, USA, Katalog etwa 1973). AGM 2012.

'Diva'. Wuchs baumförmig, 9–15 m hoch, die Krone etwa 9 m breit. Blätter verkehrt eiförmig, etwa 18 cm lang, unterseits silbrig behaart. Blüten außen rosarot, innen hellrosa, leicht duftend, schalenförmig, 15–20 cm breit, sehr zahlreich, aufrecht stehend, die Tepalen an der Spitze leicht gedreht. Reich fruchtend. Originalpflanze in Caerhays Garden. Frosthärter als die Art. 1901 durch E. H. WILSON aus der chinesischen Provinz Hubei importiert und 1927 als *M. sprengeri* var. *diva* STAPF beschrieben.

Magnolia sprengeri 'Diva'

Magnolia springeri 'Diva'

'Eric Savill'. Wuchs baumförmig, mittelgroß. Blüten außen tief weinrot, innen heller, 17,5–20 cm breit, Tepalen 12. Sämling von ‹Diva›. (Savill Garden, Großbritannien. Magnolia 20 (1) 37: 1984). AGM 2012.

'Wakehurst'. Blüten außen lebhaft purpurn, innen rosarot, kelchförmig, etwa 17,5 cm breit. Schwestersämling von 'Claret Cup'. (Wakehurst Place, Großbritannien, 1948 von SIR HENRY PRICE benannt).

'Westonbird'. Wuchs baumförmig, nach 40 Jahren 25 m hoch. Blüten tief rosarot, zur Spitze hin heller, Tepalen 12. Sämling von 'Diva'. (Arboretum Westonbird, Großbritannien, späte 1950er Jahre).

Magnolia stellata (Siebold et Zucc.) Maxim

Stern-Magnolie

Untergattung Yulania, Untersektion Yulania

(Synonym *Buergeria stellata* Siebold et. Zucc., *Magnolia tomentosa* Thunb., *M. kobus* var. *stellata* (Siebold et Zucc.) Blackburn, *Yulania stellata* (Maxim.) N.H. Xia)

M. stellata (japanisch shide-kobushi) ist ein sommergrüner, 1,5–4,5 m hoher Strauch oder kleiner Baum. Triebe und Knospen sind dicht silbrig behaart. Die 4–14 cm langen, verkehrt eiförmigen bis breit lanzettlichen, an der Spitze stumpfen oder abgerundeten, an der Basis keilförmigen Blätter mit den 6 bis 8 Paar Seitennerven sind oberseits dunkelgrün und kahl, unterseits hellgrün und kahl oder schwach behaart. Die weißen, zuletzt rosa getönten, duftenden Blüten sind 5–17 cm breit. Die 12 bis 15(bis 18) schmal länglichen, bis 6 cm langen Tepalen sind gleich lang, flatterig gespreizt und unregelmäßig zurückgeschlagen, sie sind in vier oder sechs Kreisen angeordnet. Das zylindrische Gynoeceum ist 6–8 cm lang, die 86 bis 99 Staubblätter sind 7–10 mm lang. Die Blüten öffnen sich im März-April, vor der Laubentfaltung. Die zur Reife rotbraunen zylindrischen oder asymmetrischen Sammelfrüchte sind 5–10 cm lang. WHZ 6a. AGM 1993.

M. stellata ist in Japan und China seit langer Zeit in Kultur. Bis in die 1950er Jahre waren keine natürlichen Populationen der Art in Japan bekannt (Ueda 1988). Man hielt die wenigen in der Natur gefundenen Pflanzen für eine in Gärten entstandene Hybride oder Sorte. Inami (zitiert bei Ueda 1988) berichtet von natürlichen Vorkommen in der Präfektur Aichi in der Region Chubu auf der Insel Honshu. Ueda konnte 1988 kleine natürliche Vorkommen in den Präfekturen Aichi, Gifu und Mie auf Zentral-Honshu in der Umgebung von Nagoya nachweisen. Die größte Population befindet sich in der Präfektur Aichi, die zahlenmäßig geringste in der Präfektur Mie. In dem als „Floristische Region Tokai" bekannten Gebiet kommen neben *M. stellata* auch zahlreiche andere lokale Endemiten vor, unter den Gehölzen z. B. *Acer pygnanthum* und *Chionanthus retusus*.

Magnolia stellata

M. stellata gedeiht in ihren natürlichen Arealen im tertiären Hügelland in Höhen von (40–)100–500(–650) m, an sonnigen Standorten in Talsenken, an sanften Hängen, auf Flussterrassen, an Fluss- und Seeufern. Standorte mit staunassen Böden werden gemieden. Die Vorkommen von

M. stellata gelten nach der Roten Liste der IUCN 2017 als gefährdet.

M. stellata ist 1784 von THUNBERG *als M. tomentosa* beschrieben worden. Er verwendete als Herbarbeleg irrtümlich aber ein *Edgeworthia*-Exemplar als Typus-Exemplar. Die Beschreibung war deshalb ungültig. MAXIMOWICZ stellte 1872 die Kombination *M. stellata* auf.

PHILIPP FRANZ VON SIEBOLD hat mehrfach versucht, *M. stellata* nach Europa einzuführen, scheiterte aber an japanischen Ausfuhrbeschränkungen. Die Stern-Magnolie kam deshalb erst 1862 durch den amerikanischen Pflanzensammler GEORGE ROGERS HALL (1826–1899), Bristol, Rhode Island, New York nach Amerika. HALL sammelte Pflanzen während seiner Japanreise und gab diese an die Samuel Parsons Nursery, Long Island.

M. stellata gehört dank ihres moderaten Wuchses und der reichen Blüte mit den eleganten, reinweißen, sternförmigen Blüten zu den bei uns am häufigsten kultivierten Magnolien. Neben der Art sind zahlreiche Sorten in Kultur.

Das Artepitheton *stellata*, lateinisch stellatus, bedeutet gestirnt und bezieht sich auf die sternförmige Anordnung der Tepalen.

'Alixeed'. Wuchs strauchförmig, in zehn Jahren maximal 3 m hoch. Blüten im Aufblühen hellrosa, intensiv duftend, Tepalen deutlich breiter als die der Art, aufrecht stehend, nicht flatterig abstehend. (Fairweather Gardens Nursery, Katalog 1999).

'Centennial'. Wuchs baum- oder strauchförmig, etwa 8 m hoch, die Krone 7 m breit. Blüten weiß mit rosa Anflug, bis 14 cm breit, Tepalen 28 bis 33. Selektion von 'Rosea'. (Arnold Arboretum, USA, 1972 benannt). AGM 2012.

Magnolia stellata

Magnolia stellata

'Chinatown' ('Jing Ning'). Wuchs sehr schmal aufrecht, nahezu säulenförmig. Blüten weiß mit einem leicht purpurrosa Unterton, stark duftend, Tepalen 12, sternförmig ausgebreitet, nicht flatterig, in der Mitte mit zahlreichen kleinen, cremegelben, tepaloiden Staubblättern. (Import aus China).

Magnolia stellata 'Chrysanthemiflora'

'Chrysanthemumiflora'. Wuchs strauchförmig, 3–5 m hoch, die Krone etwa 3 m breit. Blüten reinrosa, geöffnet chrysanthemenähnlich, Tepalen mehr als 40. Sämling von 'Rubra'. (KOICHIRO WADA, Hakoneya Baumschule, Japan. Gallaway (1994)).

'Dawn'. Blüten hellrosa, Tepalen mehr als 40. (HAROLD HOPKINS, USA, 1975).

'Green Star'. Blüten zuletzt reinweiß, die Tepalen bei der Entfaltung der Blüten fein gelblich grün gestreift. (FRANK GALYON, USA. CALLAWAY (1994)).

Magnolia stellata 'Greenstar'

'Jane Platt'. Blüten heller rosa als bei 'Rosea', Tepalen 20 bis 30. (Gossler Farms Nursery, USA, Katalog 1984/85). AGM 2012.

'Jazzy Jane'. Blüten hellrosa, gelegentlich elfenbeinfarben getönt, Tepalen 12 bis 14, sehr schmal und lang, riemenartig, Blüten geöffnet seesternartig. (ROY KLEHM, USA, 2015)

'Keiskei'. Wuchs schwach. Blüten in der Knospe intensiv rosa, im Aufblühen hellrosa, Innenseite der zahlreichen Tepalen weiß. (MAKINO, Japan. Bot. Mag. Tokyo 26: 1912).

'Keiskei Plena'. Blüten zartrosa, Tepalen zahlreicher als bei 'Keiskei'.

'Kikuzaki'. Blüten hellrosa, etwa 5 cm breit, Tepalen 20 bis 30. Schon als junge Pflanzen reich blühend. (Gosslers Farm Nursery, USA, Katalog 1988/89).

Magnolia stellata 'Keiskei'

'King Rose'. Blüten in der Knospe rosa, aufgeblüht hellrosa, innen weiß, Tepalen 20 bis 25. (Gosslers Farm Nursery, USA, Katalog 1988/89).

'Lyle's Legacy'. Blüten weiß, innen bläulich rosa getönt, Tepalen 45 bis 60. Schon als junge Pflanzen reich blühend. Sämling von 'Centennial'. (DIRR (2009)).

'Pink Stardust'. Blüten hellrosa, Tepalen 40 bis 50. (GALLAWAY (1994)).

'Red'. Blüten 7,5–10 cm breit, außen dunkel purpurn rot, innen weiß, Tepalen 10 bis 16. (Arnoldia 20: 1960).

Magnolia stellata 'King Rose'

Magnolia stellata 'Rosea'

'Rosea'. Wuchs strauchartig. Blüten in der Knospe rosa, aufgeblüht weiß, kleiner als beim Typ, Tepalen 13. Häufig in Kultur (The Garden 55: 1899).

'Royal Star'. Wuchs baum- oder strauchförmig, etwa 5 m hoch, die Krone etwa 4 m breit. Blüten in der Knospe rosarot, aufgeblüht weiß, leicht rosa überhaucht, bis 15 cm breit, Tepalen 25 bis 30. Sieben bis zehn Tage später blühend als die Blüten der Art. Sämling von 'Waterlily'. (J. Vermeulen & Sons, USA, 1947 gekreuzt, 1955 selektiert, 1960 registriert). AGM 2012.

Magnolia stellata 'Royal Star'

Magnolia stellata 'Waterlily'

'Rubra'. Wuchs kleinbaumförmig. Blüten tiefrosa bis rot, nicht verblassend, duftend, bis 10 cm breit, Tepalen 15. (KOICHIRO WADA, Japan, etwa 1925).

'Scented Silver'. Wuchs baumförmig, einstämmig. Blüten reinweiß, groß, mit besonders intensivem Zitrusduft. (FRANK GALYON, USA. Magnolia 27 (1) 51: 1991).

'Two Stones'. Durch Colchizinbehandlung erzielte, polyploide Sorte. In allen Teilen größer als der Typ. (AUGUST KEHR, USA,1991 registriert).

'Waterlily'. Wuchs stärker aufrecht als beim Typ. Blüten in der Knospe rosa, aufgeblüht weiß, stark duftend, Tepalen 14 bis 18, etwas größer als beim Typ, von stabiler Textur. (Morton Arb. Bull. 14: 1939). AGM 1993.

Magnolia wilsonii (FINEAT et GAGNEP.) REHDER

Xikang-Magnolie, Wilsons Magnolie

Untergattung Magnolia, Untersektion Oyama
(Synonym *M. ×highdownensis* Dandy, *M. parviflora* BL. var. *wilsonii* FINET et GAGNEP., *Oyama wilsonii* (FINET et GANGNEP.) N.-H. XIA et C.Y. WU)

Magnolia wilsonii

M. wilsonii (chinesisch xi kang tian nü hua) ist ein sommergrüner, bis 10 m hoher, offenkroniger Baum oder Strauch mit graubrauner Rinde, die deutlich mit Lentizellen besetzt ist. Die Triebe sind dunkel rötlich purpurn, die Zweige grau gefärbt und anfangs dicht rostbraun seidig beharrt. Die Endknospen und 1–3(–5) cm langen Blattstiele sind dicht rostbraun seidig behaart. Elliptisch-eiförmig bis länglich-eiförmig sind die 6,5–12(–20) cm langen, an der Spitze spitzen oder zugespitzten, an der Basis abgerundeten oder leicht herzförmigen Blätter. Sie sind oberseits glänzend dunkelgrün und entlang der Nervatur anliegend silbergrau, unterseits auf der Nervatur gelblich oder rostbraun behaart. Aus eiförmigen Knospen entfalten sich die stark nickenden, 10–12 cm breiten, weißen, duftenden, anfangs kugeligen, aufgeblüht kelchförmigen Blüten, die sich im Mai-Juni öffnen. Von den 9 (bis 12) 8–7,5 cm langen Tepalen sind die drei äußeren, breit löffelförmigen oder verkehrt eiförmigen 4(–6,5) lang. Das eiförmig-zylindrische Gynoeceum ist 1,5–2 cm lang. Auffallend magentarot sind die 0,6–1,2 cm langen Staub- und Fruchtblätter. Purpurrot sind die hängenden, zylindrischen, 6–10 cm langen, zur Reife im September-Oktober purpurn braunen Sammelfrüchte. WHZ 7a. AGM 1993.

Heimisch ist *M. wilsonii* in der südzentral-chinesischen Provinz Guizhou, in Zentral- und West-Sichuan sowie in Nord-Yunnan. Sie kommt dort in Wäldern, Dickichten und offenen Landschaften in Höhen von 1900 bis 3000 m vor. *M. wilsonii* gilt nach der Roten Liste der IUCN 2017 als fast bedroht. In China werden Blüten und Rinde, wie bei der Arznei-Magnolie, *M. officinalis*, medizinisch genutzt.

M. wilsonii wurde 1904 durch Ernest Henry Wilson im östlichen Sichuan entdeckt, nach Großbritannien eingeführt und 1906 als *Magnolia globosa* beschrieben. Im gleichen Jahr wurde die Art von Finet und Gagnepain *Magnolia sieboldii* var. *wilsonii* genannt. Alfred Rehder hat die Sippe in den Rang einer Art erhoben und ihr in Erinnerung an den erfolgreichsten Pflanzensammler des frühen 20. Jahrhunderts, Ernest Henry Wilson, den heute gültigen Namen *M. wilsonii* verliehen.

Während Wilson die Art 1904 noch als häufig vorkommend beschrieben hat, sind die Habitate gegenwärtig in Umfang und Qualität zurückgegangen.

Nickende, schneeweiße Blüten und auffallende Staubblätter sind die dekorativen Merkmale der Art. Von der ihr nahe verwandten *M. sieboldii* unterscheidet sich *M. wilsonii* durch die schmaleren, mehr elliptischen Blätter und die dickeren Zweige, von der seltener kultivierten *M. globosa* durch die gelblich behaarten Blätter und Triebe, die bei *M. sieboldii* und *M. wilsonii* braun oder purpurn behaart sind.

'Eileen Baines'. Wuchs strauchförmig, in 15 Jahren etwa 2,5 m hoch. Blüten reinweiß, stark duftend, bis 15 cm breit, erste Blüten 2007. (Richard Baines, Millbarn, Castle Douglas, Großbritannien, 2000).

Magnolia zenii Cheng
Zen-Magnolie
Untergattung Yulania, Untersektion Yulania

M. zenii (chinesischer Name unbekannt) ist ein sommergrüner, 5–11 m hoher Baum mit einer glatten, hellgrauen Rinde. Die purpurn braunen Triebe sind spärlich mit Lentizellen bedeckt. Verkehrt eiförmig sind die 7–16 cm langen, dünnen, an der Spitze kurz zugespitzten, an der Basis keilförmigen Blätter mit den 8 bis 10 Paar Seitennerven. Die Blätter sind oberseits dunkelgrün und kahl, unterseits hellgrün und entlang der Nervatur lang kraus behaart.

Magnolia zenii

Magnolia zenii

Die Blattstiele sind 0,6-1,5 cm lang. Etwa 13 cm breit sind die stark duftenden, hellrosa bis weißen, außen tief rosarot gestreiften Blüten mit den neun spatelförmigen, 7–8 cm langen Tepalen, die alle gleich lang sind. Das sitzende Gynoeceum hat zahlreiche Fruchtblätter. Die Staubfäden sind purpurrot gefärbt. Blütezeit sind die Monate Februar-März. Die zylindrischen, rosaroten Sammelfrüchte sind 5–7 cm lang, sie reifen im August-September. WHZ 6b.

M. zenii besiedelt nur ein sehr kleines Areal in der südost-chinesischen Provinz Jiangsu. Sie kommt dort in Höhen von 250–300 m in einer Population von 18 Individuen ausschließlich in Chu-yun Hsien am Mt. Bao-hua vor und ist akut vom Aussterben bedroht.

Das von W. C. Cheng vergebene Artepitheton *zenii* erinnert an H. C. Zen, den Direktor der chinesischen Stiftung zur Förderung von Bildung und Kultur.

M. zenii wurde als blühende Pflanze am 31. März 1933 von W. C. Cheng in entdeckt und im gleichen Jahr von ihm beschrieben. Erste Pflanzen wurden am Jingsu Institut für Botanik und im Sun Yat-sen Botanischen Garten, Nanjing, kultiviert.

M. zenii wurde 1980, anlässlich der chinesisch-amerikanisch-botanischen Expedition, aus dem Sun Yat-Sen Botanischen Garten in Nanjing in die USA eingeführt. Der Direktor des Botanischen Gartens, He Shan-am, konnte Saatgut vom Naturstandort an Stephen Spongberg vom Arnold Arboretum, Jamaica Plain, Massachusetts, und an T. R. Dudley vom U.S. National Arboretum, Washington D.C., USA, übergeben. Als erste Pflanze außerhalb Chinas hat im März 1988 ein 3,5 m hohes Exemplar von *M. zenii* im Arnold Arboretum geblüht.

Nach Erfahrungen aus den USA und der Magnoliensammlung von Thomas Kalb im „Urzeitwald Waldhilsbach" ist *M. zenii* in der Winterhärtezone 6b ausreichend frosthart.

M. zenii unterscheidet sich von der ähnlichen *M. decidua* durch die mehr länglichen, kurz zugespitzten Blätter und die tief rosa gestreiften Blüten. Die Blüten von *M. zenii* entfalten sich zwei Wochen früher als die von *M. denudata*. Juvenile Pflanzen von *M. zenii* lassen sich leicht durch Stecklinge vermehren. So kann die Art in kultivierten Pflanzen überleben.

Magnolia zenii, Blüten mit stark behaarten Knospenschuppen

'Pink Parchment'. Wuchs baumförmig. Blüten deutlich größer als die der Art, weiß, außen mit einem purpurroten, von der Basis bis zur Spitze der Tepalen reichenden purpurrosa Streifen, innen weiß, süß duftend, Tepalen 9 bis 11. Bisher einzige Sorte der Art. Selektion aus Samen des oben genannten Baumes im Arnold Arboretum, Jamaica Plain, Massachusetts, USA. WHZ 6b.

Nordamerikanische Arten

Nordamerikanische Magnolien unterscheiden sich von den in Ostasien heimischen Arten unter anderem durch ihre spät aufblühenden Blüten. Während die Blüten zahlreicher ostasiatischer Arten vor der Laubentfaltung aufblühen, öffnen sich die Blüten nordamerikanischer Arten erst nach der Laubentfaltung. Nordamerikanische Arten haben überwiegend weiße Blüten, abgesehen von *M. acuminata* mit ihren unspektakulären gelblich grünen Blüten. Bei ostasiatischen Magnolien kommen neben weißen auch rosa bis tief purpurn gefärbte Blüten vor. In Ostasien sind die weitaus meisten der etwa 245 Magnolienarten heimisch, in Nordamerika dagegen nur, je nach Auffassung, sechs oder acht.

Natürliche Vorkommen nordamerikanischer Magnolien finden sich ausschließlich in den östlichen USA-Staaten, von New York südwärts bis Florida und westwärts bis Ohio, Kentucky, Tennessee und Alabama. Nur eine Unterart der Großblättrigen Magnolie, *M. macrophylla* subsp. *dealbata*, hat ihre natürliche Verbreitung in Mexiko.

Magnolia acuminata var. *acuminata* (L.) L.

Gurken-Magnolie

Sektion Yulania, Untersektion Tulipastrum

M. acuminata var. *acuminata* (englisch Cucumber-Tree) entwickelt sich zu einem bis 30 m hohen, einstämmigen Baum, dessen Stamm einen Durchmesser von etwa 1 m erreichen kann. Die anfangs kegelförmige, locker aufgebaute Krone wird im Alter mehr oder weniger breit und ausladend. Die hellbraune bis braune Borke ist an älteren Bäumen gefurcht, sie blättert in kleinen Schuppen ab. Die dicken, rötlich braunen Triebe sind, wie die schmal elliptischen Endknospen, kahl oder schwach silbrig behaart. Verkehrt eiförmig, eiförmig oder breit elliptisch sind die 10–30 cm langen, an der Spitze lang oder kurz zugespitzten, an der Basis abgerundeten bis keilförmigen, am Saum oft gewellten Blätter mit den 10 bis 13 Paar Seitennerven. Die Blätter sind oberseits gelb-

Magnolia acuminata var. *acuminata* mit herbstlich gefärbten Blättern

Magnolia acuminata var. *acuminata*

lich grün oder dunkelgrün und kahl, unterseits heller und kahl oder deutlich weich behaart. Im Herbst färben sich die Blätter schmutzig gelb. Die Blattstiele sind 2–4 cm, die Nebenblätter 3–4 cm lang. Im Juni-Juli entfalten sich die 6–9 cm breiten, glockigen Blüten. Von den 9 Tepalen sind die drei äußeren lanzettlich, grünlich gelb, oft bläulich überhaucht und auswärts gebogen, die inneren stehen aufrecht, sind bogig zusammengeneigt und cremeweiß bis hellgelb gefärbt. Im Spätsommer oder Frühherbst reifen die zylindrischen oder länglichen, 2–7 cm langen Sammelfrüchte mit den roten oder orangefarbenen Samen. WHZ 5a.

M. acuminata ist in den östlichen US-Staaten weit, aber stets zerstreut verbreitet, von New York, Ohio und Süd-Indiana südwärts bis Nordwest-Florida und westwärts bis Louisiana und Arkansas.

M. acuminata gedeiht bevorzugt auf tiefgründigen, nährstoffreichen Böden in sommergrünen Wäldern, an feuchten, nord- und ostwärts geneigten Hängen und an Flussufern in Höhen von 0–1500 m. Etwa 60 % der Population gedeiht in den Appalachen. Im nördlichen und zentralen Hochland der Appalachen kommt *M. acuminata* zusammen mit folgenden Baumarten vor: Zucker-Ahorn, *Acer saccharum*, Tulpenbaum, *Liriodendron tulipifera*, Gelbe Ross-Kastanie, *Aesculus flava*, Schwarznuss, *Juglans nigra* und verschiedene Eichenarten. Auf dem Alleghany-Plateau, im nördlichen Pennsylvania und im südlichen New York gehört *M. acuminata* mit Später Traubenkirsche, *Prunus serotina*, Gelb-Birke, *Betula alleghaniensis*, Zucker-Birke, *Betula lenta*, Kanadischer Hemlocktanne, *Tsuga canadensis*, Rot-Eiche, *Quercus rubra* und Amerikanischer Butternuss, *Juglans cinerea*, zu den dominanten Baumarten. In der zweiten Baum- oder Strauchschicht gedeihen unter anderem Amerikanischer Schlangenhaut-Ahorn, *Acer pensylvanicum*, Virginische Zaubernuss, *Hamamelis virginiana* und Erlenblättriger Schneeball, *Viburnum lantanoides*. In den Eichen-Wäldern des amerikanischen Ostens, in denen Weiß-Eichen, *Quercus alba*, Rot-Eichen, *Quercus rubra* und Färber-Eichen, *Quercus velutina*, dominieren, finden sich neben *M. acuminata* unter anderem auch der Sauerbaum, *Oxydendrum arboreum*, der Fenchelholzbaum, *Sassafras albidum*, und die Schnee-Felsenbirne, *Amelanchier arborea*.

M. acuminata var. *acuminata* gilt nach der Roten Liste der IUCN 2017 als wenig bedroht.

Nach Callaway (1994) wurde *M. acuminata* in den 1770er Jahren von dem Bezirksangestellten und Pflanzenenthusiasten John Clayton in Virginia entdeckt, 1737 von Mark Catesbey (1638–1749) beschrieben und 1759 von Linné auf der Grundlage der Beschreibungen von Catesbey benannt. Nach Bean (1973) wurde *M. acuminata* von dem amerikanischen Botaniker, Gärtner und Pflanzensammler John Bartram entdeckt und 1736 nach Großbritannien eingeführt. Die von Peter Collins herangezogenen Pflanzen blühten erstmals am 20. Mai 1762.

Die frosthärteste aller Magnolien ist bei uns ein vergleichsweise selten gepflanzter, langlebiger Parkbaum, der beträchtliche Ausmaße erreichen kann. Nach der Rekordbaumliste der Deutschen Dendrologischen Gesellschaft steht der stärkste Baum seiner Art im Würzburger Ringpark, er hatte 2014 eine Höhe von 14 m, eine Kronenbreite von 16 m und einen Stammdurchmesser in Brusthöhe von 2,93 m.

Von *M. acuminata* var. *acuminata* und der var. *subcordata* stammen mittel- oder unmittelbar alle gelb blühenden, sommergrünen Magnoliensorten ab.

'Blue Opal'. Blüten in der Knospe auffallend schieferblau überhaucht, aufgeblüht stärker grünlich gelb.

'Busey'. Großer, besonders frostharter Baum. Blüten in der Knospe außen stahlblau, sich grünlich öffnend, innen gelblich. (J. C. McDaniel, USA. Newsl. Amer. Magnol. Soc. 9 (2): 1973)

'Fertile Myrtle'. Blüten teilweise selbstfertil, schon als junge Pflanze reich blühend. Selbstfertile Sorte. (Phil Savage, USA. Magnolia 24 (2) 46: 1989).

'Golden Glow'. Blüten gelb, ohne grüne Schattierung an der Basis. (1975 aus einer Population in den Smoky Mts., Servier County, Tennessee, selektiert, 1975 von Frank Galyon registriert).

'Klassen'. Wuchs stark. Blätter im Herbst dunkelgelb. Blüten selbstfertil, deshalb reich fruchtend. (J.C. McDaniel, USA. Newsl. Amer. Magnol. Soc. 9 (2): 1973).

Magnolia acuminata var. *acuminata* 'Busey'

'Large Yellow'. Blüten hellgelb, größer als bei *M. acuminata* var. *acuminata*. Schon als junge Pflanze reich blühend. (Dirr (2009))

'Laser'. Durch Colchizin-Behandlung erzielte, polyploide Sorte. Blätter größer und dicker als die der Art. (August Kehr, USA. Magnolia 27 (1) 51: 1991)

'Moegi Dori'. Blüten groß, gelb, Tepalen 7,5 cm lang. (Takashi Nakamura, Japan. Otto Eisenhut, Schweiz, Katalog 1989).

'Patriot'. Durch Colchizin-Behandlung erzielte, oktoploide Sorte. Sämling von 'Fertile Myrtle'. Blätter größer und dicker als bei ‹Fertile Myrtle›. (August Kehr, USA. Magnolia 27 (1) 51, 1991).

Magnolia acuminata var. *acuminata* 'Moegi Dori'

Magnolia acuminata var. *acuminata* 'Moegi Dori'

'Philo'. Blüten in der Knospe stahlblau, geöffnet anfangs grünlich gelb, bläulich überhaucht, später gelb, selbstfertil, deshalb starker Fruchtansatz. Selektion aus Nachkommen eines Baumes in Philo, Illinois. (J.C. McDaniel, USA, 1969 registriert).

'Seiju'. Blüten leicht schillernd bläulich grün. (Takashi Nakamura, Japan. Gardiner (2000)).

'Ultimate Yellow'. Wuchs strauchförmig, etwa 2 m hoch. Blüten sattgelb, an der Basis grünlich. (J. C. McDaniel, 1991 durch Harry Heinemann, USA, selektiert).

Magnolia acuminata var. *acuminata* 'Seiju'

Magnolia acuminata var. *subcordata* (Spach)

Dandy

Gelbe Gurken-Magnolie

Sektion Yulania, Untersektion Tulipastrum
(Synonym *M. cordata* Michx.)

M. acuminata var. *subcordata* entwickelt sich zu einem kleinen, 5–9 m hohen Baum. Die Triebe sind bis zum zweiten Jahr dicht behaart. Eiförmig bis elliptisch sind die 8–15 cm langen, an der Spitze kurz zugespitzten oder stumpfen, an der Basis keilförmigen bis abgerundeten, unterseits blaugrünen, behaarten Blätter. Die glockigen, 4–5 cm breiten Blüten sind kanariengelb gefärbt und ohne grünliche Tönung an der Basis. Die Blüten öffnen sich im Mai-Juni. Länglich-eiförmig sind die 2,5–3,5 cm langen Sammelfrüchte.

Die Unterart besiedelt in North Carolina, Georgia und Alabama die atlantischen Küstenebenen und das Piedmont, der plateauartigen Region zwischen dem Atlantik und dem zentralen Abschnitt der Appalachen. Sie wurde etwa 1780 von André Michaux nahe Augusta, Georgia, entdeckt und von ihm als *M. cordata* beschrieben.

Saatgut von *M. acuminata* var. *subcordata* ist durch John Lyon und John Fraser 1801 nach Großbritannien gekommen. Durch Stecklinge vermehrte Pflanzen kamen 1803 nach Frankreich und Großbritannien.

Die Gelbe Gurken-Magnolie kann dank ihres moderaten Wuchses auch in kleineren Gärten Platz finden. Die Blüten sind durch ihre gelbe Farbe deutlich attraktiver als die grünlich gelben Blüten von *M. acuminata* var. *acuminata*.

'Brenda'. Wuchs baumförmig, kompakt, tetraploid. Blätter derb, dunkelgrün. Blü-

Magnolia acuminata var. *subcordata*

Magnolia acuminata var. *subcordata*

ten klein, aber sehr zahlreich, sattgelb, dunkler als andere Sorten von *M. acuminata* var. *subcordata*. (MIKE STANSBERRY, USA).

'Ellen'. Wuchs aufrecht. Blätter gelb gesprenkelt. (A. J. FORDHAM, Arnold Arboretum, Jamaica Plain, Massachusetts, USA. Magnolia 20 (1) 37: 1984).

Magnolia acuminata var. *subcordata* 'Kinju'

'Kinju'. Wuchs aufrecht, in 10 Jahren 3 m hoch. Blüten leuchtend gelb, an der Basis grün überhaucht, größer als die Blüten von *M. acuminata* var. *subcordata*, spät aufblühend.

'Koban Dori'. Wuchs aufrecht, baumförmig, 4,5–6 m hoch. Blüten glockig, 5–7,5 cm breit, mittelgelb, nur schwach grünlich überhaucht. (Selektion von TAKASHI NAKAMURA, Japan, vermutlich aus *M. acuminata* var. *subcordata*. Otto Eisenhut, Schweiz, Katalog 1989).

Magnolia acuminata var. *subcordata* 'Koban Dori'

'Miss Honeybee'. Wuchs baum- oder strauchförmig, etwa 9 m hoch, die Krone 3 m breit, schon als junge Pflanze reich blühend. Blätter mittel- bis dunkelgrün, besser gefärbt als andere Sorten von M. *acuminata* var. *subcordata*. Blüten sattgelb, leicht, aber angenehm duftend. (JAMES MERRILL Nursery, USA. CALLAWAY (1994)).

Magnolia acuminata var. *subcordata* 'Mister Yellow Jacket'

'Mister Yellowjacket'. Wuchs baumförmig, kugelkronig, bis 7,5 m hoch. Blüten lebhaft kanarien- bis orangegelb, sehr zahlreich. (RICHARD FIGLAR, USA. Magnolia 29 (2) 56: 1994).

'Syland's Best'. Blätter dunkelgrün. Blüten gelb, etwa 15 cm breit, früh aufblühend. (RICHARD FIGLAR, USA. Magnolia 20 (1) 37: 1984).

Magnolia fraseri var. *fraseri* WALTER

Frasers Magnolie

Sektion Auriculata

M. fraseri var. *fraseri* (englisch Mountain Magnolia, Fraser Magnolia) ist ein sommergrüner, bis 25 m hoher, ein- oder oft mehrstämmiger Baum mit einer unregelmäßigen, offenen, oft reich verzweigten Krone. Die graue, graubraune oder leicht grünlich braune Rinde ist glatt oder im Alter leicht aufgeraut. Die kahlen Triebe sind rötlich braun oder grünlich braun, die Zweige grau. Die schlanken, 3–5 cm langen Endknospen sind grünlich oder grünlich purpurn. Die 20–30(–40) cm langen, ziemlich dünnen, an den Triebenden schirmartig gehäuft stehenden, verkehrt eiförmigen oder nahezu spatelförmigen Blätter mit den 9 bis 11 Paar Seitennerven haben ihre größte Breite nahe oder knapp oberhalb der Spreitenmitte. Sie sind an der Spitze spitz, an der Basis tief herzförmig oder geöhrt, im Austrieb bräunlich rot überlaufen, später oberseits mittelgrün und kahl, unterseits stark bläulich bereift und ebenfalls kahl. Die Blattstiele sind 3–5 cm lang. Im Herbst färben sich die Blätter oberseits dunkel lederbraun, unterseits bleibt die bläuliche Färbung erhalten. Die schalenförmigen, 16–22 cm breiten, aufrecht stehenden, duftenden Blüten haben 9 Tepalen. Die äußeren, grünlich weißen sind etwas kürzer als die inneren, sie sind zurückgebogen und hinfällig, die inneren Tepalen sind cremeweiß. Die 1,3–2,5 cm langen Staubblätter sind weiß. Die Blüten öffnen sich im Mai-Juni. Im Spätsommer oder Frühherbst reifen die 6–13 cm langen, regelmäßig ellipsoiden oder gurkenförmig gekrümmten, anfangs rosaroten, zur Reife braunen oder purpurnen Sammelfrüchte. WHZ 6b.

Magnolia fraseri var. *fraseri*

In den südöstlichen US-Staaten Virginia bis Georgia und Alabama hat *M. fraseri* var. *fraseri* ihre natürliche Verbreitung in montanen Lagen der südlichen Appalachen. Sie besiedelt in Höhen von 600 bis 1050 m Täler und Schluchten, Hänge und Flussufer. *M. fraseri* ist als Endemit der Südappalachen eine Charakterart des montanen Galax-Roteichenwaldes, der ärmste und trockenste Standorte besiedelt, aber auch auf basenarmen Böden mit größerer Feuchtigkeit vorkommt.

Magnolia fraseri var. *fraseri*

Hauptbaumarten dieses Waldtyps sind Weiß-Eiche, *Quercus alba*, Kastanien-Eiche, *Quercus prinus*, und Zucker-Birke, *Betula lenta*. In der Baumschicht kommen außerdem Rot-Ahorn, *Acer rubrum*, Zucker-Ahorn, *Acer saccharum*, Amerikanische Esche, *Fraxinus americana*, und Hickory-Arten vor. In der Strauchschicht finden sich Breitblättrige Lorbeerrose, *Kalmia latifolia*, Rispige Lyonie, *Lyonia ligustrina*, Virginische Zaubernuss, *Hamamelis virginiana*, Riesen-Rhododendron, *Rhododendron maximum*, Alleghany-Felsenbirne, *Amelanchier laevis*, Amerikanischer Schlangenhaut-Ahorn, *Acer pensylvanicum*, und die Kletterpflanze *Smilax rotundifolia*, Rundblättrige Stechwinde. In anderen Waldtypen tritt *M. fraseri* nur sporadisch auf. Sie gilt nach der Roten Liste der IUCN 2017 als wenig bedroht.

M. fraseri wurde 1788 von dem englisch-amerikanischen Botaniker THOMAS WALTER (1740–1789) beschrieben und nach seinem Freund und Mitarbeiter, dem schottischen Baumschuler JOHN FRASER (1750–1811), benannt, der zwischen 1780 und 1810 zahlreiche Pflanzen nach Großbritannien geschickt hat. Nach Großbritannien kam *M. fraseri* var. *fraseri* 1786 zeitgleich, aber unabhängig voneinander durch J. FRASER und WILLIAM BARTRAM, der die Art 1791 als *Magnolia auriculata* beschrieben hat.

Obwohl durch die großen Blüten und die herzförmig-geöhrten Blätter durchaus attraktiv, ist *M. fraseri* ein seltener Gast in unseren Gärten. Ein Grund dafür ist die schlechte Vermehrbarkeit. Von einer größeren Samenportion, die FRED-GÜNTER SCHRÖDER 1970 von seinem USA-Aufenthalt aus den Appalachen nach Göttingen mitgebracht hat, keimten nur wenige, sehr langsamwüchsige Pflanzen, von denen schließlich keine überlebt hat. Aussaatversuche des Autors Anfang der 1970er Jahre mit Saatgut von einem etwa 80jährigen Baum im Forstbotanischen Garten Hann. Münden waren ebenfalls erfolglos. Vielleicht ist die an ihren Naturstandorten an arme Böden angepasste Art auf Mykorrhiza angewiesen.

M. fraseri kann auch in Deutschland alt werden. Als einziges älteres Exemplar weist die Rekordbaumliste der Deutschen Dendrologischen Gesellschaft einen Baum im Forstbotanischen Garten Tharandt auf. 2011 hatte sein Stamm einen Umfang in Brusthöhe von 1,58 m.

Magnolia fraseri var. *pyramidata*

Magnolia fraseri var. *pyramidata* (BARTRAM) PAMP.

Sektion Auriculata
(Synonym *Magnolia pyramidata* BARTRAM, *M. auriculata* var. *pyramidata* (BARTRAM) NUTT.)

M. fraseri var. *pyramidata* (englisch Pyramid Magnolia) wächst etwas schwächer als die var. *fraseri*, wird 10–17 m hoch und baut eine kegelförmige, mehr oder weniger dicht verzweigte Krone auf. Die 18–25 cm langen, verkehrt eiförmigen oder nahezu spatelförmigen, an der Basis geöhrten

Blätter haben ihre größte Breite deutlich oberhalb der Spreitenmitte. Die Blätter sind oberseits gelblich grün oder mattgrün und kahl, unterseits oft bläulich weiß bereift. Die creme- oder gelblich weißen Blüten sind 12–18 cm breit. Die länglichen oder schmal elliptischen Sammelfrüchte sind 4–9 cm lang. WHZ 6b.

M. fraseri var. *pyramidata* kommt von South Carolina südwärts bis zum nördlichen Florida und westwärts bis zum östlichen Texas vor. Vor allem im Bereich der atlantischen Küstenebenen werden in Höhen von 0–120 m feuchte bis trockene Standorte in Wäldern, an Hängen, auf Schluchtböden und die Ufersäume kleiner Flüsse besiedelt.

M. fraseri var. *pyramidata* kam 1806 durch William Bartram nach Großbritannien. Die Unterart dürfte in Europa wohl noch seltener in Kultur zu finden sein als die var. *fraseri*.

Magnolia grandiflora L.

Immergrüne Magnolie

Sektion Magnolia

M. grandiflora (englisch Southern Magnolia, Evergreen Magnolia, Bull Bay) ist ein immergrüner, bis 37 m hoher, einstämmiger Baum mit einer reich verzweigten, kegelförmigen Krone aus aufsteigenden und abstehenden Ästen. Die dunkelgraue oder bläulich graue, anfangs glatte Borke ist im Alter unregelmäßig gefurcht und schuppig. Die dicken Triebe und die Endknospen sind gelblich grün bis braun behaart. Die derb ledrigen, sehr steifen, elliptischen, eiförmigen oder verkehrt eiförmigen, an der Spitze spitzen, an der Basis keilförmigen Blätter mit den 9 bis 11 Paar Seitennerven sind 10–30 cm lang. Sie sind oberseits glänzend dunkelgrün, unterseits dicht rötlich, orangefarben oder rostbraun filzig behaart (die filzige Behaarung wird als Indumentum bezeichnet und wirkt als Verdunstungsschutz). Die Blätter haben eine Lebensdauer von 15 bis 20 Jahren. Die Blattstiele sind 2–5 cm lang. Bis 25 cm breit sind die cremeweißen, anfangs urnenförmigen, zuletzt weit geöffneten, stark nach Zitronen duftenden Blüten mit den 5 bis 15 dick fleischigen, spatelförmigen oder eiförmigen,

Magnolia grandiflora, Unterseite junger Blätter

Magnolia grandiflora

Magnolia grandiflora, geöffnete Sammelfrüchte mit roten Samen

5–15 cm langen Tepalen. Das karmesinrote Gynoeceum ist behaart. Die 1,3–2,5 cm langen Staubblätter haben cremeweiße Staubbeutel und karmesinfarbene Staubfäden. Die Blüten entfalten sich über einen langen Zeitraum, von Mai bis August. Die symmetrischen, ellipsoiden oder länglichen, rosaroten Sammelfrüchte sind 5–10 cm lang, die Früchtchen sind dicht ockerbraun behaart. Die Früchte reifen von September bis zum Spätherbst. WHZ 8a, einige Sorten bis WHZ 7b.

Die natürliche Verbreitung von *M. grandiflora* reicht von North Carolina und dem südlichen Georgia entlang der Atlantikküste südwärts bis Zentral-Florida, westwärts durch die südliche Hälfte von Georgia, Alabama und Mississippi und Louisiana bis zum östlichen Texas. Schwerpunkte der Verbreitung liegen in Louisiana, Mississippi und Texas. *M. grandiflora* besiedelt häufig nährstoffreiche, lehmige, feuchte Böden an Flussufern und in der Nähe von Sümpfen der Küstenebenen in Höhen von 0–120 m. Sie gilt nach der Roten Liste der IUCN als wenig bedroht.

Magnolia grandiflora, dichte Wandbegrünung

M. grandiflora bildet keine Reinbestände, sie kommt vielmehr als Begleitbaumart in Waldgesellschaften vor, die von folgenden Baumarten repräsentiert werden: Palmetto-Palme, *Sabal palmetto*, Weihrauch-Kiefer, *Pinus taeda*, Live Oak, *Quercus virginiana*, Chestnut Oak, *Quercus similis*, Cherrybark Oak, *Quercus pagoda*, und dem Tupelobaum, *Nyssa sylvatica*. Andere Begleitbaumarten der Immergrünen Magnolie sind Amerikanische Buche, *Fagus grandifolia*, Amerikanischer Amberbaum, *Liquidambar sty-*

raciflia, Tulpenbaum, *Liriodendron tulipifera*, Sichelblättrige Eiche, *Quercus falcata*, Weiß-Eiche, *Quercus alba*, Spottnuss, *Carya tomentosa*, und Ferkelnuss, *Carya glabra*. In der Strauchschicht gedeihen Herkuleskeule, *Aralia spinosa*, Amerikanischer Blumen-Hartriegel, *Cornus florida*, Amerikanisches Pfaffenhütchen, *Euonymus americanus*, Amerikanische Schönfrucht, *Callicarpa americana*, Wachsmyrte, *Myrica cerifera*, Jungfernrebe, *Parthenocissus quinquefolia*, Kletternder Gift-Sumach, *Toxicodendron radicans*, und Muscadiner Rebe, *Vitis rotundifolia*.

M. grandiflora ist 1734 in England eingeführt worden, ab 1745 wurde sie auch in Deutschland kultiviert.

Das mittelschwere, gelblich weiße, leicht zu bearbeitende Holz von *M. grandiflora* besitzt eine feine, ebenmäßige Struktur, es wird zu Jalousien, Möbeln, Paneelen und Furnieren verarbeitet. Blüten, Blätter und Rinde der Immergrünen Magnolie haben eine medizinische Bedeutung. Bei den Choctaw-Indianern wurden Rindenauszüge zur Behandlung von Hautschäden und Juckreiz eingesetzt.

Magnolia grandiflora im Botanischen Garten Frankfurt

Die besonders windresistente Art wird nicht nur in den USA, sondern weltweit in wintermilden Klimazonen als Park- und Straßenbaum gepflanzt. In Deutschland steht die stärkste Immergrüne Magnolie nach der Rekordbaumliste der Deutschen Dendrologischen Gesellschaft wohl im Botanischen Garten Frankfurt. Der 1956 gepflanzte Baum hatte 2015 einen Stammumfang in Brusthöhe von 1,35 m, eine Höhe von 16,5 m und eine Kronenbreite von 9 m.

Von *M. grandiflora* sind mehr als einhundert Sorten beschrieben worden. Als vergleichsweise frosthart gelten die Sorten ALTA ('TMGH'), 'D.D. Blanchard' 'Blackwell', 'Bracken's Brown Beauty', 'Edith Bogue', 'Kay Parris', 'Pioneer', 'Poconos', 'Samuel Sommer', 'Select Nr. 3', 'Simpsons Hardy', 'November Fox' und 'Twenty-Four Below'.

M. grandiflora-Sorten benötigen in Kultur einen wintermilden, sommerwarmen, vollsonnigen Platz und einen frischen, sauren bis neutralen, sandig-lehmigen oder lehmig humosen Boden. Längere Trockenperioden und starke Bodennässe werden nicht ertragen. Langfristige Kulturerfolge sind nur in der Winterhärtezone 7b oder an kleinklimatisch sehr günstigen Plätzen in der Zone 7a zu erwarten.

Neben den zitronig duftenden Blüten, die sich vom Mai bis zum Hochsommer nach und nach öffnen, haben auch die Blattunterseiten einiger Sorten einen hohen dekorativen Wert. Bei flachstehender Sonne kommen die durch ihr starkes Indumentum in rostroten oder orange- bis rostbraunen Farben samtig wirkenden Blattunterseiten besonders gut zur Geltung. Das trifft unter anderem auf die Sorten 'D.D. Blanchard', 'Ferruginea', 'Brown Velvet' und 'Kay Paris' zu.

Alta ('TMGH'). Wuchs säulen- bis schmal eiförmig, etwa 6 m hoch, die Krone 2 m breit. Blätter oberseits stark glänzend dunkelgrün, Indumentum karamellfarben. Blüten weiß, duftend, kelchförmig, 20–25 cm breit. Sämling von *M. grandiflora*

Magnolia grandiflora 'Baby Grand'

Baby Grand (**'STRgra'**). Wuchs strauchförmig, kompakt, dicht belaubt, bis 3,5 m hoch, 1,5 m breit. Blätter vergleichsweise klein, glänzend dunkelgrün, unterseits mit einem dichten goldbraunen Indumentum. Blüten cremeweiß, nach Zitronen duftend, Nachblüten im Sommer. Gilt als eine der besten strauchförmigen Sorten.

'Blackwell'. Wuchs kompakt. Blätter am Saum gewellt. Schon als junge Pflanze blühend. (Louisiana Nursery, USA. Magnolia 25 (1) 47: 1989).

'Bracken's Brown Beauty'. Wuchs baumförmig, kompakt, reich verzweigt, 9–15 m hoch, die Krone 6–9 m breit, schon als junge Pflanze blühend. Blätter etwa 15 cm lang, am Saum gewellt, oberseits lackglänzend dunkelgrün, Indumentum rostbraun. Blüten weiß, duftend, 13–15 cm breit. In den südlichen USA neben 'Little Gem' die am häufigsten kultivierte Sorte. Gilt als besonders frosthart. (Ray Bracken, USA. Magnolia 23 (2) 47: 1988).

Magnolia grandiflora 'Brakken's Brown Beauty', Blattunterseiten mit braunem Indumentum

Magnolia grandiflora 'Brakken's Brown Beauty'

'Bronce Beauty'. Wuchs säulen- oder kegelförmig. Blätter 16–25,5 cm lang, im Austrieb zwei bis drei Wochen lang bronzefarben, unterseits mattgrün, kahl. (HAROLD HUME, USA. Morris Arb. Bull. 12: 1961).

'Charles Dickens'. Wuchs breit aufrecht. Blätter bis 25 cm lang, breiter als die des Typs, glänzend dunkelgrün, flexibel. Blüten bis 30 cm breit. Die Sammelfrüchte groß, dunkelrot, oft sehr zahlreich ausgebildet. Tetraploide Sorte, möglicherweise eine Hybride zwischen *M. grandiflora* x *M. macrophylla*. (Morris Arboretum Bull., 1965).

'Claudia Wannamaker'. Wuchs baumförmig, breit kegelförmig, 15–18 m hoch, die Krone 6–9 m breit, schon als junge Pflanze blühend. Blätter etwa 15 cm lang, oberseits dunkelgrün, Indumentum mitteldicht, hell rostbraun. Blüten cremeweiß, 7,5–10 cm breit, über einen langen Zeitraum aufblühend. In den USA häufig in Kultur. (JOHNNY BRAILSFORD, USA. Magnolia 25 (1) 47: 1989).

'Coppertop'. Bis 3 m hoher Strauch. Blätter unterseits mit einem auffallend kupferfarbenen Indumentum. Blüten wie bei der Art, im Herbst nachblühend. (Woodlanders Nursery, USA, Katalog 1990/91).

'D. D. Blanchard'. Wuchs baumförmig, kompakt, kegelförmig, etwa 15 m hoch, die Krone 8–11 m breit. Blätter attraktiv, breit elliptisch, oberseits glänzend dunkelgrün, Indumentum kupferfarben. Blüten weiß, kelchförmig, 12,5–15 cm breit. Für Deutschland eine der wichtigsten Sorten. (D. D. BLANCHARD, USA. Magnolia 25 (1) 47: 1989).

'Edith Bogue'. Wuchs mittelstark, bis etwa 10 m hoch. Blätter schmaler als die der Art, Indumentum hell rostbraun. Gilt als besonders frosthart. (Selektion aus Nachkommen eines Baumes in Florida, kultiviert im Garten von EDITH A. BOUGE, Montclair, New Jersey, USA. Gard. Chron. Amer. 445: 1941).

Magnolia grandiflora 'Charles Dickens', Sammelfrucht

Magnolia grandiflora 'Edith Bouge'

Magnolia grandiflora, Blattunterseiten mit goldbraunem Indumentum

'Exmouth' (Synonym 'Exoniensis', 'Lanceolata'). Wuchs anfangs säulenförmig, später schmal kegelförmig, schon als junge Pflanze blühend. Blätter schmaler als die der Art. Gilt als besonders frosthart. (Sir John Colliton, Exmouth, Großbritannien, vor 1737).

Magnolia grandiflora 'Kay Paris'

Magnolia grandiflora 'Kay Paris'

'Ferruginea'. Wuchs aufrecht, kompakt, rundkronig. Indumentum dunkel rostrot. Blüten cremeweiß, groß, kelchförmig, duftend. (Bot. Mag. 45: 1817).

'Gallisonniere'. Wuchs kegelförmig, frosthärter als die Art. Indumentum rötlich braun. Blüten bis 25 cm breit. In Europa häufig in Kultur. (André Leroy, Anger, Paris, Katalog 1856).

'Goliath'. Wuchs kompakt. Blätter breit eiförmig, bis 20 cm lang, an der Spitze abgerundet und mit aufgesetzter Spitze, am Saum gewellt, unterseits entlang der Mittelrippe behaart. Blüten kugelig, bis 30 cm breit, spät aufblühend. (Caledonia Nursery, Guernsey, 1910 selektiert).

Greenback (**'Mgtig'**). Wuchs schmal kegelförmig, bis 9 m hoch, dicht verzweigt. Blätter 10–13 cm lang, konvex, oberseits wachsartig glänzend dunkelgrün, unterseits zuletzt grün und kahl. Blüten etwas kleiner als die der Art. Gilt in den USA als besonders wertvolle Sorte. (John Barbour, Bold Spring Nursery, USA).

'Harold Poole'. Wuchs strauchförmig, kompakt. Blätter lanzettlich, bis 30 cm lang, nur etwa 3 cm breit, oberseits mittelgrün, die Mittelrippe gelblich grün. Blüten kleiner als die der Art. (Louisiana Nursery, USA. Magnolia 20 (1) 37: 1984).

'Hasse'. Wuchs baumförmig, dicht säulen- bis schmal kegelförmig, 14–15 m hoch, die Krone 5 m breit. Blätter schmaler als die der Art, oberseits stark glänzend schwärzlich dunkelgrün, Indumentum hell rostbraun. Blüten weiß, groß, kelchförmig. (Shady Grove Nursery, USA. Callaway (1994)).

'Kay Parris'. Sämling von 'Little Gem'. Wuchs baumförmig, schmal kegelförmig, kompakt, 8–9 m hoch, die Krone 3–4 m breit, schon als junge Pflanze reich blühend. Blätter kleiner und schmaler als die der Art, oberseits glänzend dunkelgrün, Indumentum dicht, braun. Blüten weiß, 18–20 cm breit. Für Deutschland eine der wichtigsten Sorten. (Gilbert's Nursery, USA. Rare Find Nursery Catalog 2007). AGM 2012.

'Little Gem'. Wuchs meist strauchförmig, fein verzweigt, in 20 Jahren etwa 6 m hoch, Krone bis 4,5 m breit, schon als junge Pflanze blühend. Blätter 10–12 cm lang, oberseits glänzend dunkelgrün, Indumentum rostfarben, reich ausgebildet. Blüten 7,5–10 (–15) cm breit, bis zum Oktober nachblühend. (Steed's Nursery, USA, 1966).

Magnolia grandiflora 'Little Gem'

MAJESTIC BEAUTY (**'Moonland'**). Wuchs breit kegelförmig bis eiförmig, bis 15 m hoch, Krone im Alter aufgelockert und unregelmäßig. Blätter von grober Textur, größer als die der Art, oberseits glänzend dunkelgrün, Indumentum nur schwach ausgebildet. Blüten bis 28 cm breit, sehr zahlreich, Tepalen 12. Möglicherweise eine Hybride mit *M. virginiana.* (Monrovia Nursery, USA, 1963).

'November Fox'. Blüten reinweiß, 18–20 cm breit, Tepalen 9, nahezu rundlich, die sechs äußeren ausgebreitet, die drei inneren aufrecht (MICHAEL GOTTSCHALK, Deutschland, seit 2017 in Kultur).

'Ruff'. Wuchs sehr stark, höher als zahlreiche andere Sorten. Blätter oberseits tiefgrün, Indumentum sehr dicht, rotbraun. (GARDINER (2000)).

'Russet'. Wuchs säulen- bis kegelförmig, dicht verzweigt. Blätter elliptisch, oberseits dunkelgrün, Indumentum auffallend dicht, orangebraun. Blüten zahlreich, Tepalen 16. Ähnlich 'Little Gem', aber frosthärter als diese. (VAN RENSSELAER, Journ. Hort. Soc. 27: 1966)

'Saint Mary' ('Glen St. Mary'). Wuchs buschig, kompakt kegelförmig, bis 6 m hoch und breit, schon als junge Pflanze reich blühend. Blätter oberseits dunkelgrün, Indumentum dünn, bronzefarben grün. Blüten kelchförmig, 15 cm breit. (W. B. Clarke and Company, USA, Katalog 1940/41).

'Samuel Sommer'. Wuchs mäßig stark, bis 12 m hoch, Krone bis 9 m breit, im Alter locker verzweigt. Blätter größer und glänzender als die der Art, Indumentum dicht, rostbraun. Blüten cremeweiß, 25–35 cm breit. In den USA bis –23° C frosthart. (Saratoga Horticultural Foundation, USA. American Nurseryman, 1961).

Magnolia grandiflora 'Samuel Summer'

'Symmes Select'. Wuchs breit kegelförmig, kompakt, schon als junge Pflanze blühend. Blätter leicht gewellt, glänzend dunkelgrün, Indumentum dunkelbraun. Blüten groß und weiß. (Cedar Lane Farm, USA. Magnolia 23 (2) 3: 1988).

TEDDY BEAR (**'Southern Charm'**). Wuchs kegelförmig, kompakt, dicht verzweigt, 5–6 m hoch, die Krone 3–4 m breit. Blätter 8–13 cm lang, am Saum gewellt, Indumentum braun, ohne rötliche oder bronzefarbene Tönung. (ROBERT HEAD, USA, etwa 1985).

TIMELESS BEAUTY (**'Monland'**). Wuchs breit eiförmig, schwach. Blätter schmal, unduliert, lang gestielt, oberseits glänzend dunkelgrün. Blüten 25–30 cm breit, sehr zahlreich, Tepalen 12. Möglicherweise eine Hybride mit *M. virginiana*. (Monrovia Nursery, USA. Magnolia 23 (2): 1988).

'Twenty-Four Below'. Von FRANK GALYON, USA, aus Nachkommen eines Baumes selektiert, der im Januar 1985 Temperaturen von – 31° C überlebt hat. (1991 registriert).

'Victoria'. Wuchs kegelförmig, im Alter offenkronig, 9–11 m hoch und gleich breit. Blätter glänzend dunkelgrün, Indumentum braun. Blüten cremeweiß, kelchförmig, 20–30 cm breit. (Etwa 1930 in Vancouver, British Columbia, selektiert, in den USA deshalb als frosthart eingestuft). AGM 2002.

'Tusla'. Wuchs stark. Blüten 15–20 cm breit. Gilt in den USA als frosthart. (Tusla Rose Garden, USA. Magnolia 25 (1) 47: 1989).

Magnolia grandiflora 'Victoria', Sammelfrucht

Magnolia grandiflora 'Victoria', Blattunterseiten mit grünlich braunem Indumentum

Magnolia macrophylla subsp. *macrophylla*

Magnolia macrophylla subsp. *macrophylla*

Magnolia macrophylla Michx. subsp. *macrophylla*

Großblättrige Magnolie

Sektion Macrophylla

M. macrophylla (englisch Bigleaf Magnolia) gehört mit ihren riesigen Blättern zu den imposantesten Arten der Gattung. Der sommergrüne, meist einstämmige Baum erreicht Höhen von bis zu 18 m und Stammdurchmesser bis zu 0,5 m. Er bildet mit abstehenden Ästen eine kegelförmige oder abgerundete Krone aus. Die hellgraue oder gelblich braune Rinde ist glatt, sie löst sich erst an alten Bäumen in dünnen Platten ab. Die dicken, anfangs gelblich grünen, zuletzt grauen Triebe sind seidig behaart. Die 3,8–7,6 cm langen Endknospen sind weiß behaart. Die länglich-verkehrt eiförmigen bis spatelförmigen, 5–10 cm lang gestielten Blätter mit den 13 bis 15 Paar Seitennerven erreichen Längen von 25–100 cm und Breiten von 10–45 cm. Sie erhalten ihre Stabilität durch den deutlich gewellten Blattrand. Die Blätter sind an der Spitze abgerundet oder zugespitzt, an der Basis deutlich herzförmig oder gelappt. Oberseits sind

Magnolia macrophylla subsp. *macrophylla*, Cumberland State Park, USA

sie grün und kahl, unterseits silbrig grau behaart, vornehmlich entlang der Mittelrippe. Sehr ansehnlich sind die cremeweißen, 35 bis 50 cm breiten, schalenförmigen, duftenden Blüten. Von den neun Tepalen sind die inneren sechs fleischig, 7,5–20 cm lang und 2,5–10 cm breit, sie stehen aufrecht oder sind leicht ausgebreitet. Die äußeren Tepalen sind dünner, grünlich überhaucht und zurückgeschlagen. Die drei inneren Tepalen sind an der Basis gelegentlich rötlich purpurn gefleckt. Die zahlreichen weißen Staubblätter sind 1,3–2,5 cm lang. Blütezeit sind die Monate Mai-Juni. Nahezu kugelig oder eiförmig sind die 5–10 cm langen, erst zur Reife rötlichen Sammelfrüchte mit den zahlreichen Früchtchen und den orangeroten Samen. WHZ 7b.

Natürliche Areale von *M. macrophylla* befinden sich in den US-Staaten North Carolina und dem östlichen Kentucky, in South Georgia und South Alabama sowie in Louisiana. *M. macrophylla* gedeiht dort in feuchten, schattigen Wäldern und Schluchten, unter anderem in Piedmont, in Höhen zwischen 130 und 300 m. Sie gilt nach der Roten Liste der IUCN 2017 als wenig bedroht.

M. macrophylla ist seit 1800 in europäischen Gärten vertreten. Die Pflanzen werden erst mit etwa 15 Jahren blühfähig. Die mit ihren großen Blättern tropisch anmutende Art braucht in Kultur einen windgeschützten, lichtschattigen Platz und einen gut gepflegten, frischen, tiefgründigen, humosen oder lehmig-humosen, sauren bis neutralen Boden.

'Holy Grail'. Blüten weiß, an der Basis violettblau, kelchförmig. (Todd Gresham, USA. Morris Arb. Bull. 14: 1963).

'Julian Hill'. Pflanzen kommen früher zur Blüte als die der Art. Blüten zahlreich. (Polly Hill, Vineyard Heaven, USA. Magnolia 20 (1) 37: 1984).

'Mississippi Clone'. Blätter größer als die der Art. Blüten reinweiß. (Louisiana Nursery, USA. Callaway (1994)).

'Palmberg'. Blüten größer als die der Art. (Louisiana Nursery, USA. Callaway (1994)).

'Sara Gladney'. Blüten ohne purpurne Basalflecken. Blütezeit lang andauernd. (J.C. McDaniel, USA. Gardiner (2000)).

'Whopper'. Blüten bis 48 cm breit, mit zusätzlichen Tepalen und großen purpurnen Basalflecken. (J.C. McDaniel, USA. Gardiner (2000)).

Magnolia macrophylla subsp. *ashei* (Weath.) Spongberg

Die Varietät unterscheidet sich vom Typ durch ihren strauchförmigen Wuchs und die kleineren, nur 2,5–5 cm langen Sammelfrüchte. Pflanzen beginnen schon in einem jugendlichen Alter zu blühen. Die Blätter sind unterseits weniger stark silbrig behaart als bei der var. *macrophylla*.

Natürliche Habitate der var. *ashei* befinden sich nur in der Küstenregion im nordwestlichen Zipfel von Florida, vor allem in der Region um Knox Hill und im südöstlichen Alabama. Die Varietät wächst dort u. a. auf Uferklippen und an steilen Hängen. Sie ist bei uns noch seltener in Kultur als die var. *macrophylla*.

Magnolia macrophylla subsp. *ashei*

Magnolia macrophylla subsp. *dealbata* (Zucc.) D. Johnson

Eloxochilt

(Synonym *M. dealbata* Zucc.)

Die Unterart entwickelt sich zu einem kleinen bis mittelgroßen, oft mehrstämmigen Baum. Die bis 70 cm langen Blätter gleichen denen der Typusart. Den cremeweißen Blüten fehlt der purpurne oder purpurrote Basalfleck, wie wir ihn von den subsp. *macrophylla* und subsp. *ashei* kennen. Die Pflanzen werden mit etwa zehn Jahren und sind damit früher blühfähig als die der subsp. *macrophylla*.

Die subsp. *dealbata* ist die einzige sommergrüne Magnolie im tropischen Mittelamerika. Sie hat ihre natürliche Verbreitung in Hidalgo, San Luis Potosi, Oaxaca und Vera Cruz. Vereinzelt kommt sie dort in Höhen von 1200 bis 1500 m zusammen mit *Liquidambar styraciflua* und verschiedenen Eichen vor. Die Unterart gilt nach der Roten Liste der IUCN 2017 als fast bedroht. WHZ 8b.

Der Vernakularname Eloxochilt setzt sich zusammen aus dem mayaischen elotl = grüne Ährenhülse und xochitl = Blüte, vermutlich bezogen auf die äußeren Blütenknospenschuppen. Die Blätter haben eine medizinische Bedeutung, sie werden u. a. als kühlender Breiumschlag verwendet.

Eine Abbildung der subsp. *dealbata* findet sich in dem vom dem spanischen Eroberer Francisco Hernandez 1651 verfassten „Nova Plantarum Historia Mexicanum“

Magnolia tripetala (L.) L.

Schirm-Magnolie

Untergattung Magnolia, Untersektion Rytidospermum
(Synonym *M. umbellata* Steud., *M. umbrella* Desr., *M. virginiana* var. *tripetala* L.)

Magnolia tripetala

Magnolia tripetala, junge Pflanze im Joyce Kilmer National Park, USA

M. tripetala (englisch Umbrella Magnolia) ist ein sommergrüner, bis 15 m hoher, oft mehrstämmiger Baum mit einer locker aufgebauten Krone aus starken, aufrechten oder aufsteigenden Ästen. Die glatte Rinde ist hellgrau. Die dicken, spröden Triebe sind anfangs grün, später hellbraun. Die 3–5 cm langen, zugespitzten, violettbraunen Endknospen sind bläulich weiß bereift. 25–50 cm lang und 10–30 cm breit sind die verkehrt eiförmigen, länglichen oder verkehrt lanzettlichen, an der Spitze spitzen oder kurz zugespitzten, an der Basis allmählich keilförmig verschmälerten Blätter mit den 23 bis 27 Paar Seitennerven. Die Blätter haben ihre größte Breite oberhalb der Mitte. Oberseits sind die Blätter dunkelgrün und kahl, unterseits heller und dicht behaart, vor allem an der Nervatur. Die am Saum gewellten Blätter sind an den Zweigenden quirlartig gehäuft und stehen schirmförmig ab. Im Herbst färben sich die Blätter leder- oder tabakbraun und damit intensiver als die der meisten anderen Magnolien. Aufrecht stehen die cremeweißen, vasenförmigen, 5–11 cm breiten, kurzlebigen Blüten auf den Zweigen. Sie haben einen eher unangenehmen Geruch. Von den 9 bis 11, 10–13 cm langen Tepalen sind die drei äußeren, grünlich überhauchten, kleiner als die inneren, die oft wie leicht zerknittert wirken. Die 1,3 bis 2,5 cm langen Staubblätter haben purpurfarbene Staubfäden. Die Blüten öffnen sich nach der Laubentfaltung im Mai-Juli. Die länglich-eiförmigen, 8–12 cm langen, hell rosaroten Sammelfrüchte reifen im Spätsommer. WHZ 6b.

Die natürliche Verbreitung von *M. tripetala* erstreckt sich über die US-Staaten Pennsylvania und Ohio, südwärts bis Northwest Forida und westwärts bis Arkansas und Mississippi. Die Schirm-Magnolie gedeiht dort vorwiegend auf

Magnolia tripetala, Sammelfrucht

Magnolia tripetala, Herbstfärbung

tiefgründigen, feuchten Böden in flussnahen Bergwäldern und Schluchten, in Höhenlagen zwischen 0 und 1065 m. Sie macht ihrem Namen Schirm-Magnolie alle Ehre, wenn junge Pflanzen zunächst einige Jahre lang einstämmig aufrecht wachsen und an der Spitze einen einzigen Schirm großer Blätter tragen, wie die abgebildete Jungpflanze im Cumberland State Park, Tennessee, gelegen auf dem großen Plateau zwischen New York und Zentral-Alabama. *M. tripetala* gilt nach der Roten Liste der IUCN als wenig bedroht.

Magnolia tripetala wurde 1743 von Mark Catesbey in Natural History of Carolina als *M. virginiana* var. *tripetala* beschrieben. Die Art kam 1752 nach England.

'Bloomfield'. Blätter lang und derb. Blüten und Blätter etwas größer als die der Art. (Phil Savage, USA,1974).

'Koeler'. Wuchs stark, kegelförmig. (Louisiana Nursery, USA. Callaway (1994)).

'Petit Form'. Wuchs schmal aufrecht, schwächer als die Art.

'Woodlawn'. Blüten größer als die der Art. Sammelfrüchte deutlich größer als die der Art. (C.J. McDaniel, USA, 1974 registriert).

Magnolia virginiana var. *virginiana*

Magnolia virginiana var. *virginiana*

Magnolia virginiana L. var. *virginiana*

Gewöhnliche Sumpf-Magnolie

Sektion Magnolia

(Synonym *M. fragrans* Salisb., *M. glauca* L., *M. palustris* hort. ex Pampan)

M. virginiana var. *virginiana* (englisch Sweet Bay, Swamp Bay, Swamp Laurel) ist ein sommergrüner, 10–30 m hoher, ein- oder mehrstämmiger Baum mit einer kegelförmigen, locker verzweigten Krone aus aufsteigenden bis abstehenden Ästen. Die anfangs glatte Rinde ist grau bis grauweiß, später dunkler und leicht aufgeraut. Die gelblich grünen bis schwärzlichen Triebe und die 2 cm langen Endknospen sind nur anfangs silbrig seidig behaart. Länglich bis elliptisch sind die 6–15 cm langen, ledrigen Blätter mit den 9 bis 11 Paar Seitennerven. Die Blätter sind im Austrieb seidig behaart, später oberseits dunkelgrün und kahl, unterseits blauweiß bereift und silbrig grau seidig behaart. Auch die bis 1,3 cm langen, grünen oder braunen Blattstiele sind seidig behaart. Weiß oder cremeweiß sind die 6–10 cm breiten, nach Zitronen duftenden Blüten mit den 6 bis 15 schmalen, 4–6 cm langen Tepalen. Die drei äußeren, abstehenden Tepalen sind schmaler als die inneren. Die Blüten haben 60 bis 90 cremeweiße Staubblätter und 20 bis 40 Fruchtblätter. Die Blüten entfalten sich im Juni-Juli. 2,5 bis 5 cm lang sind die mehr oder weniger kugeligen oder eiförmigen, oft asymmetrischen, mehr oder weniger kahlen Sammelfrüchte mit den hellrosa bis orangefarbenen Samen. WHZ 6b.

Die natürliche Verbreitung von *M. virginiana* var. *virginiana* reicht von Massachusetts und New York südwärts bis Florida und von South Carolina westwärts bis Arkansas und Ost-Texas. Die Unterart kommt vorwiegend in den Küstenebenen und dem Piedmont in Höhen von 0–540 m vor. Sie gilt nach der Roten Liste der IUNC als wenig bedroht.

Die Gewöhnliche Sumpf-Magnolie gedeiht häufig in drei meist feuchten Waldtypen: in sommergrünen Laubwäldern mit den Hauptbaumarten Rot-Ahorn, *Acer rubrum*, Tupelobaum, *Nyssa sylvatica*, Amerikanischer Amberbaum, *Liquidambar styraciflua*, und Amerikanischer Tulpenbaum, *Liriodendron tulipifera*; in von *Chamaecyparis thyoides*, Weiße Scheinzypresse, dominierten Wäldern und in Kiefern-Laubbaumwäldern mit Pech-Kiefer, *Pinus rigida*, verschiedenen Eichen, Fenchelholzbaum, *Sassafras albidum*, und Tupelobaum, *Nyssa sylvatica*.

Folgende Baum- und Straucharten treten außerdem zusammen mit der Sumpf-Magnolie auf: Weiden-Eiche *Quercus phellos*, Erlenblättrige Scheineller, *Clethra alnifolia*, Knopfbusch, *Cephalanthus occidentalis*, Sumpf-Rose, *Rosa palustris*, Amerikanische Rosmarinweide, *Itea virginica*, Amerikanische Sternhortensie, *Decumaria barbara*, Amerikanischer Gagelstrauch, *Myrica pensylvanica*, Virginische Zaubernuss, *Hamamelis virginiana*, sowie verschiedene *Smilax*- und *Vaccinium*-Arten. In der Bodenvegetation finden sich unter anderem Prächtige Türkenbund-Lilie, *Lilium superbum*, Gelbblühendes Kreuzblümchen, *Polygala lutea*, Stinkkohl, *Symplocarpus foetidus*, Dreiblättrige Feuerkolben, *Arisaema triphyllum*, Waldhyazinthe, *Platanthera clavellata*, sowie verschiedene Farne wie Zimtfarn, *Osmunda cinamomea*, Köningsfarm, *Osmunda regalis*, und der Netz-Kettenfarn *Woodwardia arecolata* mit seinen imposanten Wedeln.

M. virginiana var. *virginiana* kam 1688 durch den Missionar John Bannister in den Garten des Bischofs Henry Compton in London, Großbritannien. Sie war damit die erste rezente Mangolienart, die europäischen Boden erreichte.

Die an bodenfeuchte Standorte angepasste Art gedeiht am besten auf frischen bis nassen, torfigen oder sauermineralischen Böden und an licht- bis halbschattigen Plätzen.

'Dwarf Form'. Wuchs kompakt. Blätter breiter als beim Typ. (U.S. National Arboretum, Washington D.C., USA, 1970).

'Everblooming'. Blüten öffnen sich über einen langen Zeitraum. (Louisiana Nursery, USA. Gallaway (1994)).

'Grandview'. Blätter und Blüten größer als beim Typ. (Louisiana Nursery, USA. Callaway (1994)).

'Havener'. Wuchs stark. Blüten cremeweiß, rosafarben getönt, bis 11 cm breit, Tepalen 12 bis 20. (J.C. McDaniel, USA, 1970).

'Mayer'. Wuchs stark, mehrstämmig. Krone kegelförmig. Schon als sehr junge Pflanzen blühend. (J.C. McDaniel, USA. Galloway (1994)).

'Opelousas'. Wuchs stark. Krone kegelförmig. Blätter breiter als beim Typ. Blüten bis 10 cm breit. (Magnolia 18 (2) 22: 1982).

'Porcelain Dove' (*M. virginiana* × *M. globosa*). Blüten milchweiß, stark duftend. In den USA bis –30° C. winterhart. (Todd Gresham, USA, 1986 benannt).

'Virginiana Watson' (*M. virginiana* × *M. ×wieseneri*). Blüten schalenförmig, weiß, stark und angenehm duftend, Tepalen acht. (Phil Savage, USA, 1980).

'Wada's Clone'. Blätter breiter als beim Typ. Schon als junge Pflanze blühend. (Treseder's Nursery, Großbritannien, etwa 1973).

Magnolia virginiana var. *virginiana* 'Opelousas'

Magnolia virginiana var. *australis*

Magnolia virginiana var. *australis* Sarg.

Südliche Sumpf-Magnolie

(Synonym *M. australis* Ashe, *M. australis* var. *parva* Ashe)

M. virginiana var. *australis* (englisch Evergreen Sweetbay, Southern Sweetbay) unterscheidet sich von *M. virginiana* var. *virginiana* vor allem durch die immer- oder wintergrüne Belaubung und durch die bleibende dichte, weißseidige Behaarung der Triebe. Die Verbreitung der var. *australis* reicht von Carolina südwärts bis Florida und westwärts bis zum östlichen Texas. WHZ 7a.

Magnolia virginiana var. *australis* Moonglow

'Green Shadow' (**'Greenbay'**). Wuchs baumförmig, etwa 11 m hoch, die Krone etwa 5 m breit. Blüten cremeweiß, 5–8 cm breit. Tepalen 9 bis 12. In den USA bis – 29° C winterhart. (Don Shadow, USA, vor 1998).

'Henry Hicks'. Wuchs baumförmig, etwa 12 m hoch, die Krone 9 m breit. Blüten weiß, 8 cm breit, Tepalen 9 bis 12. In den USA bis – 27° C winterhart. (Amer. Hort. Mag. 46: 1967).

Moonglow (**'Jim Wilson'**). Wuchs aufrecht, 10–14 m hoch. Krone 4,5–6 m breit. Blätter wintergrün, dunkelgrün. In den USA bis – 33° C winterhart. (Earl Cully, Jacksonville. USA. Google Patents 2001).

'Santa Rosa'. Wuchs baumförmig, etwa 8 m hoch, die Krone etwa 6 m breit. Blüten cremeweiß, 5–8 cm breit. (Woodlanders Nursery, USA, Katalog 1990/91).

'Satellite'. Wuchs baumförmig, etwa 6 m hoch, die Krone etwa 5 m breit. Blüten cremeweiß, 7,5 cm breit, duftend, Tepalen 12, schmal. (U.S. National Arboretum, USA. Magnolia 20 (1) 37: 1984).

'Tensaw'. Wuchs schwach. Blätter zierlich, nur etwa 6 cm lang, 1,5–2 cm breit. Blüten groß, süß duftend. (Ned Rader, USA. Dirr (2009)).

Magnolia virginiana var. *australis* 'Satellite'

Magnolienhybriden mit latinisierten Namen

Zu den weltweit am häufigsten kultivierten Magnolien gehören die Sorten von *M.* ×*soulangeana* mit ihren großen, prächtigen, aufrecht stehenden Blüten. Sie werden nicht selten als Tulpenbäume bezeichnet und sind für viele Gartenbesitzer „die" Magnolien schlechthin. Sie sind robust und langlebig, vertragen leicht alkalische Böden, sind, mit Ausnahme der früh aufbrechenden Blüten, ausgesprochen frosthart und beginnen schon in sehr jungen Jahren zu blühen, ganz im Gegensatz zu vielen baumförmig wachsenden Magnolienarten. Blütenfarben von weiß bis hellrosa sind das Erbe von *M. denudata*, dunklere, bis tief purpurrote Farben das Erbgut von *M. lilliflora. M.* ×*soulangeana*-Sorten werden nicht selten als dekorative Solitärpflanzen in Rasenflächen verwendet oder, wie andere Magnolien, vor einer dunklen Kulisse aus immergrünen Gehölzen oder Mauern gepflanzt.

Von hohem dekorativem Wert sind aber auch die *M.* ×*loebneri*-Sorten mit ihren eleganten, zierlichen Blüten, die sich im zeitigen Frühjahr in großer Fülle entfalten. Die gegenüber den *M.* ×*soulangeana*-Sorten ausgesprochen grazilen *M.* ×*loebneri*-Sorten lassen sich gut mit frühblühenden Rhododendron kombinieren oder mit flächig gepflanzten, blaublühenden Stauden und Geophyten wie *Omphalodes verna, Crocus tommasinianus, Scilla sibirica, Chionodoxa forbesii* und *Muscari armeniacum*.

Zahlreiche der gegenwärtig kultivierten Magnoliensorten lassen sich nicht den hier beschrieben Hybriden zuordnen. Sie werden in den beiden folgenden Kapiteln beschrieben.

Magnolia ×alba (DC.) Figlar et Noot.

Weiße Magnolie

(*M. champaca* × *M. montana*)
Untergattung Yulania, Sektion Michelia
(Synonym *Michelia ×alba* DC.)

M. ×alba ist ein immergrüner, bis 30 m hoher Baum mit einer grauen Rinde. Die grünen, dicht mit Lentizellen besetzten Triebe sind anfangs anliegend grau behaart, bald aber kahl. Dünn ledrig sind die 10–35 cm langen, elliptischen bis verkehrt eiförmigen Blätter mit den 6 bis 12 Paar Seitennerven. Die weißen, duftenden Blüten stehen an achselständigen Kurztrieben, sie haben 8 bis 12 lanzettliche Tepalen, ein Gynoeceum mit bis zu zehn Fruchtblättern und gelblich braune Staubblätter. Die Blüten öffnen sich von April bis September. Die 10–13 cm langen Sammelfrüchte sind rot gefärbt. Die Früchtchen sind voneinander getrennt. Die Hybride ist im subtropischen und tropischen Asien in Kultur, unter anderem in den chinesischen Provinzen Fujian, Guangdong, Hainan und Yunnan. WHZ 9.

Magnolia ×brooklynensis Kalmb.

Brooklyn-Magnolie

(*M. acuminata* var. *acuminata* × *M. liliiflora*)
Untergattung Yulania, Untersektion Tulipastrum

M. ×brooklynensis ist eine tetraploide, interspezifische Hybride, an deren Zustandekommen zwei sommergrüne Arten aus weit voneinander entfernten Verbreitungsgebieten beteiligt waren. Die Kreuzungen wurden 1954 von Evamaria Sperber am Brooklyn Botanic Garden, Brooklyn, New York, durchgeführt. Ein Nachkomme aus mehreren hundert gezielt durchgeführten Kreuzungen wurde 'Evamaria' genannt.

Kreuzungen zwischen Sorten der beiden genannten Arten sind in den 1960er Jahren auch von J. C. McDaniel, USA, vorgenommen worden. Ein Sämling dieser Kombination wurde 'Woodsman' genannt. *M. ×brooklynensis*-Sorten blühen im Mai vor der Laubentfaltung. WHZ 7a.

Magnolia ×brooklynensis 'Black Beauty'

'Black Beauty'. Wuchs kleinbaumförmig, sehr reich blühend. Blüten außen sehr dunkel purpurn, innen cremegelb, aufrecht stehend, schmal tulpenförmig, ähnlich denen von *M. liliiflora*. (Brooklyn Botanic Garden). M.G. *

'Evamaria'. Wuchs baumförmig, etwa 8 m hoch, die Krone etwa 5 m breit. Rinde glatt, grau. Triebe schokoladenbraun, mit auffallenden Lentizellen. Blätter eiförmig, an der Spitze zugespitzt, unterseits silbrig behaart. Blüten in der Knospe purpurn mit gelben und grünen Schattierungen, aufgeblüht außen magentarosa mit hell orangefarbenen und gelben Schattierungen, innen hellrosa, tulpenförmig, 9–10 cm breit, aufrecht stehend, Tepalen 6, breit abgerundet, bis 10 cm lang, Staubblätter gelb. Die Blüten öffnen sich im Mai-Juni. (Brooklyn Botanic Garden. Amer. Magnol. Soc. 7 (1) 7: 1970). M.G. ***

'Golden Girl'. Blüten ähnlich denen von 'Evamaria', aber vollständig gelb mit hell purpurnen Flecken. (AUGUST KEHR, USA, 1991 registriert).

'Moonspire'. Wuchs säulenförmig, bis 5 m hoch. Blüten tulpenförmig, grünlich gelb bis orangefarben mit türkislila Anflug, Tepalen 6, sehr schmal. (Zufallssämling). M.G. *

Magnolia ×brooklynensis 'Eva Maria'

Magnolia ×brooklynensis 'Eva Maria'

Magnolia ×brooklynensis 'Moonspire'

'Woodsman' (*M. acuminata* 'Klassen' × *M. liliiflora* 'O'Neill'). Wuchs baumförmig, anfangs kegelförmig, etwa 9 m hoch, die Krone etwa 6 m breit. Blüten außen anfangs kräftig gelb mit grün, purpurn gestreift, zur Vollblüte stärker purpurn, innen cremeweiß, kelchförmig, Tepalen 6, von stabiler Textur. (J. C. McDaniel, USA, 1974 registriert). M.G. **

Magnolia ×brooklynensis 'Woodsman'

Magnolia ×foggii Figlar

Foggs Magnolie

(*M. figo* × *M. doltsopa*)

Untergattung Yulania, Sektion Michelia

M. ×foggii (Synonym *Michelia ×foggii* Savage) ist ein immergrüner, bis 20 m hoher Baum. Dünn ledrig sind die 10–18 cm langen, elliptischen, oberseits glänzend grünen, unterseits hellgrünen Blätter. An achselständigen Kurztrieben stehen die 10–13 cm breiten, weißen bis cremeweißen oder an der Spitze rosa getönten, nach Bananen duftenden Blüten mit gelben Staubblättern. Die Kreuzung wurde 1972 durch M. Fogg, Direktor des Morris Arboretums der Universität von Pennsylvania, Philadelphia, USA, durchgeführt. In Kultur sind zwei Sorten. WHZ 8b.

'Allspice'. Blüten reinweiß, sehr stark duftend.

'Jack Fogg'. Wuchs baum- oder strauchförmig, schmalkronig, etwa 5 m hoch. Blüten weiß, an den Rändern der Tepalen rötlich purpurn, stark duftend, 13 cm breit.

Magnolia ×gotoburgensis T.G. Nitz

Göteborg-Magnolie

(*M. wilsonii* × *M. obovata*)

Die interspezifische Hybride entwickelt sich zu einem breiten, 3–4 m hohen Strauch (Klon 1) oder zu einem mehr oder weniger aufrechten Baum (Klon 2 und 3) mit einer glatten, grünlich braunen Rinde und purpurn braunen, zuletzt kahlen Trieben. Schmal bis breit verkehrt eiförmig sind die 20–32 cm langen, 6–12 cm breiten Blätter. Sie sind an der Spitze spitz bis zugespitzt, an der Basis breit keilförmig. Im Austrieb sind die Blätter grünlich rot, später oberseits grasgrün und kahl, unterseits anfangs dicht weiß behaart, später nur noch entlang der Nervatur spärlich behaart. Die weißen, etwa 17 cm breiten, aufrecht stehenden Blüten erinnern an die von *M. obovata*. Sie haben etwa 10 löffelförmige, 7,5–8,5 cm lange, 3–4 cm breite Tepalen, ein grünes Gynoeceum und zahlreiche Staubblätter mit karminroten Staubfäden und gelblich roten Staubbeuteln. Die Sammelfrüchte fallen unreif ab. WHZ 5b.

Im Botanischen Garten in Göteborg haben im Juni 1972 *M. obovata* und *M. wilsonii* gleichzeitig geblüht. Das hat den Leiter des Gartens, Tor G. Nitzelius, veranlasst, Pollen von *M. obovata* auf Blüten von *M. wilsonii* zu übertragen. Die im Juli 1973 gekeimten Pflanzen haben den folgenden Winter schadlos überstanden. Klon 1 wurde im Garten von T. G. Nitzelius an der schwedischen Westküste weiterkultiviert, Klon 2 ging an den Garten Norrviken in Båsatad, am Ufer des Kattegatt, Klon 3 an das Chollipo Arboretum in Korea. Der Klon 1 hat 1990 erstmals geblüht, er wurde wegen der stark duftenden Blüten als 'Fragrance' benannt, Klon 2 als 'Tor'. In Kultur sind die beiden folgenden Sorten.

'Fragrance'. Wuchs strauchförmig, 3–4 m hoch. Blüten stark duftend.

'Tor'. Wuchs kleinbaumartig.

Magnolia ×kewensis Pearse

Kew-Magnolie

(*M. kobus* × *M. salicifolia*)

Untergattung Yulania, Sektion Yulania

M. ×kewensis entwickelt sich zu einem kleinen bis mittelgroßen Baum mit einer breit kegelförmigen Krone. Die Rinde duftet stark zitronenähnlich. Schmal verkehrt eiförmig bis elliptisch sind die 10–12,5 cm langen, an der Spitze spitzen, an der Basis keilförmigen, oberseits glänzend grünen, unterseits bläulich grünen Blätter. Sie sind ähnlich denen von *M. salicifolia*, duften aber nicht. Die reinweißen, stark nach Orangen duftenden Blüten haben neun Tepalen, die drei äußeren sind kleiner als die inneren, die breiter sind als die von *M. salicifolia*. Das Gynoeceum ist limonengrün, die Staub-

Magnolia ×kewensis

Magnolia ×kewensis 'Wada's Memory'

blätter sind cremegelb. Die Blüten öffnen sich im März-April.

Der Originalsämling der aus einer freien Bestäubung entstandenen Hybride wurde 1939 von C. F. COATES in den Royal Botanic Gardens, Kew, Großbritannien entdeckt. WHZ 6a.

'Wada's Memory'. Wuchs baumförmig, etwa 12 m hoch, die Krone etwa 9 m breit, sehr reich blühend. Blätter im Austrieb bronzefarben, später grün. Blüten weiß, duftend, tulpenförmig, 15–17 cm breit, hängend und sich überlappend, in der Massenentfaltung eine einzigartige Anmutung, Tepalen 6. (KOICHIRO WADA, Japan, 1940). M.G. ***

Magnolia ×kewensis 'Wada's Memory'

Magnolia ×loebneri Kache

Löbners Magnolie

(*M. kobus* × *M. stellata*)

Untergattung Yulania, Sektion Yulania

M. ×loebneri ist ein sommergrüner, bis 10 m hoher Baum mit einer locker aufgebauten Krone, rötlich braunen Zweigen und dicht silbrig behaarten Knospen. Schmal verkehrt-lanzettlich, verkehrt eiförmig oder breit elliptisch sind die 6,5–14,5 cm langen, an der Spitze stumpfen, abgerundeten oder kurz zugespitzten, an der Basis keilförmigen Blätter. Sie sind oberseits dunkelgrün und kahl, unterseits heller und entlang der Nervatur schütter behaart. Die weißen, bei Sorten rosa getönten Blüten stehen ± aufrecht und endständig an den Trieben. Von den 11 bis 16 schmal oder breit spatelförmigen Tepalen sind die äußeren drei kleiner als die 5–8 cm langen inneren Tepalen. Das grüne, zylindrische Gynoeceum ist etwa 1,3 cm lang, die Staubblätter etwa 1,4 cm lang. Die Blüten öffnen sich im (März-)April-Mai, lange vor der Laubentfaltung. Die 5–7 cm langen, zylindrischen oder asymmetrischen Sammelfrüchte werden selten ausgebildet. WHZ 5b.

Die Entwicklungsgeschichte von *M. ×loebneri* ist auf Seite 27 beschrieben worden.

In der Hybride finden sich die besten Eigenschaften der Eltern wieder, die Robustheit und Wüchsigkeit von *M. kobus* sowie die Reichblütigkeit und frühe Blühfähigkeit von *M. stellata.*

Magnolia ×loebneri

'Ballerina'. Wuchs strauchförmig, etwa 5–6 m hoch und gleich breit. Blüten weiß, an der Basis rosa getuscht, stark duftend, 5–8 cm lang, Tepalen mehr als 30. Vermutlich eine Kreuzung zwischen 'Spring Snow' und 'Waterlily'. (J. C. McDaniel, USA. Newsl. Amer. Magnol. Soc. 7 (1): 1970). M.G. **

'Donna'. Wuchs strauchförmig, aufrecht, reich verzweigt, etwa 5 m hoch, die Krone etwa 4 m

Magnolia ×loebneri

breit. Blüten weiß, duftend, 15–18 cm breit, Tepalen 12 bis 13, zurückgeschlagen, Staubblätter rötlich goldgelb. (Durch HARRY HEINEMANN, USA, registriert, benannt nach seiner Frau. CALLAWAY (1994)). AGM 2012. M.G. ***

'Elegant Spring'. Blüten elfenbeinfarben, sehr stark duftend, die 24 Tepalen an der Basis mit einem rosa Hauch. Schon als junge Pflanze sehr reich blühend. Kreuzung zwischen 'Leonard Messel' und 'White Rose'. (DENNIS LEDVINA, USA, benannt von ROY KLEHM, 2015).

'Encore'. Wuchs strauchförmig, wohl die schwachwüchsigste Sorte der Hybride. Blüten weiß, im Zentrum und an der Basis rosa getönt, chrysanthemenähnlich, sich über einen langen Zeitraum öffnend, Tepalen 20 bis 25, Staubblätter goldgelb. Bildung von Blütenknospen auch entlang der Zweige. Sämlingsauslese von 'Ballerina' aus freier Bestäubung. (AUGUST KEHR, USA. Magnolia 27 (1) 51: 1991). M.G. ***

'Leonard Messel'. Wuchs baum- oder strauchförmig, 5–6 m hoch, die Krone 6–8 m breit, im Alter schirmförmig. Blätter zierlich, leicht glänzend, mit ausgeprägter Nervatur. Blüten in der Knospe purpurn, geöffnet dunkelrosa, außen purpurn, die inneren Tepalen etwas heller, anfangs kelchförmig, Tepalen 12, linealisch, 7,5 cm lang, zuletzt ausgebreitet. Die Blüten sind relativ frostresistent. (Nymans Garden, Großbritannien. Jour. Roy. Hort. Soc. 80: 1955). AGM 1993. M.G. **

'Lesley Jane'. Wuchs baumförmig, aufrecht. Blüten heller als bei 'Leonard Messel', anfangs purpurrot, zuletzt außen mit einem purpurn schwarzen Streifen von der Basis bis zu 1/3 der Tepalen, Tepalen zahlreicher und weniger flatterig als bei 'Leonard Messel', zur Vollblüte an der Spitze zurückgerollt. Sämling von 'Leonard Messel'. (JOHN D. CARLSON, Großbritannien. Magnolia 33 (1) 30: 1998).

Magnolia ×loebneri 'Leonard Messel'

'Mag's Pirouette'. Wuchs breit aufrecht, 2,5–3 m hoch und gleich breit. Blätter zierlich, leicht glänzend, mit ausgeprägter Nervatur. Blüten reinweiß, zusammen mit ‚White Rose' die am intensivsten duftende Sorte der Hybride, 10 cm breit, anfangs tulpenförmig, später mehr offen und an eine halbgefüllte Kamelienblüte erinnernd, mit etwa 25 verkehrt eiförmigen bis breit elliptischen Tepalen gefüllt. Sämling von ‚Ballerina'. (Tetsuo Magaki, Japan. Buntig (2016)). AGM 2012, G. M. ***

'Merrill'. Wuchs baumförmig, etwa 9 m hoch und gleich breit, schon als junge Pflanze blühend. Blüten reinweiß, 10–15 cm breit, Tepalen 15, breit linealisch. (Arnold Arboretum, Jamaica Plains, Massachusetts, USA. WYMAN: Arnoldia 12: 1952). AGM 1993. M. G. ***

Magnolia ×loebneri 'Merrill'

Magnolia ×loebneri 'Merrill'

'Neil McEachern'. Wuchs großstrauchig oder kleinbaumförmig. Krone breit kegelförmig bis eiförmig. Blüten weiß, 10 cm breit. (NEIL MCEACHERN, Italien. Jour. Roy. Hort. Soc. 87: 1962).

'Powder Puff'. Blüten weiß, die 18 bis 25 linealischen, aufrecht stehenden Tepalen vermitteln den Eindruck einer Puderquaste. Sämling von 'Ballerina' aus freier Bestäubung. (AUGUST KEHR, USA. Magnolia 27 (1) 51: 1991). M. G. **

Magnolia ×loebneri 'Powder Puff'

Magnolia ×loebneri 'Neil McEachern'

'Raspberry Fun'. Wuchs großstrauchig. Blüten himbeerrosa, Tepalen 16 bis 18. Sämling von 'Leonard Messel' aus freier Bestäubung. (1987 in Südkorea entstanden, selektiert und benannt von CARL FERRIS MILLER. Magnolia 29 (2) 56: 1994).

'Snowdrift'. Wuchs großstrauchig. Blätter größer als die des Typs. Blüten weiß, größer als die des Typs, Tepalen 12, weit abstehend. Einer der Originalsämlinge aus der Kreuzung von MAX Löbner, der aus der Rosenschule Wilhelm Kordes, Deutschland, zur Baumschule Hillier and Sons, Winchester, gekommen war. (NEIL G. TRESEDER, Großbritannien. Magnolia 20 (1) 37: 1984).

'Spring Joy'. Wuchs baumförmig, etwa 7,5 m hoch, Krone 6 m breit. Blüten weiß, 12,5–15 cm breit, duftend, später aufblühend als andere Sorten der Hybride. (Gosslers Farm Nursery, USA, Katalog 1988/89).

Magnolia ×loebneri 'Spring Snow'

'Spring Snow'. Wuchs baumförmig, etwa 8–9 m hoch und gleich breit, rundkronig. Blüten reinweiß, duftend, 8 cm breit, Tepalen 15 bis 20, spät aufblühend und einen Monat lang blühend. Blütenknospen kältetoleranter als die anderer Sorten der Hybride. (J. C. MCDANIEL, USA. Newsl. Amer. Magnol. Soc. 7 (1) 2: 1970). G.M. ***

'Starbright'. Wuchs stark. Blüten reinweiß, ähnlich denen von *M. stellata*. (TOM DODD Nursery, USA. Treseder's Nursery, Katalog ca. 1965). M.G. ***

'Super Star'. Wuchs baumförmig, rundkronig. Blüten weiß, 10–15 cm breit, leicht duftend, ähnlich denen von 'Merrill', Tepalen 11 bis 16. (RAY BRACKEN, USA. GALLAWAY (1994)).

'White Rose'. Wuchs großstrauchig, etwa 6 m hoch, die Krone etwa 5 m breit. Blüten in der Knospe rosa überhaucht, aufgeblüht reinweiß, 5–6 cm breit, intensiv duftend, Tepalen etwa 22, etwa 4 cm lang, die inneren kürzer als die äußeren, aufrecht stehend, erst im Verblühen abstehend-hängend. (W.J. SIEDL, USA. Magnolia 25 (1) 47: 1989. AGM 2012 M.G. ***

'Wildcat'. Wuchs strauchförmig, etwa 5 m hoch, die Krone etwa 2–4 m breit. Blüten in der Knospe hellrosa, aufgeblüht reinweiß, 10–12 cm breit, mit 52 bis 60 Tepalen reich gefüllt und deshalb chrysanthemenähnlich. Gedeiht der volumenreichen Blüten wegen am besten an windgeschützten Standorten. Sämling von 'Spring Joy'. (LARRY LANGFORD, USA. Gardiner (2000)). AGM 2012, M. G. ***

Magnolia ×proctoriana Rehder

Proctors Magnolie

(*M. salicifolia* × *M. stellata*)

Untergattung Yulania, Sektion Yulania

M. ×proctoriana (Synonym *M. × slavinii* Harkn.) ist ein kleiner, meist mehrstämmiger, bis 7,5 m hoher Baum mit einer kegelförmigen Krone aus aufsteigenden Ästen. Die bis 13 cm langen Blätter sind denen von *M. salicifolia* sehr ähnlich, aber kleiner und schmaler, gerieben duften sie weniger stark. Bis 10 cm breit sind die zahlreichen weißen, schmal kelchförmigen, abstehenden oder nickenden, duftenden Blüten mit den 6 bis 12 Tepalen, die denen von *M. stellata* ähnlich sind. Blütezeit sind die Monate März–April.

M. ×proctoriana wurde 1928 im Arnold Arboretum der Harvard Universität, Jamaica Plain, Massachusetts, ausgelesen. Das Saatgut stammte von einer *M. salicifolia* aus dem Arboretum von T. E. Proctor Topsfield, Massachusetts, USA.

In *M. ×proctoniana* verbinden sich der baumförmige Wuchs von *M. salicifolia* mit den duftenden, an Petalen reichen Blüten von *M. stellata*. WHZ 6a. AGM 1993.

'Robert's Dream'. Wuchs aufrecht, 5–8 m hoch. Blätter zierlich, im Austrieb kupfrig grün, später hellgrün. Blüten anfangs rosaweiß, aufgeblüht weiß, breit kelchförmig. (Benannt nach Robert de Belder, Arboretum Kalmthout, Belgien).

'Rosea'. Blüten hellrosa. (Arboretum Wespelaar, Belgien).

'Slavin's Snowy'. Wuchs kleinbaumförmig. Blüten weiß, an der Basis leicht rosarot getönt, duftend, bis 15 cm breit, die 6 bis 9 Tepalen ausgebreitet. (Morris Arb. Bull 12: 1961). M. G. **

Magnolia ×proctoriana

Magnolia ×proctoriana 'Slavin's Snowy'

Magnolia ×pruhoniciana Jakl

Pruhonice-Magnolie

(*M. obovata* × *M. tripetala*)

Die interspezifische Hybride entwickelt sich zu einem oft zweistämmigen, bis über 20 m hohen Baum mit einer kegel- oder säulenförmigen Krone. Aus kahlen Knospen entwickeln sich die elliptischen bis eiförmigen, 20–45 cm langen, 10–22 cm breiten Blätter. Sie stehen an der Triebspitze schirmartig gehäuft, sind an der Spitze zugespitzt bis abgerundet, selten auch zweispitzig, an der Basis schmal keilförmig. Die weißen, aufrecht stehenden Blüten sind 16–25 cm breit. Sie haben 11 oder 12, selten 15 Tepalen, von denen die drei äußeren bräunlich rosa gefärbt sind. Die Staubfäden sind rötlich, die Staubbeutel rosarot. Die Sammelfrüchte haben (58–)91–107(–134) Fruchtfächer. WHZ 6a.

Kreuzungen zwischen *M. obovata* und *M. tripetala* sind im Schlosspark Pruhonice im Südosten des Bezirkes Prag-West, Tschechien, vor 1952 von Viktor Keskevi□ vorgenommen worden. In Pruhonice soll es mehr als 120 *M. ×pruhoniciana* geben, einige davon mehr als 20 m hoch.

Hybriden zwischen *M. obovata* und *M. tripetala* sind erstmals in Polen beschrieben worden. (Vašák 1973).

Kreuzungen zwischen den genannten Arten sind 1955 in den Schlosspark Lednice, Tschechien, gebracht worden. Nachkommen der zweiten Generation zwischen 1989 und 2005 in den Zoologischen Garten Prag. Die Hybride wird gegenwärtig von tschechischen und polnischen Baumschulen angeboten.

Eine Hybride zwischen *M. obovata* und *M. tripetala* ist auch aus dem Arnold Arboretum der Harvard Universität in Jamaica Plain, Massachusetts, USA, bekannt geworden. Nach einer Untersuchung der im Arboretum kultivierten Magnolien und der Herbarbelege durch S. A. Spongberg wurde eine unter der Zugangsnummer 1280-27-C kultivierte *M. obovata* als Hybride identifiziert. Der 1981 knapp 15 m hohe, einstämmige Baum wurde unter dem Namen 'Silver Parasol' in den Handel gegeben (siehe Seite 230).

Magnolia ×soulangeana Soul.-Bod.

Tulpen-Magnolie

(*M. denudata* × *M. liliiflora*)

Untergattung Yulania, Sektion Yulania

M. ×soulangeana ist eine interspezifische Hybride zwischen zwei ostasiatischen Arten. Die Sorten entwickeln sich meist zu breit ausladenden, dicktriebigen, oft etwas steif wirkenden Sträuchern oder mehrstämmigen Bäumen mit Wuchshöhen und -breiten von 3 bis 12 Metern. Verkehrt eiförmig bis elliptisch sind die 15–25 cm langen, an der Spitze spitzen, an der Basis abgerundeten, derben, oberseits frischgrünen Blätter. Aus steifen, länglichen Knospen entfalten sich im April–Mai, lange vor der Laubentfaltung, die aufrecht stehenden, tulpen- oder kelchförmigen, bis 25 cm breiten Blüten mit den 8 bis 10 fleischigen Tepalen, von denen die

Magnolia ×soulangeana

Magnolia ×soulangeana

äußeren etwas kleiner sind als die inneren. Nicht selten sind schwache Nachblüten bis zum Spätsommer zu beobachten. Die Blütenfärbung reicht vom reinen Weiß über Rosa bis zum dunklen Weinrot. Wie die Blüten aller frühblühenden Magnolien, sind auch die dieser Hybride durch Spätfrost gefährdet. WHZ 6b.

Die Entwicklungsgeschichte der Tulpen-Magnolie ist auf Seite 27 beschrieben worden.

Magnolia ×soulangeana 'Alba'

'Alba' (Synonym 'Alba Spectabilis', 'Alba Superba'). Wuchs mittelhoch, kompakt. Blüten weiß, außen im unteren Drittel rosa überhaucht, als Tasse-Untertasse ausgebildet, Tepalen 10 cm lang. (LOUIS VAN HOUTTE, Belgien, etwa 1867).

Magnolia ×soulangeana 'Alexandrina'

'Alexandrina'. Wuchs stark, aufrecht, 6–9 m hoch und gleich breit. Blüten außen zartrosa, zur Basis hin dunkler werdend, innen reinweiß, duftend, tulpenförmig, Tepalen 9, 10 cm lang, ziemlich früh und lange blühend. Unter dem Namen 'Alexandrina' werden Sorten mit erheblichen farblichen Unterschieden angeboten, abhängig von der Provenienz der Jungpflanzen. (Cels, Paris, 1831). AGM 1993.

'Alexandrina Dark'. Blüten außen dunkler gefärbt als bei 'Alexandrina'.

Magnolia ×soulangeana 'Alexandrina'

'Amabilis'. Blüten weiß, duftend, 9 cm breit. (Baumschule Bauman, Frankreich, Katalog 1865).

Magnolia ×soulangeana 'Amabilis'

'André Leroy'. Wuchs breit aufrecht. Blüten schalenförmig, außen sehr dunkel purpurrot, innen weiß. (1892 nach dem Baumschuler André Leroy, Angers, Frankreich, benannt).

'Beugnon'. Wuchs strauchförmig, bis 4 m hoch, schon als junge Pflanze reich blühend. Blüten außen weiß mit hell purpurrotem Unterton, innen heller, 10 Tage später blühend als der Typ. (Chateau Beugnon, Frankreich, vor 1997).

'Big Pink'. Wuchs baumförmig, anfangs vasenförmig, später breiter werdend, etwa 9 m hoch, die Krone 6 m breit, sehr reich blühend. Blüten außen tiefrosa, zur Spitze hin heller, 10–20 cm breit, spät aufblühend. (Koichiro Wada, Japan. Magnolia 25 (2) 48: 1990).

'Brozzonii'. Wuchs baumförmig, breit aufrecht, 8–9 m hoch und gleich breit. Blüten weiß, außen an der Basis zartrosa, als Tasse-Untertasse ausgebildet, bis 25 cm breit, Tepalen 6, 10 cm lang, ein bis zwei Wochen später aufblühend als andere Sorten der Hybride. (CAMILLO BROZZONI, Italien. ANDRÉ LEROY, Frankreich, Katalog 1873). AGM 1993.

Magnolia ×soulangeana 'Brozzonii'

Magnolia ×soulangeana 'Burgundy'

'Burgundy'. Wuchs breitstrauchig, 4–6 m hoch und gleich breit, reich blühend. Blüten außen intensiv rosa, innen reinweiß, bis 20 cm breit, früh aufblühend. (Swarthmore Plant Notes, Ed. 3: 1955/56).

'Coates'. Wuchs stark. Blüten außen auffällig hell lavendelrosa, zur Spitze hin heller werdend, Tepalen 10 cm lang. Sämling von 'Rustica Rubra'. (Gosslers Farm Nursery, USA, Plant List 1973). M. G. ***

Magnolia ×soulangeana 'Coates'

'Deep Purple Dream'. Wuchs mittelstark, bis 6 m hoch. Blüten schalenförmig, tief dunkel purpurn, später aufblühend als 'Lennei'. Sämling von 'Lennei' aus freier Bestäubung. (Gloster Arboretum, USA. GALLAWAY (1994)). M.G. ***

'Dorsopurpurea'. Blüten in der Form ähnlich denen von *M. denudata*, aber außen hellrosa mit auffallenden purpurrosa Streifen.(MAKINO, Japan. Jour. Jap. Bot. 6 (4): 1929). M.G. ***

'Etienne Soulange-Bodin'. Typ der Hybride mit den oben beschriebenen Merkmalen und meist als *M. ×soulangeana* in Kultur. AGM 1993.

Magnolia ×soulangeana 'Grace McDade'

'Grace McDade'. Wuchs stark, mehrstämmig, breit ausladend. Blüten weiß, an der Basis rosa, bis 23 cm breit. Frosthärter als die meisten anderen Sorten der Hybride. (Morton Arb. Bull. 30: 1955).

'Joris' (Hybride unbekannter Herkunft). Wuchs strauchartig, kaum mehr als 2,5 m hoch, jährlich reich blühend. Blüten reinweiß, in der Form an *M. ×soulangeana* 'Lennei Alba' erinnernd. (KUIJPERS, Niederlande. Magnolia 45 (1) 87: 2010). WHZ 7b.

Magnolia ×soulangeana 'Just Jean'

'Just Jean'. Blüten an der Basis tiefrosa, zur Spitze hin heller, kelchförmig, sehr groß, sehr reich blühend. (JOHN GALLAGHER, Großbritannien. Rhododendrons with Camellias and Magnolias 41: 1988).

'Lennei'. Wuchs mehrstämmig, breit ausladend, 5–6 m hoch und gleich breit, reich blühend. Blüten außen magentapurpurn, innen weiß, tulpenförmig, sehr häufig in Kultur. (Vermutlich etwa 1850 in Italien entstanden und benannt nach PETER JOSEPH LENNÉ (1789–1866), Generaldirektor der königlich-preußischen Gärten). AGM 1993. G. M. ***

'Lennei Alba'. Wuchs großstrauchig, etwa 6 m hoch, die Krone etwa 4 m breit. Blüten elfenbeinfarben, groß, tulpenförmig, Tepalen 9. Rückkreuzung mit *M. denudata*. (FRÖBEL, Schweiz, 1905). AGM 1993. G.M. ***

'Lilliputian'. Wuchs baum- oder strauchförmig, anfangs kegelförmig, etwa 4 m hoch, die Krone 2 m breit. Blüten außen rosarot, zur Spitze hin heller werdend, innen rosaweiß. (Semmes Nursery, USA, Katalog 1946). M.G. **

'Lombardy Rose'. Blüten außen dunkelrosa, innen weiß, groß, ähnlich denen von ‹Lennei› und möglicherweise ein Sämling von ‹Lennei›, reich und über eine lange Zeit aufblühend. (Semmes Nursery, USA, Katalog 1946).

Magnolia ×soulangeana 'Lennei'

Magnolia ×soulangeana 'Norbertii'

'Norbertii'. Wuchs baumförmig, bis 9 m hoch. In Kultur ist unter diesem Namen eine Sorte mit kelchförmigen, etwa 10 cm breiten, weißen, an der Basis leicht rosa getönten, duftenden Blüten, ähnlich denen von 'Alexandrina'. Die 1839 von LOUDON beschriebene Sorte hat dagegen purpurrote Blüten.

'Picture'. Wuchs baum- oder strauchförmig, 6–8 m hoch, die Krone 5–8 m breit. Blüten in der Knospe purpurrot, aufgeblüht außen dunkel purpurn gestreift, innen rosaweiß, bis 27(bis 35) cm breit, Tepalen 15–18 cm lang, von stabiler Textur, die äußeren spreizend, die inneren zusammengeneigt. Hat die größten Blüten aller *M. ×soulangeana*-Sorten. (KOICHIRO WADA, Japan, etwa 1925).

Magnolia ×soulangeana 'Picture'

'Picture Superba'. Blüten milchweiß, groß. (KOICHIRO WADA, Japan).

Magnolia ×soulangeana 'Purpliana'

'Purpliana'. Blüten rötlich purpurn, früh aufblühend. (SAWADA, Japan, 1950).

'Red Lucky' ('Hong Yun'). Blüten an der Basis purpurrosa, zur Spitze hin hellrosa, klein. (Import aus China, vor 2006 eingeführt).

Magnolia ×soulangeana 'Red Lucky'

'Rustica Rubra' (Synonym 'Rubra', 'Rustica'). Wuchs stark, ausgebreitet, bis 7 m hoch. Blüten außen dunkel purpurrot, in der Knospe heller und roter als bei 'Lennei', innen weiß, kelchförmig, 12,5–15 cm breit, Tepalen etwa 9 cm lang, breit verkehrt eiförmig, von stabiler Textur. Sämling von 'Lennei'. (Etwa 1893 in Boskoop, Niederlande, selektiert). AGM 1993

Magnolia ×soulangeana 'Rustica Rubra'

'San José'. Wuchs stark, großstrauchig. Blüten außen purpurrosa, heller als bei 'Lennei', innen milchweiß, duftend, groß, sehr früh aufblühend. (B. W. Clarke & Co. USA, Katalog 1940).

Magnolia ×soulangeana 'San Jose'

Magnolia ×soulangeana 'Speciosa'

'Speciosa'. Wuchs schmal aufrecht, reich verzweigt, reich blühend. Blüten sehr groß, weiß, an der Basis purpurn getönt, die drei äußeren Tepalen in halber Höhe nach außen gebogen. (VAN GEEL, Sert. Bot., Cl. XIII, T. 1832).

'Spectabilis'. Blüten nahezu reinweiß, sehr groß. Nachblüten bis zum Mittsommer. (MOUILLEFERT, Traide 119, 1891).

'Triumphans'. Blüten außen rosarot, zur Spitze hin heller werdend, innen rosaweiß, kelchförmig. (BOSSE, Vollst. Handb. Blumeng. 2. Aufl., 1841).

'Verbania'. Wuchs stark, 6–7,5 m hoch und gleich breit. Blätter ledrig, glänzend dunkelgrün. Blüten außen an der Basis tiefrosa, zur Spitze hin weißlich, kelchförmig, die mittleren und inneren Tepalen schmal, außen rosa getönt. (ANDRÉ LEROY, Frankreich, Katalog 1873).

'White Giant'. Blüten milchweiß, kelchförmig, sehr groß, Tepalen zur Vollblüte weit gespreizt. Sämling von 'Picture'. (KOICHIRO WADA, Japan. Otto Eisenhut, Schweiz, Katalog 1989).

Magnolia ×soulangeana 'Verbania'

Magnolia ×thompsoniana (LOUDON) DE VOS

Thompsons Magnolie

(*M. virginiana* var. *virginiana* × *M. tripetala*)

M. ×thomsoniana ist ein locker aufgebauter, bis etwa 6 m hoher und 4,5 m breiter Strauch. Die wintergrünen, oberseits glänzend dunkelgrünen, unterseits stark bläulich bereiften bis silbrig grauen, elliptischen Blätter sind in der Form ähnlich denen von *M. virginiana*, aber bis 25 cm lang. Die cremeweißen bis primelgelben, vasen-

Magnolia ×thompsoniana

förmigen Blüten sind in Form, Farbe und Duft ähnlich denen von *M. virginiana*, aber dreimal so groß. Die 12 Tepalen sind 10 cm lang, die drei äußeren kleiner als die inneren. Blütezeit sind die Monate Juni und Juli. WHZ 6a.

Die interspezifische Hybride wurde etwa 1809 in der Baumschule von ARCHIBALD THOMSON, Mile End, London, gefunden. Die Sämlinge wurden zunächst als *M. virginiana* bezeichnet. Später wurde die Hybride zwischen zwei amerikanischen Arten als *M. ×thompsoniana* geführt, obwohl sie in ihren Merkmalen der *M. virginiana* viel ähnlicher ist als der *M. tripetala*. Die erste Abbildung erschien 1820 in Curtis's Botanical Magazine.

'Cairn Croft'. Blätter 15–20 cm lang. Blüten cremeweiß, stark nach Limonen duftend, sehr groß, bis 20 cm breit, in allen Teilen der *M. virginiana* sehr ähnlich. (PETER DEL TREDICI. Magnolia 41, 80: 2006).

Magnolia ×thompsoniana 'Cairn Croft'

'Olmenhof'. Wuchs baumförmig, mehrstämmig. Blätter 20–25 cm lang, glänzend dunkelgrün, unterseits silbrig samtig behaart. Blüten cremeweiß, tulpenförmig, 10 cm lang, 7–8 cm breit, intensiv süß duftend, Tepalen 12, die äußeren grünlich weiß, die inneren spatelförmig, über einen langen Zeitraum aufblühend. Selektion aus dem Olmenhof Park in Herk der Stadt, Belgien. (Magnolia 40 (1) 77: 2005).

'Urbana'. Wuchs großstrauchig, bis 6 m hoch. Blätter und Blüten wie bei *M. tripetala*, cremeweiß, duftend, im Juni aufblühend. Frosthärter als der Typ. (J. C. MCDANIEL, USA, 1960, 1969 registriert).

Magnolia ×veitchii BEAN

Veitchs Magnolie

(*M. campbellii* × *M. denudata*) Untergattung Yulania, Sektion Yulania

M. ×veitchii, eine interspezifische Hybride zwischen zwei ostasiatischen Arten, ist ein sommergrüner, 20–30 m hoher Baum mit einer locker aufgebauten Krone, einer silbrig rehbraunen Rinde und kahlen, dunkel purpurbraunen

Magnolia ×veitchii

Trieben. Verkehrt eiförmig oder länglich sind die 14,5–22 cm langen, an der Spitze kurz zugespitzten oder spitzen, an der Basis keilförmigen oder nahezu abgerundeten Blätter. Die Blätter sind oberseits dunkelgrün und entlang der Nervatur kurz behaart oder kahl, unterseits entlang der Haupt- und Seitennerven fein seidig behaart. Die vasenförmigen Blüten stehen aufrecht, ihre 7 bis 10 ungleich langen, weißen Tepalen sind außen rosa oder purpurn getönt, innen sehr hellrosa oder weiß oder an beiden Seiten weiß gefärbt. Die verkehrt eiförmigen oder breit spatelförmigen Tepalen sind 9–12 cm lang. Das Gynoeceum ist 1,8–2,3 cm lang, die 1,5–2,1 cm langen Staubblätter haben purpurne Staubfäden. Die Blüten entfalten sich im März-April. Grünlich rosa sind die 7–10 cm langen, zylindrischen, oft aber asymmetrischen Sammelfrüchte. WHZ 7a.

Magnolia ×veitchii

In der Baumschule P. C. Veitch, Exeter, Großbritannien, sind 1907 Blüten von *M. campbellii* mit Blütenstaub von *M. denudata* bestäubt worden. Von den fünf aus dieser Kreuzung entstandenen Pflanzen hatten vier Pflanzen weiße Blüten, eine Pflanze rosa getönte Tepalen. Diese später häufig kultivierte Sorte wurde 'Peter Veitch' genannt. Die Hybriden vereinen den baumförmigen Wuchs und die attraktiven Blüten von *M. campbellii* mit der Winterhärte und der frühen Blühfähigkeit von *M. denudata*. Die Pflanzen beginnen etwa mit einem Alter von 15 Jahren zu blühen.

Magnolia ×veitchii

'Isca'. Wuchs schwächer als der Typ. Blüten in der Knospe rosa, aufgeblüht reinweiß, eine Woche vor 'Peter Veitch' aufblühend. (Hort. Soc., Camellias and Magnolias Conf. Report 1950).

'Peter Veitch'. Wuchs stark, breit aufrecht, reich blühend. Blätter verkehrt eiförmig, bis 30 cm lang. Blüten lachsrosa, kelchförmig, Tepalen 9, bis 12,5 cm lang. Einer der Originalsämlinge der Baumschule Veitch, Großbritannien. (GARDINER (2000)). M. G. ***

Magnolia ×wieseneri Carrière

Wieseners Magnolie

(*M. obovata* × *M. sieboldii* subsp. *sieboldii*)
Untergattung Magnolia, Untersektion Rytidospermum

M. ×wieseneri, eine interspezifische Hybride, ist ein sommergrüner, bis 7 m hoher Strauch oder mehrstämmiger Baum mit langen Ästen. Die ziemlich dicken, gelblich bis rötlich braunen Triebe sind anfangs anliegend silbrig behaart, bald aber kahl. Breit elliptisch bis verkehrt eiförmig sind die (10–)14–19(–22) cm langen, an der Spitze keilförmigen oder spitzen, an der Basis spitzen oder abgerundeten, am Saum oft gewellten Blätter mit den 10 bis 15 Paar Seitennerven. Oberseits sind die glänzend grünen Blätter entlang der Nervatur schütter behaart, unterseits bläulich grün und entlang der Nervatur fein seidig behaart. Gelegentlich stehen die Blätter an den Triebenden quirlartig gehäuft. Die weißen, angenehm süß duftenden, anfangs kugeligen, aufgeblüht schalenförmigen, 15–20 cm breiten Blüten stehen aufrecht. Von den neun Tepalen sind die drei äußeren weiß, im Verblühen rosa getönt, sie sind mehr oder weniger zurückgeschlagen, die inneren, cremeweißen Tepalen sind 5,5–6 cm lang und breit verkehrt eiförmig. Das Gynoeceum ist etwa 3 cm lang, die zahlreichen, 1,5–2 cm langen Staubblätter sind karminrosa. Die Blüten entfalten sich im Juni. Früchte werden selten ausgebildet. WHZ 6b M.G. ***

Pflanzen der in Japan entstandenen Hybride kamen 1889 mit dem japanischen Beitrag zur Weltausstellung in Paris nach Europa, u.a. auch in die Royal Botanic Gardens, Kew. Sie wurde am 1. September 1890 von dem französischen Botaniker Élie Abel Carrière nach dem Pariser Grundbesitzer M. Wiesener, der eine Pflanze auf der Pariser Ausstellung erstanden hatte, als *M. ×wieseneri* beschrieben. Eine von J. D. Hooker 1891 nach dem zweiten Kurator von Kew, W. Watson, als *M. ×watsoniana* benannte Pflanze wurde später als identisch mit dem Pariser Exemplar identifiziert. *M. ×watsoniana* Hook. f. ist deshalb ein synonymer Name.

Die Hybride unterscheidet sich von der ihr nahestehenden *M. sieboldii* durch die größere Zahl an Seitennervenpaaren, die aufrecht stehenden Blüten und

Magnolia ×wieseneri

Magnolia ×wieseneri 'Aashild Kalleberg'

Magnolia ×wieseneri 'Aashild Kalleberg'

die längeren Staubblätter. Unterschiede zur baumförmig wachsenden *M. obovata* bestehen im Wuchscharakter und in den kleineren Blättern mit der geringeren Anzahl an Seitennervenpaaren.

'Aashild Kalleberg'. Wuchs baumförmig, robust, der einstämmig gewachsene Originalbaum war nach sieben Jahren 3,3 m hoch. Blätter ähnlich denen von *M. obovata*, bis 43 cm lang, 17,5 cm breit. Blüten reinweiß, Duft schwächer als beim Typ, kelchförmig, zuletzt schalenförmig und als Tasse-Untertasse ausgebildet, bis 25 cm breit, Tepalen 12. Blütezeit Mai, im Spätsommer zuverlässig remontierend (Olav Kalleberg, Norwegen, 1987 gekreuzt, erste Blüten 1995). WHZ 6b.

Magnolienhybriden mit Sortennamen, ausgenommen gelb blühende Sorten

Im Gegensatz zu Sorten, die sich bestimmten Arten oder Hybriden zuordnen lassen, werden hier Magnolien beschrieben, die „nur“ noch mit einem Sortennamen benannt werden. Ein Grund dafür ist die oft komplexe Abstammung der Sorten, an deren Entstehung oft mehr als zwei Arten, Sorten oder Hybriden beteiligt sind.

Durch die züchterische Arbeit zahlreicher Botaniker und Gärtner steht uns heute eine Fülle an attraktiven Magnolien zur Verfügung.

Hier werden nur Sorten mit pastellfarbenen, weißen und in unterschiedlicher Intensität rosa, rosaroten, rötlichen (eine Magnoliensorte mit reinroten Blüten ist bisher nicht gezüchtet worden), lila oder purpurnen Blüten beschrieben. Sorten mit gelben Blüten werden im nächsten Kapitel vorgestellt.

Angaben zu den Sortenbeschreibungen siehe Seite 57.

Die hier beschriebenen Sorten sind ganz überwiegend sommergrüne Magnolien.
Eine Ausnahme machen z. B. die Sorten 'Freeman' und 'Maryland', Kreuzungen zwischen der immergrünen *M. grandiflora* und *M. virginiana* und 'Inspiration', die Kreuzung zwischen den immergrünen Arten *M. laevifolia* und *M. doltsopa*.

Die Beschreibung einer Blütenform als „Tasse-Untertasse“ (englisch cup and saucer) bedeutet, dass bei voll geöffneten Blüten die drei äußeren Tepalen flach ausgebreitet sind, die inneren aufrecht stehen bleiben. Das trifft nicht selten für kelchförmige Blüten zu, die gelegentlich auch als pokalförmig bezeichnet werden.

Hauptblütezeit der beschriebenen Sorten sind, in Abhängigkeit von der Lage des Gartens und vom Witterungsverlauf eines Jahres, vorwiegend die Monate April und Mai und damit vor der Laubentfaltung. Die Blüten kommen so besonders gut zur Geltung.

Sorten, an deren Zustandekommen spätblühende Arten beteiligt sind, wie *M. acuminata, M. macrophylla, M. obovata* oder *M. tripetala*, blühen erst im Mai–Juni und damit nach oder gleichzeitig mit der Laubentfaltung.

Sorten mit großen, mehr als 20 cm breiten Blüten sollten am besten an windgeschützten Plätzen gepflanzt werden.

Ein wichtiger Hinweis: Nicht alle beschriebenen Sorten sind gegenwärtig von deutschen Baumschulen oder Gartencentern zu beziehen, auch nicht von Baumschulen mit einem besonders großen Angebot an Magnolienarten und -sorten.

'Advance' (*M. ×soulangeana* 'Burgundy' × *M.* 'Vulcan')
Wuchs baumförmig, aufrecht, 5–8 m hoch. Blüten lilapurpurn, an der Basis purpurn, innen hell rosarot schattiert, intensiv duftend, kelchförmig, 10–20 cm breit, aufrecht stehend, Tepalen 9, bis zu 10,7 cm lang, 9 cm breit, von sehr stabiler Textur. (Vance Hooper, Neuseeland. Magnolia 40 (1) 77: 2005). WHZ 7a. M.G. ***

Magnolia 'Advance'

Magnolia 'Advance'

'A. E. Bold' (*M.* 'J. C. Williams' × *M.* 'Black Tulip')
Wuchs baumförmig, schmal aufrecht, 6–8 m hoch. Die jungen Blüten lebhaft dunkel purpurrot mit bläulichem Unterton, aufgeblüht intensiv purpurrosa, innen etwas heller, perfekt kelchförmig, 20–22 cm breit, als Tasse-Untertasse ausgebildet, Tepalen 12, von stabiler Textur. (MICHAEL GOTTSCHALK, Deutschland, seit 2013 in Kultur). WHZ 7a. M.G. ***

Magnolia 'A. E. Bold'

Magnolia 'Albatross'

'Albatross' (*M. cylindrica* × *M.* ×*veitchii* 'Peter Veitch')
Wuchs baumförmig, zunächst straff aufrecht, Krone später ausladend und flach gewölbt, in 15 Jahren etwa 6 m hoch. Blüten weiß, an der Basis gelegentlich rötlich getönt, schalenförmig, 25–30 cm breit, Tepalen 12, von ziemlich dünner Textur, die drei äußeren kleiner als die inneren, Staubblätter karminrot. Blüten vor der Laubentfaltung aufblühend. (Rhododendrons with Camellias and Magnolias 41: 1988). WHZ 7a. M.G. **

'Amethyst Flame' (*M. liliiflora* × M. 'Vulcan'-Schwesternsämling)

Wuchs buschig aufrecht, schon als junge Pflanzen reich blühend. Blüten hell violett-rosa, amethystfarben überhaucht, kelchförmig, Tepalen 9, die inneren aufrecht stehend, die äußeren abstehend. (VANCE HOOPER, Neuseeland. Rhododendrons with Camellias and Magnolias. Vol. 61: 2010). WHZ 6b. M.G. ***

Magnolia 'Amethyst Flame'

'Angel Mist' (*M. officinalis* × *M. ×wieseneri*)

Wuchs baumförmig. Blätter groß. Blüten cremeweiß, sehr stark duftend, sehr groß, schalenförmig, Tepalen 12, von stabiler Textur, Staubblätter auffallend purpurrosa. (DENNIS LEDVINA, USA. Rhododendrons with Camellias and Magnolias Vol. 63: 2012). WHZ 6a. M.G. ***

Magnolia 'Angels Landing'

'Angels Landing' (*M.* 'Pickard's Opal' × *M. sprengeri*)

Wuchs baumförmig, stark, 8–10 m hoch, reich verzweigt, dicht belaubt. Blüten reinweiß, die inneren Tepalen an der Basis himbeerrosa, tulpenförmig, 18–20 cm breit. (MICHAEL GOTTSCHALK, Deutschland, seit 2012 in Kultur). WHZ 6b. M.G. ***

'Ann' (*M. stellata* 'Rosea' × *M. liliiflora* 'Nigra')

Wuchs baum- oder strauchartig, etwa 5 m hoch, die Krone 7 m breit. Blüten rötlich purpurn, zur Spitze hin gleichmäßig heller werdend, schmal kelchförmig, in der Knospe aufrecht, aufgeblüht 5–10 cm breit, Tepalen 6 bis 8, am Saum wellig, von stabiler Textur, Staubblätter purpurrot, sehr früh aufblühend, mit Nachblüten im Sommer. (U.S. National Arboretum, USA. Morris Arb. Bull. 19: 1968). WHZ 6a. M.G. ***

Magnolia 'Ann'

Magnolia 'Anne Rosse‘

'Anne Rosse' (*M. denudata* × *M. sargentiana*)
Wuchs strauchförmig, 3–4 m hoch. Blüten innen weiß, außen an der Basis purpurn, zur Spitze hin rosarot, kelchförmig, duftend, 18–21 cm breit, nickend, Tepalen 9, Staubblätter dunkel purpurrot. (Nymanns Garden, Großbritannien. Magnolia 20 (1) 37: 1984). WHZ 7a. M.G. ***

Magnolia 'Anne Rosse‘

'Antipation‘ (*M. cylindrica* × ?)
Wuchs baumförmig, schon als junge Pflanze reich blühend. Blüten reinweiß, schalenförmig, bis 25 cm breit, Tepalen 6, von stabiler Textur, Staubblätter rosarot. (August Kehr, USA, 1990 selektiert, 1999 registriert) WHZ 6a. M.G. **

'Antje Zandee‘ (*M.* 'Purple Dream‘ × *M.* 'Black Tulip‘)
Wuchs schmal aufrecht, 4–5 m hoch. Blüten in der Knospe dunkel schwarzrot, aufgeblüht in verschiedenen Rottönen aufhellend, bis hin zu kirschrot, kelchförmig, 10–12 cm breit, Tepalen von sehr stabiler Textur. (Michael Gottschalk, Deutschland, seit 2010 in Kultur). WHZ 6a. M.G. ***

Magnolia 'Antje Zandee‘

Magnolia 'Aphrodite'

'Aphrodite' (*M.* 'Black Tulip' × *M.* 'Dark Purple Dream')
Wuchs schmal aufrecht, 4–5 m hoch, schon als junge Pflanze reich blühend. Blüten leuchtend purpurrot, mit einem magentafarbenen Unterton, innen nur wenig heller, kelchförmig, 16–18 cm breit, Tepalen 12, von stabiler Textur. Robust und blühfreudig, frosthärter als 'Black Tulip'. Gedeiht am besten an einem vollsonnigen Standort. (MICHAEL GOTTSCHALK, Deutschland, seit 2015 in Kultur). WHZ 6b. M.G. ***

'Apollo' (*M. campbellii* 'Lanarth' ? × *M. liliiflora* 'Nigra')
Wuchs baumförmig, aufrecht, schmalkronig, in 15 Jahren etwa 4 m hoch, schon als junge Pflanzen sehr reich blühend und bei ausreichender Bodenfeuchtigkeit im Hochsommer stark remontierend. Blüten außen dunkelpurpurn, innen heller, bis 23 cm breit, geöffnet sternförmig, Tepalen 12, schmal eiförmig, von stabiler Textur. (FELIX M. JURY, Neuseeland. Rhododendrons with Camellias and Magnolias 44: 1992). WHZ 7b. M.G. ***

Magnolia 'Apollo'

'April Melody' (*M.* 'Atlas' × *M.* 'Pickard's Ruby')
Wuchs kleinbaumförmig. Blüten weiß, außen mit einem auffallenden himbeerroten Streifen von der Basis bis zur Spitze der Tepalen, pokalförmig, 20–22 cm breit, Tepalen 9, nahezu rundlich, von sehr stabiler Textur. (MICHAEL GOTTSCHALK, Deutschland, 2015). WHZ 6a. M.G. ***.

Magnolia 'April Melodie'

'Artic Star' (*M. ×brooklynensis* 'Woodsman' × *M.* 'Toro')
Wuchs strauchförmig, in 10 Jahren 2,5–3 m hoch, die Krone 2 m breit. Blüten bläulich weiß, auffallend violettrosa bis rötlich geflammt, besonders an der Basis und entlang der Mittelrippe. (Seit etwa 2015 bekannt, in Europa noch nicht in Kultur). WHZ 7a.

'Arabian Nights' (*M.* 'Sayonara' × *M.* 'Vulcan')
Wuchs baumförmig, straff aufrecht, in 10 Jahren etwa 6 m hoch. Blüten einheitlich violettrosa, Nervatur außen und innen heller, kelchförmig, Tepalen 9. (Auckland Botanic Garden, Neuseeland, 2007 benannt). WHZ 7a.

'Archangel' (*M. sprengeri* 'Diva' × *M. ×soulangeana* 'Brozzonii')
Wuchs malerisch baumförmig, 6–8 m hoch. Blüten sehr groß, reinweiß, Tepalen von stabiler Textur. (PHIL SAVAGE, USA). WHZ 6a. M.G. ***

'Asian Artistry' (*M. denudata* × *M. sprengeri* 'Diva')
Wuchs baumförmig, 5–8 m. Blüten rahmweiß, außen an der Basis purpurrot, schalenförmig, 20–30 cm breit, waagerecht abstehend, duftend, Tepalen 9 bis 12, spatelförmig, Staubblätter gelblich rosa, spät in der Saison aufblühend. (TODD GRESHAM, USA. Rare Find Nursery, Katalog 2003). WHZ 6b.

'Athene' (*M.* 'Mark Jury' × *M. ×soulangeana* 'Lennei Alba')
Wuchs baumförmig, mehrstämmig, 5–8 m hoch und gleich breit, schon früh sehr reich blühend. Blüten elfenbeinfarben, an der Basis auffallend violettrosa gestreift, schalenförmig, bis 30 cm breit, als Tasse-Untertasse ausgebildet Tepalen 9, von sehr stabiler Textur, die äußeren abstehend, die inneren kelchförmig. Schwestersämling von *M.* 'Lotus' und *M.* 'Milky Way'. (FELIX M. JURY, Neuseeland. Rhododendrons with Camellias and Magnolias 44: 1992). WHZ 7b. AGM 2012. M.G. ***

Magnolia 'Athene'

Magnolia 'Athene'

Magnolia 'Athene'

'Atlas' (*M.* 'Mark Jury' × *M.* ×*soulangeana* 'Lennei Alba')
Wuchs schmal aufrecht, bis 6 m hoch, rundkronig, schon als junge Pflanze reich blühend. Blüten außen lilarosa, innen cremefarben, schalenförmig, 30–35 cm breit. Tepalen 12, breit eiförmig, bis 15 cm breit, aufrecht stehend. Braucht der riesigen Blüten wegen einen windgeschützten Platz. Bis zu drei Wochen lang blühend. Schwestersämling von 'Iolanthe'. (FELIX M. JURY, Neuseeland. Rhododendrons with Camellias and Magnolias 44: 1992). WHZ 6a. M.G. ***

Magnolia 'Atlas'

'Aurora' (*M.* 'Star Wars' × *M. sargentiana*)
Wuchs schmal aufrecht, in 10 Jahren 4–5 m hoch, die Krone 2–2,5 m breit. Blätter schmal, dunkelgrün, mit auffälliger Nervatur. Blüten außen intensiv rosarot, innen rosaweiß, kelchförmig, Tepalen 12, von stabiler Textur, sehr früh aufblühend. (OSWALD BLUMHARDT, Neuseeland). WHZ 7b. M.G. ***

Magnolia 'Aurora'

'Badenweiler' (*M.* 'Deep Purple Dream' × *M.* 'Star Wars')
Wuchs baumförmig, etwa 5–6 m hoch. Blüten außen purpurrosa, innen heller mit dunkleren Streifen, kelchförmig, etwa 24 cm breit, Tepalen 9, von stabiler Textur. (MICHAEL GOTTSCHALK, Deutschland, im Juli 2015 im Kur- und Schlosspark Badenweiler getauft). WHZ 6b. M.G. ***.

Magnolia 'Badenweiler'

'Barbara Nell' (*M. acuminata* var. *acuminata* 'Fertile Myrtle' × *M. sprengeri* 'Diva')
Wuchs baumförmig, in 15 Jahren etwa 5 m hoch. Blüten cremeweiß, mit einer rosafarbenen Schattierung, ausgehend von der Basis und entlang der Mittelrippe der Tepalen, aus der Distanz cremegelb erscheinend, duftend, kelchförmig, als Tasse-Untertasse ausgebildet, Tepalen 10, die äußeren 10 cm lang, die inneren etwas kleiner. Schwestersämling von 'Peachy'. (PHIL SAVAGE, USA. Magnolia 29 (1) 56: 1994). WHZ 6a.

Magnolia 'Big Dude'

'Big Dude' (*M. sprengeri* 'Diva × *M.* ×*soulangeana* 'Picture')
Wuchs großstrauchig, breit aufrecht, bis 7 m hoch, reich blühend. Blüten außen rötlich purpurn, innen weiß, stark duftend, breit kelchförmig, bis 35 cm breit, nickend, Tepalen 9 bis 12, zuletzt weit abstehend und nach außen umgebogen, Blüten erscheinen dann zweifarbig. Regelmäßig und reich fruchtend, Sammelfrüchte bis 30 cm lang. (Phil Savage, USA. Magnolia 25 (1) 47: 1989) WHZ 6a. M.G. ***

'Black Tulip' (*M.* 'Vulcan' × *M.* 'Iolanthe')
Wuchs schmal aufrecht, in 10 Jahren etwa 3 m hoch, die Krone etwa 2 m breit, schon als junge Pflanze reich blühend. Blüten sehr dunkel burgunderrot, duftend, pokalförmig, bis 15 cm breit, Tepalen 9, an der Spitze einwärts gebogen, von stabiler Textur. (Mark Jury, Neuseeland. Gardiner (2000)). WHZ 7a. M.G. **

Magnolia 'Black Tulip'

'Blackberry Rose' (*M.* 'Pickard's Ruby' × *M.* 'Vulcan')
Wuchs baumförmig. Blätter derb ledrig. Blüten tief brombeerfarben purpurn, an der Basis dunkler, fast schwarzrot, innen heller, kelchförmig, rosenähnlich, 18–20 cm breit, Tepalen 6, breit verkehrt eiförmig, leicht zerknittert, von sehr stabiler Textur, deshalb lange haltbar. (Michael Gottschalk, Deutschland, 2014). WHZ 6a. M.G. ***

Magnolia 'Blackberry Rose'

’Blushing Belle‘ (*M.* ’Yellow Bird‘ × *M.* ’Caerhays Belle‘)
Wuchs baumförmig, 6–8 m hoch, die Krone 3–5 m breit, schon als junge Pflanze reich blühend. Blüten außen intensiv rosa, zur Basis hin dunkler, innen heller, stark und angenehm duftend, schalenförmig, Tepalen 12, breit eiförmig, von stabiler Textur, spät in der Saison aufblühend. (Dennis Ledvina, USA. Magnolia 36 (2) 70: 2001). WHZ 5b. M.G. ***

Magnolia ’Blushing Belle‘

Magnolia ’Blushing Belle‘

‘Brigitta Flinck‘ (*M. macrophylla* × *M. virginiana*)
Wuchs baumförmig, stark. Blätter bis 35 cm lang, glänzend dunkelgrün. Blüten innen reinweiß, außen purpurn gefleckt, Blütezeit im Mai–Juni. Zurzeit in Europa nicht mehr nachweisbar. (Phil Savage, USA, 1989). WHZ 6a.

‘Brixton Belle‘ ((*M.* ×*soulangeana* ‘Sweet Simplicity’ × M. ‘Black Tulip’) × *M. campbellii* ‘Harold Hillier’))
Wuchs breit aufrecht, in 10 Jahren etwa 4 m hoch, 3 m breit, nach 6 bis 8 Jahren blühend. Blütenknospen groß, stark filzig behaart. Blüten rosa, zur Spitze hin heller werdend, kelchförmig, voll geöffnet als Tasse-Untertasse ausgebildet, Tepalen 9 bis 12, von stabiler Textur. (Vance Hooper, Neuseeland, vor 2012 eingeführt). WHZ 7b. M.G. ***

Magnolia ’Brixton Belle‘

'Bronwyne' (*M. liliiflora* × *M. campbellii* 'Lanarth')
Wuchs baumförmig, etwa 4 m hoch. Blüten außen magentafarben, innen weißlich rosa, kelchförmig, bis 25 cm breit. Schwestersämling von 'Purple Sensation' und 'Ruth'. (Ian Baldick, Neuseeland. New Zealand Garden Journal Vol. 16 (1): 2013). WHZ 7b. M.G. ***

'Burgundy Spire' (*M.* 'Yellow Bird' × *M.* 'Apollo')
Wuchs baumförmig, schmal aufrecht, bis 8 m hoch. Blüten außen rein purpurrot, innen cremefarben, schalenförmig, Tepalen 9, auch zur Zeit der Vollblüte aufrecht stehend, von sehr stabiler Textur. Spät in der Saison aufblühend, aber noch vor der Laubentfaltung. (Dennis Ledvina, USA. Rhododendrons with Camellias and Magnolias, Vol. 36: 2012)). WHZ 6a.

Magnolia Burgundy Star

Burgundy Star **('Jurmag4')** (*M. liliiflora* 'Nigra' × *M.* 'Vulcan')
Wuchs schmal aufrecht bis säulenförmig, bis 5 m hoch, 1,5 m breit. Blüten rot, mit leichtem bläulichen Unterton (weniger Blauanteil als die meisten anderen „rotblühenden" Sorten), innen und außen nahezu gleich gefärbt, leicht duftend, sternförmig, bis 15 cm breit, Tepalen 12, von stabiler Textur. (Mark Jury, Neuseeland). WHZ 6b. M.G. ***

Magnolia 'Burncoose Purple'

'Burncoose Purple'. (vermutlich *M. sprengeri* 'Diva' × ?)
Wuchs baumförmig, schmal aufrecht, sehr reich blühend. Blüten außen dunkel purpurn, innen heller, kelchförmig. (Burncoose Nursery, Großbritannien, Katalog 1988). WHZ 6a. M.G. ***

Magnolia 'Caerhays Belle'

'Caerhays Belle' (*M. sargentiana* × *M. sprengeri* 'Diva')
Wuchs baumförmig, etwa 12 m hoch, die Krone etwa 8 m breit, erst im Alter reich und regelmäßig blühend. Blüten lachsrosa, kelchförmig, bis 30 cm breit, aufrecht stehend, Tepalen 9 bis 12, breit spatelförmig, am Rand gewellt, von stabiler Textur, Staubfäden cremeweiß, Staubbeutel rot. Reich fruchtend, Sammelfrüchte rosarot, bis 20 cm lang. (Treseder's Nursery, Katalog etwa 1965). WHZ 7b. AGM 2012. M.G. ***

Magnolia 'Caerhays Belle'

'Caerhays Surprise' (*M. campbellii* × *M. liliiflora* 'Nigra')
Wuchs baum- oder strauchförmig, kompakt, etwa 5 m hoch, die Krone etwa 4 m breit. Blüten in der schlanken Knospe violettrot, aufgeblüht lavendelrosa, kelchförmig, voll geöffnet mit den abstehenden unteren Tepalen als Tasse-Untertasse ausgebildet, 20–25 cm breit, Tepalen 9 bis 12, lanzettlich. (Jour. Roy. Hort. Soc. 99: 1974). WHZ '7a. AGM 2012. M.G. ***

'Cameo' (*M.* ×*soulangeana* 'Sweet Simplicity' × *M.* 'Black Tulip')
Wuchs baum- oder strauchförmig, rundkronig, in 10 Jahren 3,5–5 m hoch, schon als junge Pflanze reich blühend. Blüten außen lebhaft purpurrot, innen kontrastreich weiß mit zartrosa Aderung, kelchförmig, Tepalen 9, nahezu kreisrund, von stabiler Textur. (Vance Hooper, Neuseeland. Google Patents 2015). WHZ 6b. M.G. **

Magnolia 'Candy Cane'

Candy Cane **('JG#28')** (Gresham-Hybride unbekannter Abstammung)
Wuchs baum- oder strauchförmig, schmal aufrecht, sehr reich blühend. Blüten an der Basis anfangs rosa, aufgeblüht zur Spitze hin weiß, rosa überhaucht, innere Tepalen an der Basis purpurrosa, kelchförmig, Tepalen 9. (Selektiert und benannt von John. A. Smith, USA. Callaway (1994)). WHZ 6b. M.G. ***

'Cassiopeia' (*M.* 'Rebekka's Perfume' × *M. sprengeri*). Wuchs baumförmig, breit aufrecht, bis etwa 8 m hoch. Blüten groß, schalenförmig, substanzreich, weiß, mit einem auffallenden Basalfleck, Tepalen nahezu kreisrund, von stabiler Textur. (Michael Gottschalk, vor 2018). WHZ 6b. M.G. ***

Magnolia 'Cassiopeia'

'Cathryn' (*M. liliiflora* 'Nigra' × *M. campbellii* 'Margaret Helen')
Wuchs baumförmig, 7–8 m hoch, anfangs vasenförmig, später rundkronig, schon als junge Pflanze reich blühend. Blüten außen tief purpurn, zur Vollblüte hell purpurn, innen hell purpurviolett, kelchförmig, als Tasse-Untertasse ausgebildet, 23–26 cm breit, Tepalen 9, eiförmig, bis 14 cm lang, 9 cm breit, die drei inneren domförmig geschlossen bleibend, von stabiler Textur, Staubblätter rötlich purpurn. (Magnolia 40 (1) 77: 2005). WHZ 7b. M.G. **

'Cecile Nice' (*M. denudata* × *M. sargentiana*)
Wuchs baum- oder strauchförmig, schmal aufrecht, in 10 Jahren 3 m hoch. Blüten reinweiß, duftend, tulpenförmig, aufrecht stehend, Tepalen 9, breit abgerundet, Staubblätter hell purpurrosa. (Otto Eisenhut, Schweiz, Katalog 1989). WHZ 7b. M.G. ***

Magnolia 'Cecile Nice'

'Charles Coates' (*M. sieboldii* subsp. *sieboldii* × *M. tripetala*)
Wuchs baum- oder strauchförmig, bis etwa 6 m hoch, in Blüten und Belaubung ähnlich *M. tripetala*. Blätter breit elliptisch, bis 25 cm lang. Blüten cremeweiß, angenehm und stark duftend, zur Vollblüte breit schalenförmig, bis 18 cm breit, aufrecht stehend, Staubblätter auffallend rosarot, Tepalen 9, meist etwas zerknittert. (Hilliers Man. of Trees and Shrubs, Ed. 2, 1973). WHZ 6b. M.G. ***

Magnolia 'Charles Coates'

'Charming Lady'. (*M. ×soulangeana* 'Lennei' × *M.* 'Toro')
Wuchs strauchförmig, in 10 Jahren etwa 3 m hoch, bis 2,5 m breit. Blüten außen an der Basis dunkel purpurrot, zur Spitze hin heller werdend, innen hellrosa bis weiß, kelchförmig, Tepalen 9, von stabiler Textur. (DENNIS LEDVINA, USA. Klehm' Song Sparrow Farm and Bursery, USA, Online Katalog 2018)). WHZ 6a. M.G. ***

'Chrystal Chalice' (*M. ×soulangeana* 'Lennei' × *M. sprengeri* 'Diva').
Wuchs baumförmig, stark, reich blühend. Blüten reinweiß, perfekt kelchförmig. (MAURICE FORSTER, Großbritannien). WHZ 7a. M.G. ***

'Chrystal Tulip' (Abstammung unbekannt)
Wuchs baum- oder strauchartig. Zweigrinde auffallend grün. Blätter schmal elliptisch, ledrig, glänzend hellgrün, Nervatur tief eingesenkt. Blüten weiß, an der Basis mit einer kräftigen, purpurroten Zeichnung, tulpenförmig, Tepalen 6, von stabiler Textur, aufrecht stehend. (Vor wenigen Jahren aus China importiert). WHZ 6b.

'Cleopatra' (*M. ×soulangeana* 'Sweet Simplicity' × *M.* 'Black Tulip')
Wuchs baum- oder strauchförmig, mehrstämmig, breit säulenförmig, in 10 Jahren 4–5 m hoch, die Krone etwa 2 m breit, schon als junge Pflanze reich blühend. Blätter glänzend dunkelgrün. Blüten außen und innen gleichmäßig lebhaft purpurn mit bläulichem Unterton, leicht duftend, aufrecht stehend, kelchförmig, 18–20 cm breit, Tepalen 12, von stabiler Textur. Im Sommer regelmäßig nachblühend. (VANCE HOOPER, Neuseeland. Rare Find Nursery Katalog 2018). WHZ 6b. M.G. ***

Magnolia 'Chrystal

'Coral Lake' (*M.* 'Legend' × *M.* 'Butterflies')
Wuchs baumförmig, schmal kegelförmig, etwa 4–5 m hoch. Blüten korallenrosa, zur Spitze hin heller, grünlich gelb gestreift, tulpenförmig, 18 cm breit, Tepalen 11, 8–10 cm lang, von stabiler Textur. (Magnolia 33 (1) 63: 1998). WHZ 6a. M.G. ***

Magnolia 'Coral Lake'

'Cotton Candy' (*M.* 'Red Barron' × *M.* 'Blushing Belle')
Wuchs baumförmig, 8–10 m hoch. Blüten außen lebhaft rosarot, innen nur wenig heller, kelchförmig, sehr groß, aufrecht stehend, Tepalen 9, fast kreisrund, von stabiler Textur. Spät in der Saison aufblühend, aber noch vor der Laubentfaltung. (DENNIS LEDVINA, USA. Rare Find Nursery Katalog 2016). WHZ 5b. M.G. ***

'Crescendo' (wahrscheinlich *M.* 'Yellow Lantern' × *M.* 'Big Dude')
Wuchs baumförmig. Blüten außen tiefrosa, innen glitzernd weiß, sehr groß, kelchförmig, zuletzt als Tasse-Untertasse ausgebildet, Tepalen 9, von stabiler Textur. (DENNIS LEDVINA, USA. Rhododendrons with Camellias and Magnolias Vol. 63: 2012). WHZ 5b. M.G. ***

'Crimson Stipple' (*M. ×soulangeana* 'Lennei Alba' × *M. ×veitchii*)
Wuchs baumförmig, stark, breit aufrecht. Blüten weiß, an der Basis rosarot überhaucht, duftend, kelchförmig, bis 30 cm breit, Tepalen 9, von stabiler Textur. (TODD GRESHAM, USA. Morris Arb. Bull. 13: 1962). WHZ 7b. M.G. **

'Cup Cake' (*M. ×soulangeana* 'Lennei Alba' × *M. ×veitchii*)
Wuchs baumförmig, schmal aufrecht. Blüten cremeweiß, an der Basis purpurn überhaucht, duftend, kelchförmig, bis 30 cm breit. (TODD GRESHAM, USA. CALLAWAY (1994)). WHZ 6b. M.G. ***

Magnolia 'Crimson Stipple'

Magnolia 'Cup Cake'

'Dark Raiment' (*M. liliiflora* × *M. ×veitchii*)
Wuchs baumförmig, schon als junge Pflanze reich blühend. Blätter im Herbst gelb gefärbt. Blütenknospen 14 cm lang, Blüten tief violettrot, schalenförmig, Tepalen 12, die äußeren ausgebreitet, die inneren vier aufrecht und das Gynoeceum einschließend, die Blüten so als Tasse-Untertasse ausgebildet. (TODD GRESHAM, USA. Morris Arb. Bull. 13: 1962). WHZ 7b.

'Dark Shadow' (*M. ×soulangeana* × *M. ×veitchii* ?)
Wuchs baumförmig, kompakt, 8–9 m hoch, die Krone etwa 5 m breit, oft schon als junge Pflanze reich blühend. Blüten in der Knospe nahezu schwarzrot, aufgeblüht purpurrot, innen kontrastreich elfenbeinweiß, kelchförmig, 10–12 cm breit, Tepalen 9, die inneren 10 cm lang, die äußeren kürzer, von stabiler Textur, Staubblätter burgunderrot. (Todd Gresham, USA. Otto Eisenhut, Schweiz, Katalog, 1989). WHZ 6b. M.G. ***

'Darrell Dean' (*M. ×soulangeana* × *M. veitchii* ?)
Wuchs anfangs aufrecht, später ausladend. Blüten außen purpurrosa, innen weiß, offen kelchförmig, bis 30 cm breit, seitwärts abstehend, Tepalen 9 bis 12, breit eiförmig, von stabiler Textur. (Gresham-Hybride. Magnolia 20 (1) 37: 1984). WHZ 6b. M.G. **

Magnolia David Clulow

David Clulow **('LA 20')** (vermutlich *M. ×soulangeana* 'Lennei Alba' × *M. ×veitchii* 'Rubra')
Wuchs baumförmig, breit aufrecht, etwa 7 m hoch und gleich breit, schon als junge Pflanze reich blühend. Blüten weiß, an der Basis rosa, 20–30 cm breit, als Tasse-Untertasse ausgebildet, Tepalen 12, breit verkehrt eiförmig bis rundlich, sehr früh aufblühend. Gilt als eine der besten weiß blühenden Magnolien. (Ken Durio, USA. Hunt (1998)). WHZ 7b. AGM 2012. M.G. ***

'Daybreak' (*M. ×brooklynensis* 'Woodsman' × *M.* 'Tina Durio')
Wuchs baumförmig, schmal kegelförmig, 7–9 m hoch, bis 3 m breit, reich blühend. Blüten hell rosarot, stark und angenehm duftend, kelchförmig, 12–15 cm breit, Tepalen 12, schmal eiförmig, zuletzt ausgebreitet, Blüten dann 23–25 cm breit. (August Kehr, USA. Magnolia 27 (1) 51: 1991). WHZ 7b. AGM 2012. M.G. ***

Magnolia 'Daybreak'

Magnolia 'Daybreak'

Magnolia 'Delicatissima'

'Delicatissima' (*M. ×soulangeana* 'Lennei Alba' × *M. ×veitchii*)
Wuchs kleinbaumförmig, kompakt, kleiner als viele andere Gresham-Hybriden. Blüten weiß, an der Basis rosarot getönt, tulpenförmig, Tepalen 9. (Todd Gresham, USA. Morris Arb. Bull. 13: 1962). WHZ 6b. M.G. ***

'Dennis Ledvina' (*M. ×brooklynensis* 'Woodsman' × *M.* 'Pink Royality')
Wuchs baumförmig. Blüten außen rosarot, an der Basis dunkler, zur Spitze hin und innen heller, schalenförmig, groß, stark duftend, Tepalen 9, von stabiler Textur, breit eiförmig, spät in der Saison aufblühend und lange blühend, reich fruchtend. (Dennis Ledvina, USA. Magnolia 43 (1) 83: 2008). WHZ 5b.

'Eleanor May' (*M. ×soulangeana* 'Rustica Rubra' × *M. campbellii* 'Lanarth')
Wuchs baumförmig, stark, breit aufrecht, etwa 8–10 m hoch, sehr reich blühend. Blüten außen purpurrosa, innen cremeweiß, kelchförmig, als Tasse-Untertasse ausgebildet. (Neuseeland). WHZ 7b. M.G. **

Magnolia 'Eleanor May'

Magnolia 'Eleonore Speer'

'Eleonore Speer' (*M.* 'Manchu Fan' × *M.* 'Vulcan')
Wuchs baumförmig. Blüten außen magenatrot, innen weiß mit magentafarbenem Unterton, kelchförmig, 20–22 cm breit, Tepalen 6, breit eiförmig, leicht zerknittert, von stabiler Textur. (MICHAEL GOTTSCHALK, Deutschland, zusammen mit 'Badenweiler' im Juli 2015 im Kur- und Schlosspark Badenweiler getauft und nach der Förderin des Parks benannt). WHZ 6b. M.G. ***

ELISA ODENWALD **('LA#76')** (*M.* ×*soulangeana* 'Lennei Alba' × *M.* ×*veitchii*)
Wuchs aufrecht, mehrstämmig. Blüten außen cremeweiß, innen reinweiß, außen an der Basis der drei inneren Tepalen purpurrosa, stark duftend, schalenförmig, bis 30 cm breit, Tepalen 9. (TODD GRESHAM, USA. Magnolia 20 (1) 37: 1984). WHZ 7b. M.G. **

'Emma Cook' (*M. denudata* × *M. stellata* 'Waterlily')
Wuchs baumförmig, wie *M. denudata*, reich blühend. Blüten in der Knospe und der frühen Blüte hell lavendelrosa, später weiß, schalenförmig, bis 15 cm breit, Tepalen 9 bis 11, die drei äußeren kleiner als die inneren. (FRANK GAYLON, USA, 1975 registriert). WHZ 6a. M.G. **

Magnolia 'Eskimo'

'Eskimo' (*M.* ×*soulangeana* × *M. kobus* 'Norman Gold')
Wuchs strauchförmig, bis 3 m hoch, schon als junge Pflanze reich blühend. Blüten weiß, in der Knospe mit deutlich lila Anflug, dieser langsam verblassend, kelchförmig, 12,5–15 cm breit, aufrecht stehend. (AUGUST KEHR, USA. Magnolia 35 (2) 68: 2000). WHZ 6b. G.M. ***

FAIRY CREAM **('MicJuro2')** ((*M. figo* x (*M. doltsopa* × *M. yuyuanensis*))
Wuchs strauchförmig, nach 7 Jahren 3–4 m hoch, die Krone 2–3 m breit. Blätter immergrün. Blüten cremeweiß, süß duftend, 6 cm breit, entlang der Zweige stehend. (MARK JURY, Neuseeland). WHZ 8a. M.G. **

Magnolia FAIRY QUEEN

FAIRY QUEEN **('MijJur2')**
Wuchs buschig, kompakt, reich verzweigt, etwa 2,5 m hoch, schon als junge Pflanze reich blühend. Blätter immergrün, schmal verkehrt eiförmig, oberseits glänzend dunkelgrün. Blüten achselständig in Büscheln, stark und angenehm duftend, cremeweiß, schalenförmig, 8–10 cm breit, Tepalen 9, schmal verkehrt eiförmig, Staubblätter hell goldgelb, Gynoeceum grün. Blütezeit März-April. In winterkalten Regionen als Kübelpflanze zu kultivieren. (MARK JURY, Neuseeland). WHZ 8a.

Magnolia 'F. J. Williams'

'F. J. Williams' (*M. sargentiana* × *M. campbellii* 'Lanarth') Wuchs baumförmig, schwachwüchsig. Blüten hellrosa, kelchförmig, sehr groß, Tepalen 12, breit eiförmig, gewellt. (Caerhays Castle, Großbritannien. Magnolia 45 (1) 87: 2010). WHZ 8a.

'Felicity' (*M. sprengeri* 'Diva' × *M.* ×*soulangeana* 'Picture') Wuchs baumförmig, 6–9 m hoch. Blüten außen purpurrosa, innen weiß, kelchförmig, als Tasse-Untertasse ausgebildet, zur Vollblüte nickend. (Phil Savage, USA. Rare Find Nursery Katalog 2007)). WHZ 7a. M.G. ***

Magnolia 'Felicity'

Felix M. Jury **('JURmag2')**
(*M.* 'Atlas' × *M.* 'Vulcan')
Wuchs baumförmig, etwa 5–7 m hoch, die kegelförmige, sparrig verzweigte Krone etwa 3 m breit. Blätter groß, ledrig. Blüten tief rosarot, stark duftend, kelchförmig, bis 36 cm breit, als Tasse-Untertasse ausgebildet, Tepalen 12, von stabiler Textur. Benötigt einen windgeschützten, lichtschattigen Standort. (Mark Jury, Neuseeland, benannt nach seinem Vater. Google Patents 2004). WHZ 7a. AGM 2013. M.G. ***

'Fire' (Abstammung unbekannt)
Wuchs baumförmig. Blüten außen rosa, innen weiß, hellrosa schattiert, tulpenförmig, Tepalen 12, zur Vollblüte zurückgeschlagen. Möglicherweise eine regionale Population von *M. sprengeri* 'Diva' (Vor 2016 aus China importiert). M.G. **. WHZ 7b.

'Fireglow' (*M. cylindrica* × *M. denudata* 'Sawada's Pink')
Wuchs kleinbaumförmig. Blätter derb ledrig. Blüten strahlend weiß, außen vom unteren Drittel bis zur Spitze der Tepalen lebhaft magentafarben, mittelgroß, Tepalen 6. (Magnolia 22 (2) 42: 1986/87). WHZ 6b.M.G. ***

'First Love' (*M. liliiflora* × *M.* ×*brooklynensis* 'Woodsman')
Wuchs baum- oder strauchförmig, etwa 4–5 m hoch, schon als junge Pflanze reich blühend. Blüten außen dunkel purpurrot mit grünlichem Anflug, innen satt cremegelb, tulpenförmig, Tepalen 6, von stabiler Textur. Eine Sorte mit starkem Farbkontrast zwischen außen und innen. (Dennis Ledvina, USA. Rhododendrons with Camellias and Magnolias, Vol. 63: 2012). WHZ 6a. M.G. ***

'Flamingo' (*M. acuminata* var. *acuminata* 'Fertile Myrtle' × *M. sprengeri* 'Diva')
Wuchs baumförmig, regelmäßig kegelförmig, dicht belaubt, nach 20 Jahren etwa 8 m hoch. Blüten lebhaft flamingorosa mit orangefarbenem Unterton, bleibend breit tulpenförmig, bis 23 cm breit, Tepalen 10–12,5 cm lang. Eine Sorte mit ungewöhnlicher Blütenfärbung. (PHIL SAVAGE, USA. Magnolia 28 (1) 53: 1992). WHZ 6a. M.G. ***

Magnolia 'Forrest's Pink'

'Forrest's Pink' (*M. denudata* × *M. sprengeri* ?)
Wuchs baumförmig. Blüten außen an der Basis reinrosa mit einem dunkleren Mittelstreifen. Die Blütenknospen gelten als besonders frosthart. Sämling einer Originalpflanze von *M. denudata* in Caerhays Castle, die aus einer Aufsammlung von George Forrest stammt. Regelmäßig reich fruchtend. Wird auch als *M. denudata* 'Forrest's Pink' beschrieben. (Magnolia 20 (1) 37: 1984). WHZ 6b. M.G. ***

Magnolia 'Frank Gladney'

'Frank Gladney' (*M. campbellii* × rosafarbene Gresham-Hybride ?)
Wuchs baumförmig, locker aufrecht. Blüten außen an der Basis tief rosarot, zur Spitze hin weiß, innen weiß, kelchförmig, als Tasse-Untertasse ausgebildet, 25–30 cm breit, aufrecht stehend, Tepalen 12. (Magnolia 20 (1) 37: 1984). WHZ 7a. M.G. **

'Frank's Masterpiece' (*M. ×soulangeana* 'Deep Purple Dream' × *M.* 'Paul Cook')
Wuchs baumförmig, etwa 9 m hoch, die Krone etwa 8 m breit, Zweige leicht überhängend. Blüten außen dunkel rötlich purpurn, innen weißlich rosa, dunkler gestreift, kelchförmig, 25–28 cm breit, Tepalen 8 bis 9, bis 13 cm lang, von stabiler Textur. (FRANK GALYON, USA. Magnolia 33 (1) 63: 1998). WHZ 6b. M.G. **

Magnolia 'Frank's Masterpiece'

'Freeman' (*M. grandiflora* x *M. virginiana*)
Wuchs baumförmig, schmal aufrecht, sehr ähnlich *M. grandiflora*. Blätter immergrün. Blüten weiß, duftend, 10–15 cm breit, ab Mitte Juni aufblühend. (OLIVER FREEMAN, USA. Newls. Amer. Magnol. Soc. 4 (2): 1967). WHZ 8a. M.G. ***

FULL ECLIPSE **('JG#30')** (*M. ×soulangeana* × *M. veitchii* ?)
Wuchs baumförmig, stark, schmal aufrecht, in 10 Jahren mehr als 9 m hoch, reich blühend. Blüten außen hell purpurrot, mit dunklerem Mittelstreifen, innen schimmernd weiß, tulpenförmig, 25–28 cm breit, Tepalen 9, von stabiler Textur. (Gresham-Hybride. Wayside Garden Katalog 1990). WHZ 6a.

'Galaxy' (*M. liliiflora* 'Nigra' × *M. sprengeri* 'Diva').
Wuchs baumförmig, oft mehrstämmig, kegel- oder säulenförmig, etwa 9 m hoch, die Krone 6–8 m breit. Blüten in der 10–12 cm langen Knospe tief purpurrot, aufgeblüht an der Basis außen purpurrot, zur Spitze hin hell purpurlila, innen weiß, hellrosa überhaucht, schwach duftend, schalenförmig, 20–25 cm breit, Tepalen 11 bis 12, zu viert in drei Kreisen, breit bis schmal verkehrt eiförmig, leicht gedreht, zuletzt abstehend bis zurückgeschlagen, von stabiler Textur. (WILLIAM KORSAR, USA. Amer. Magnol. Soc. 15 (1) 23: 1979). WHZ 6a. AGM 1993. M.G. *

Magnolia 'Galaxy'

Magnolia 'Galaxy'

'Genie' ((*M.* 'Sweet Valentine' × (*M. ×soulangeana* 'Sweet Simplicity' × *M. liliiflora* 'Nigra'))
Wuchs baum- oder strauchförmig, kompakt, etwa 4 m hoch, die Krone etwa 2 m breit, schon als junge Pflanze reich blühend und regelmäßig nachblühend. Blüten in der Knospe dick, fast schwarzrot, aufgeblüht kugelig-pokalförmig, außen und innen tief rubinrot, 15 cm breit, Tepalen 9 bis 12, kreisrund, 5–7 cm lang, von sehr stabiler Textur. Die Frage, ob 'Genie' oder 'Black Tulip' die gegenwärtig am dunkelsten gefärbte Magnolien-Sorte ist, wird unterschiedlich beantwortet. (Vance Hooper, Neuseeland. Bunting (2016)). WHZ 6b. M.G. ***

Magnolia 'Genie'

Magnolia 'George Henry Kern'

'George Henry Kern' (*M. stellata* × *M. liliiflora*)
Wuchs strauchförmig, kompakt, 3–5 m hoch und gleich breit, ähnlich *M. stellata*. Blüten außen lebhaft rosarot, innen heller, duftend, tulpenförmig, Tepalen 8 bis 10, von stabiler Textur, breiter als bei *M. stellata*. Blüten öffnen sich später und über einen längeren Zeitraum als die von *M. stellata*. (Carl E. Kern, USA. Amer. Nurseryman 89 (5): 1949). WHZ 6b. AGM 2012. M.G. ***

'Green Snow' ((*M. ×brooklynensis* 'Woodsman' × *M. ×soulangeana* 'Lennei') x *M.* 'Elizabeth'))
Wuchs baumförmig. Bei den schalenförmigen Blüten die äußeren Tepalen auf weißem Untergrund grün gepunktet, die mittleren Tepalen cremeweiß, die inneren weiß, außen purpurn gestreift, Tepalen 8 bis 9, stumpf eiförmig, bis 20 cm lang, knitterig, spät aufblühend, gerade vor der Laubentfaltung, Staubblätter gelblich grün. Schwestersämling von 'Banana Split'. (August Kehr, USA, von Philippe de Spoelberch, Belgien, selektiert und 2001 von ihm registriert). WHZ 6b. M.G. **

'Gullmarsfjord' (*M.* 'Pink Surprise' × *M.* 'Coral Reef')
Wuchs baumförmig. Blätter glänzend dunkelgrün. Blüten milchweiß, außen mit einem auffallend purpurroten Streifen auf der Mittelrippe der Tepalen, tulpenförmig, Tepalen 6, ganz spät in der Saison aufblühend. (von OLAV KALLEBERG in Sira, Norwegen, selektiert und nach der schwedischen Baumschule Gullmarsfjord benannt, 2006 von OLAV KALLEBERG registriert). WHZ 5b.

HATTIE CARTHAN **('BBG#209')** (*M. ×brooklynensis* 'Evamaria' × *M. ×brooklynensis* 'BBGRC#209')
Wuchs baum- oder strauchförmig, kegelförmig, bis etwa 6 m hoch und 5 m breit. Blüten lebhaft gelb, violettrot gestreift, die drei äußeren Tepalen grün überhaucht, kelchförmig, 6–8 cm breit, Tepalen 10–12 cm lang, 6–8 cm breit. (Brooklyn Botanic Garden, USA, 1984 von DORIS STONE registriert). WHZ 6a. M.G. **

'Hawk' (*M. campbellii* × *M. sargentiana*)
Wuchs baumförmig, stark. Blüten außen rosarot, innen weiß, zartrosa überhaucht, sehr groß, kelchfömig, Tepalen 9, die sechs äußeren zur Vollblüte weit ausgebreitet, die drei inneren aufrecht und domförmig geschlossen bleibend, als Tasse-Untertasse ausgebildet. (Treseder's Nursery, Katalog ca. 1973). WHZ 8a. M.G. **

Magnolia 'Heaven Scent'

'Heaven Scent' (*M. liliiflora* 'Nigra' × *M. ×veitchii*)
Wuchs baumförmig, rundkronig, 8–12 m hoch und gleich breit, schon als junge Pflanze reich blühend. Blüten außen an der Basis tief purpurrosa, zur Spitze hin heller werdend, trotz des Namens ohne Duft, tulpenförmig, 10 cm breit, aufrecht stehend, Tepalen 9. Eine der besten Gresham-Hybriden. (TODD GRESHAM, USA. News. Amer. Magnol. Soc. 15 (2): 1979). WHZ 6b. AGM 1993. M.G. **

Magnolia 'Helena'

'Helena' (*M.* 'Atlas' × *M.* 'Sunsation')
Wuchs breit kegelförmig aufrecht, 5–6 m hoch. Blüten an allen Tepalen gleichmäßig zart cremeweiß, im unteren Drittel dunkel rosarot, diese Färbung wird als Linie bis zur Spitze der Tepalen fortgesetzt, kelchförmig, 20–22 cm breit, Tepalen 9, breit eiförmig, von stabiler Textur. 'Helena' gehört zu den ganz spät aufblühenden Sorten unter den Frühjahrsblühern. (MICHAEL GOTTSCHALK, Deutschland, seit 2014 in Kultur). WHZ 6a. M.G. ***

'Helen Fogg' (*M. denudata* 'Wada's Pink' × *M.* ×*veitchii* 'Peter Veitch')
Wuchs baumförmig, regelmäßig aufgebaut. Blüten außen weiß, in der unteren Hälfte rosarot, innen weiß, tulpenförmig, Tepalen 6, schmal eiförmig. (PHIL SAVAGE, USA. Magnolia 24 (2) 46: 1989). WHZ 6b. M.B. ***

'Hongjixing' (*M. liliiflora* 'Hongyuanbao' × *M. foveolata*)
Wuchs strauchförmig, 2–3 m hoch. Blätter wintergrün, ledrig, 15–20 cm lang, glänzend dunkelgrün. Blüten tiefrot, die äußeren Tepalen heller, tulpenförmig, Gynoeceum und Staubblätter tief purpurrot. Der Sortenname bedeutet „Roter Glücksstern". In Europa zurzeit nicht in Kultur. (Botanischer Garten Fairylake, Shenzhen, China, 2001 gekreuzt). WHZ 8a.

'Hongxiaoxing' (*M. liliiflora* 'Hongyuabao' × *M. laevifolia*)
Wuchs strauchförmig, kompakt, 2–3 m hoch. Blätter wintergrün, ledrig, tief dunkelgrün. Blüten außen purpurrot, innen weiß, tulpenförmig, 6–9 cm breit, Tepalen 9 bis 10. Der Sortenname bedeutet „Roter lächelnder Stern". In Europa zurzeit nicht in Kultur. (Botanischer Garten Fairylake, Shenzhen, China, 2001 gekreuzt). WHZ 8a.

Magnolia 'Hot Lips'

'Hot Lips' (*M. campbellii* × *M. sprengeri* 'Diva' ?)
Wuchs baumförmig, reich blühend. Blüten außen purpurrosa, mit kastanienbrauner Mittelrippe und Basis, innen hell rosarot bis weiß, tulpenförmig, aufrecht stehend, Tepalen 9, breit eiförmig. (Magnolia 29 (2) 56: 1994). WHZ 7a. M.G. ****

Magnolia 'Hot Lips'

'Hot Pants' (Vermutlich Sämling von *M. sprengeri* 'Diva')
Wuchs baumförmig, stark, Krone domförmig. Blüten außen lebhaft purpurrosa, zur Spitze hin heller werdend, innen weiß, Tepalen 9, breit linealisch, vorne abgerundet. (Magnolia 51, 98: 2016). WHZ 7b. M.G. ****

Magnolia 'Hot Pants'

Magnolia 'Hot Pants' mit herbstlicher Laubfärbung

'Ian's Red' (*M.* 'Pickard's Ruby' × *M.* 'Vulcan')
Wuchs baumförmig, schmal aufrecht, 4–5 m hoch. Blüten außen rot mit purpurnem Unterton, innen schwarzrot, perfekt kelchförmig, Tepalen 9, von stabiler Textur. (IAN BALDICK, Neuseeland. New Zealand Garden Journal, 2013, Vol. 16(1): 28). WHZ 6a.

'Iolanthe' (*M.* 'Mark Jury' × *M. ×soulangeana* 'Lennei')
Wuchs baumförmig, straff aufrecht, in 30 Jahren etwa 8 m hoch, die Krone 6 m breit, schon als junge Pflanze reich blühend und lange nachblühend. Blüten außen reinrosa, innen weiß, duftend, schalenförmig, als Tasse-Untertasse ausgebildet, 20–28 cm breit, aufrecht stehend, Tepalen 9, breit elliptisch, von stabiler Textur. (FELIX M. JURY, Neuseeland. Magnolia, 20 (1) 37: 1984. WHZ 7a. AGM 1993. M.G. ***

Magnolia 'Iolanthe'

Magnolia 'Jane'

'Jane' (*M. stellata* 'Waterlily' × *M. liliiflora* 'Reflorescens')
Wuchs strauchförmig, aufrecht, kompakt, 3–5 m hoch, die Krone 2–4 m breit. Blüten in der Knospe schlank aufrecht, einheitlich rötlich purpurn, geöffnet außen purpurrot, innen weiß, stark duftend, kelchförmig, 7,5–10 cm breit, Tepalen 8 bis 12, verkehrt eiförmig bis spatelförmig, Staubblätter 90 bis 110, rötlich purpurn. Sterile, triploide Sorte. (W. KORSAR/ DEVOS, USA. Morris Arb. Bull. 19: 1968). WHZ 6b. AGM 1993. M.G. ****

'Jersey Belle' (*M. sinensis* subsp. *sinensis* × *M. wilsonii*)
Wuchs strauchförmig, aufrecht, 3–4,5 m hoch. Blätter ähnlich denen von *M. wilsonii*. Blüten weiß, schalenförmig, 15–30 cm breit, nickend, Tepalen 6, sehr breit eiförmig, Staubblätter purpurviolett. (VIOLET LORT-PHILLIPS, Großbritannien. Magnolia 20 (1) 37: 1984). WHZ 6b. M.G. ****

Magnolia 'Jersey Belle'

Joe McDaniel **('JMcD#6')** (*M. ×soulangeana* 'Rustica Rubra' × *M. ×veitchii*)
Wuchs baumförmig, kegelförmig aufrecht, bis 8 m hoch, die Krone bis 6 m breit. Blüten außen tief purpurrot (tiefste Färbung aller Gresham-Hybriden), innen weiß, anfangs Knospe tulpenförmig, geöffnet schalenförmig, sehr groß. (Gloster Arboretum, USA: Magnolia 20 (1) 37: 1984). WHZ 6b. M.G. ****

Magnolia Joe McDaniel

'Joli Pompon' (*M.* David Clulow × *M. sprengeri*)
Wuchs aufrecht, 5–6 m hoch. Blüten reinweiß, seerosenartig, 10–15 cm breit, die Staubblätter zu sehr kurzen, schmalen, rosaroten Petaloiden umgewandelt, die in der Blütenmitte pomponartig angeordnet sind, Tepalen 12, von stabiler Textur. (Philippe de Spoelberch, Belgien, 2003). WHZ 6b. M.G. ****

Jon Jon **('JG#3')** (*M. ×soulangeana* × *M. veitchii* ?)
Wuchs baumförmig, etwa 9 m hoch, die Krone etwa 5 m breit. Blüten weiß, an der Basis auffallend rosarot, duftend, kelchförmig, bis 30 cm breit, die 9, 14–15 cm langen, breiten Tepalen zur Vollblüte zurückgeschlagen, die petaloiden Staubblätter auffallend purpurrot. (Todd Gresham, USA. Callaway (1984)). WHZ 6b. M.G. ***

Magnolia 'Joli Pompon'

Magnolia 'Joli Pompon'

'Judy' (*M. stellata* x *M. liliiflora* 'Nigra')
Wuchs kleinbaumförmig, Krone nahezu säulenförmig. Blüten außen purpurrot, zur Spitze hin heller werdend, innen weiß, in der Knospe spitz kerzenförmig, aufgeblüht 5–7,5 cm breit, Tepalen 10, Staubblätter 40 bis 50, purpurrot. Sterile, triploide Sorte. (W. KORSAR/DEVOS, USA. Morris Arb. Bull. 19: 1968). WHZ 6a. M.G. ***

'Karl Flinck' (*M. macrophylla* × *M. virginiana*)
Wuchs baumförmig. Blätter bis 35 cm lang, glänzend dunkelgrün, unterseits weißlich. Blüten reinweiß, die inneren Tepalen an der Basis auffallend purpurn gefleckt, schalenförmig, Staub- und Fruchtblätter cremefarben. (PHIL SAVAGE, USA. Magnolia 24 (2) 46: 1989). WHZ 6b. M.G. ****

'Katja Landler' (*M.* 'J.C. Williams' × *M.* 'Purple Planets')
Wuchs baumförmig, stark, Krone kegelförmig. Blüten lebhaft violett purpurn, kelchförmig, 18–20 cm breit, Tepalen 6, von stabiler Textur. (MICHAEL GOTTSCHALK, Deutschland, seit 2015 in Kultur). WHZ 6b. M.G. ****.

Magnolia 'Katja Landler'

'Kronos' (*M.* 'Atlas' × *M.* 'Big Dude')
Wuchs baumförmig, üppig belaubt. Blüten außen und innen weiß, beiderseits an der Basis auffallend rot gefleckt, schalenförmig, Tepalen 9, breit spatelförmig, von stabiler Textur, die offene Blüte unempfindlich gegen leichte Fröste. (MICHAEL GOTTSCHALK, Deutschland, seit 2011 in Kultur). WHZ 6b. M.G. ****.

Magnolia 'Kronos'

'Lady Woodsman' (*M.* ×*brooklynensis* 'Woodsman' × *M.* 'Pink Surprise')
Wuchs baumförmig, schon als junge Pflanzen reich blühend. Blüten cremefarben mit grünlichem Unterton und einer Mischung aus Lavendelrosa und Elfenbein, tulpenförmig, aufrecht stehend, Tepalen 6 bis 8. (DENNIS LEDVINA, USA, von ROY KLEHM benannt). WHZ 6a. M.G. ***

Magnolia 'Leda'

'Leda' (*M. cylindrica* × *M. campbellii*)
Wuchs baumförmig, locker verzweigt. Blüten reinweiß, bis 25 cm breit, kelchförmig, als Tasse-Untertasse ausgebildet, Tepalen 9, porzellanartig. (Ursprünglich in der Schweiz und den Niederlanden unter dem Namen 'White Lips' verbreitet, 1997 von PHILIPPE DE SPOELBERCH unter dem Namen 'Leda' registriert. Magnolia 27 (1) 63: 1998). WHZ 7b.

Magnolia 'Leda'

'Legacy' (*M. denudata* × *M. sprengeri* 'Diva')
Wuchs baumförmig, bis 8 m hoch. Blüten außen an der Basis purpurrot, zur Spitze hin heller, innen weiß, schalenförmig, bis 25 cm breit, aufrecht stehend, Tepalen 8 bis 11, Staubblätter rosarot oder elfenbeinfarben. (DAVID LEACH, USA. Magnolia, 27 (1) 51: 1991). WHZ 6b. AGM 2012 M.G. ***

Magnolia 'Lilleny'

'Lilac Chalice' (*M. liliiflora* × *M. ×soulangeana* 'Sweet Simplicity')
Wuchs baumförmig, mehrstämmig, bis 4 m hoch. Blüten an der Basis lebhaft lila, zur Spitze hin heller, schalenförmig, Tepalen 6, 9 cm lang. (Magnolia 49 (1) 77: 2005). WHZ 6a. M.G. ***

'Lili Diva' (*M. liliiflora* 'Nigra' × *M. sprengeri* 'Diva')
Wuchs baumförmig. Blüten intensiver gefärbt als die älteren Sorten 'Galaxy' und 'Spectrum', die die gleichen Eltern haben, tulpenförmig, aufrecht stehend. (DENNIS LEDVINA, USA). WHZ 6a. M.G. ****

'Lilleny' (*M. liliiflora* × ?)
Wuchs strauchförmig, kompakt, bis 2,5 m hoch. Blüten hellrosa, in der Knospe deutlich dunkler, aufgeblüht sternförmig, ähnlich 'George Henry Kern', aber größer. (AMOS PICKARD, Großbritannien. GARDINER (2000)). WHZ 6b. M.G. ***

'Livingstone' (*M.* 'Burncoose Purple' × *M.* 'Vulcan')
Wuchs baumförmig, stark, üppig belaubt. Blüten außen lebhaft purpurrosa, innen heller, dunkler gestreift, kelchförmig, sehr groß, Tepalen 12, nahezu rundlich, von stabiler Textur. (IAN BALDICK, Neuseeland. New Seeland Garden Journal, 2013, Vol. 16 (1): 28). WHZ 7a. M.G. ****

Magnolia 'Lotus'

'Lotus' (*M.* 'Mark Jury' × *M.* ×*soulangeana* 'Lennei Alba') Baum baumförmig, 5–8 m hoch. Krone schmal kegelförmig, blüht erst als ältere Pflanze. Blüten cremefarben, mit kleiner, hellrosa Basis, lotusähnlich, 25 cm breit, aufrecht stehend, Tepalen 9, spatelförmig. Schwestersämling von 'Athene' und 'Milky Way'. (FELIX M. JURY, Neuseeland. Rhododendrons with Camellias and Magnolias 44: 1992). WHZ 7b. M.G. ***

'Manchu Fan' (*M.* ×*soulangeana* 'Lennei Alba' × *M.* ×*veitchii*) Wuchs baumförmig, bis 7 m hoch, regelmäßig reich blühend. Blüten weiß, an der Basis rosa überhaucht, aufgeblüht reinweiß anmutend, duftend, kelchförmig, ähnlich denen von *M. denudata*, aber die 9 Tepalen breiter und dicker. (TODD GRESHAM, USA. Newsl. Amer. Magnol. Soc. 15 (2): 1979). WHZ 6a. M.G. ****

Magnolia 'Manchu Fan'

'March Til Frost' ((*M. liliiflora* × *M. cylindrica*) × *M.* 'Pickard's Ruby'))
Wuchs baum- oder strauchförmig, etwa 6 m hoch, die Krone etwa 5 m breit. Blüten in der Knospe kerzenförmig, aufgeblüht außen tief weinrot, innen cremeweiß mit bläulichem Unterton, schalenförmig, Tepalen 9, die drei inneren deutlich kleiner als die äußeren und purpurrot gefärbt. Blütenbildung vorwiegend aus Seitenknospen. Blütezeit März–April, von Juni bis in den Herbst hinein remontierend. (AUGUST KEHR, USA. Magnolia 35 (2) 68: 2000). WHZ 5b. M.G. ****

Magnolia 'March Til Frost'

Magnolia 'March Til Frost'

Magnolia 'March Til Frost'

'Margaret Helen' (*M. liliiflora* 'Nigra' × *M. campbellii* 'Bernie Hollard')
Wuchs baumförmig, 7–8 m hoch. Blüten an der Basis lebhaft rubinrot, zur Spitze hin cyclamenrosa, innen nur wenig heller und mit dunklerer Nervatur, kelchförmig, als Tasse-Untertasse ausgebildet, Tepalen 12, bis 12 cm lang und 5,8 cm breit, von stabiler Textur. Blühbeginn zwei Wochen nach *M. ×soulangeana*-Sorten. (Magnolia 40 (1) 68: 2005). WHZ 7b. M.G. ****

'Marillyn' (*M. kobus* × *M. liliiflora* 'Nigra')
Wuchs strauchförmig, 3–5 m hoch, die Krone 2–4 m breit. Blüten außen weinrot, innen heller mit dunkler Nervatur, duftend, tulpenförmig, 12,5 cm breit, aufrecht stehend, meist nicht voll geöffnet, Tepalen 6, Staubblätter purpurn. (Evamaria Sperber, USA. Magnolia 25 (1) 47: 1989). WHZ 6b. M.G. ****

'Mark Jury' (*M. campbellii* 'Lanarth' × *M. sargentiana* ?)
Wuchs baumförmig, erst als ältere Pflanze blühend. Blüten cremeweiß mit lavendelfarbenem Unterton, innen zur Basis hin rosarot, kelchförmig, 25–28 cm breit, Tepalen 9, von stabiler Textur, die inneren aufrecht, die äußeren weit abstehend. (Felix M. Jury, Neuseeland. Magnolia 20 (1) 37: 1984. WHZ 8a. M.G. ***

Magnolia 'Mark Jury'

'Maryland' (*M. grandiflora* × *M. virginiana*)
Wuchs baumförmig, breitkronig, 4–5 m hoch. Blätter immergrün, ähnlich denen von *M. grandiflora*. Blüten cremeweiß, schalenförmig, ähnlich denen von *M. grandiflora*, duftend, Tepalen 9. Gilt als die frosthärteste immergrüne Magnolie. (Oliver Freeman, USA. Jacobson: North American Landscape Trees, 1996)). WHZ 6b. M.G. ****

Magnolia 'Maryland'

Magnolia 'Maryland'

Mary Nell ('JMcD#2') (*M. ×soulangeana* 'Lennei Alba' × *M. ×veitchii* 'Peter Veitch')
Wuchs buschig aufrecht, mehrstämmig. Blüten weiß, Basis und Mittelrippe der Tepalen purpurn, kelchförmig, 25 cm breit, Tepalen 9, von stabiler Textur. (Benannt nach Mary Nell, der Frau von J. C. McDaniel. Callaway (1994)). WHZ 7a. M.G. ***

'Mary Slankard' (*M. sprengeri* 'Diva' × *M. denudata* ?)
Wuchs baumförmig, ähnlich *M. sprengeri* 'Diva'. Blüten in der unteren Hälfte lebhaft rosa, in der oberen reinweiß, Tepalen 9. Regelmäßig fruchtend, die sehr schmalen Sammelfrüchte bis 35 cm lang. (Phil Savage, USA. Magnolia 28 (1) 53: 1992). WHZ 5b.

'Melissa Parris' (*M.* 'Silk Road' x *M. insignis* 'Anita Figlar')
Wuchs baumförmig, bis etwa 7 m hoch. Blüten purpurrot, schalenförmig, aufrecht bis abstehend, Tepalen 12, die äußeren innen hellrosa, die inneren weiß. In Deutschland noch nicht in Kultur. (Kevin Parris. Magnolia 51 (1) 99: 2016). WHZ 8a.

Magnolia 'Melon Sky'

'Melon Sky' (*M.* 'Pickard's Sundew' × *M. ×brooklynensis* 'Titan')
Wuchs baumförmig, 6–8 m hoch, schon als junge Pflanze reich blühend. Blütenkerzen mit einem deutlichen melonenartigen Unterton, zur Basis hin ausgeprägter, später außen lebhaft rosarot, zur Spitze hin heller, innen hellrosa, im Verblühen nicht verblassend, kelchförmig, 18–20 cm breit, Tepalen 9. (Michael Gottschalk, Deutschland, seit 2015 in Kultur). WHZ 6a. M.G. ****

'Milky Way' (*M.* 'Mark Jury' × *M. ×soulangeana* 'Lennei Alba')
Wuchs baumförmig, breit aufrecht, 5–6 m hoch und gleich breit, schon als junge Pflanze reich blühend. Blüten weiß, an der Basis rosa, aufgeblüht weiß erscheinend, duftend, zur Vollblüte weit geöffnet und so als Tasse-Untertasse ausgebildet, bis 30 cm breit, Tepalen 9, von stabiler Textur. Schwestersämling von 'Athene' und 'Lotus'. (Felix M. Jury, Neuseeland. Rhododendrons with Camellias and Magnolias 44: 1992). WHZ 7b. AGM 2012. M.G. ***

Magnolia 'Milky Way'

'Miss Marble' (*M.* 'Pickars Ruby' x *M.* 'Black Tulip')
Wuchs straff aufrecht, schmal säulenförmig, Äste im spitzen Winkel abstehend, 5-7 m hoch, üppg blühend. Blüten außen hell purpurrot, marmoriert, innen weißlich rosa, kelchförmig, 15–20 cm breit, Tepalen 9, von stabiler Textur, Staubblätter dunkel purpurrot. (MICHAEL GOTTSCHALK, Deutschhland). WHZ 6b. M.G. ****

Magnolia 'Miss Marble'

'Moonrocket' (*M.* ×*veitchii* × *M. denudata*)
Wuchs baumförmig, lockerkronig. Blüten weiß, an der Basis hellrosa, in der Knospe sehr schmal (auch als raketenartig beschrieben), aufgeblüht kelchförmig, sehr groß. (OSWALD BLUMHARDT, Neuseeland). WHZ 6b. M.G. ***

Magnolia 'Moonrocket'

Magnolia 'Nimbus'

'Nimbus' (*M. obovata* × *M. virginiana* var. *virginiana*).
Wuchs baumförmig, ein- oder mehrstämmig, etwa 9 m hoch, die Krone etwa 5 m breit. Blätter partiell immergrün, bis 36 cm lang, an den Triebenden in Scheinquirlen genähert. Blüten elfenbeinfarben, stark duftend, schalenförmig, 15–20 cm breit, Petalen bis zu 11, in vier Kreisen, Staubfäden rötlich purpurn. Blütezeit Mai–Juni. (U.S. National Arboretum. Magnolia 20 (1) 37: 1984). WHZ 7a. M.G. ***

'Olav Kalleberg' (*M.* 'Black Tulip' × *M. liliiflora* 'Holland Red')
Wuchs baumförmig, etwa 4–5 m hoch. Blüten außen und innen gleichmäßig dunkel purpurrot, kelchförmig, 14–16 cm breit, im Frühjahr aufblühend, bis in den Sommer remontierend, Tepalen 6, von stabiler Textur. (Michael Gottschalk, Deutschland, benannt zu Ehren von Olav Kalleberg, Sira, Norwegen, seit 2016 in Kultur). WHZ 6b. M.G. ****

'Old Port' (*M. liliiflora* × *M.* ×*soulangeana* 'Sweet Simplicity')
Wuchs strauchförmig, 3–4 m hoch. Blüten außen dunkel weinrot, innen matt weiß, leicht duftend, kelchförmig, bis 12 cm breit, die breiten Tepalen 9 cm lang, 6,3 cm breit. (Magnolia 40 (1) 77: 2005). WHZ 6b. M.G. ****

Magnolia 'Oriental Night'

'Oriental Charm' (*M. officinalis* × *M. obovata*)
Wuchs baumförmig, stark. Blätter sehr groß. Blüten innen und außen cremeweiß, stark duftend, schalenförmig, sehr groß, aufrecht stehend, Tepalen 12, von stabiler Textur, Staubblätter purpurrosa. Die Blüten entfalten sich im Juni. Reich fruchtend. (Dennis Ledvina, USA. Rhododendrons with Camellias and Magnolias. Vol. 63: 2012). WHZ 5b. G.M. ****

'Oriental Night' (Abstammung unbekannt)
Wuchs strauchförmig, breit aufrecht. Blätter groß. Blüten außen sehr dunkelpurpurn, innen milchweiß, hellpurpurn geadert, stark duftend, kelchförmig, aufrecht stehend, Tepalen 6, verkehrt eiförmig, von stabiler Textur, regelmäßige Nachblüte im Frühsommer. (Neueinführung aus China). WHZ 7a.

'Oyama Rose' (*M. sieboldii* subsp. *sieboldii* 'Colossus × *M. insignis* 'Anita Figlar')
Wuchs strauchförmig, bis etwa 3 m hoch. Blüten wie bei *M. sieboldii*, aber hellrosa bis weißlich rosa und aufrecht stehend oder abstehend, duftend, schalenförmig, Tepalen 9 oder 12, die äußeren 5–6 cm lang, die inneren kürzer, Staubblätter tiefrot. In Deutschland noch nicht in Kultur. (Magnolian Grove Arboretum, USA. Magnolia 51 (1) 99: 2016). WHZ 7b.

Magnolia 'Pat's Delight'

'Pat's Delight' (*M. ×veitchii* × *M. denudata*)
Wuchs baumförmig, schmal aufrecht. Blüten reinweiß, elegant tulpenförmig, groß. (Oswald Blumhardt, Neuseeland). WHZ 7a. M.G. ****

'Paul Cook' (*M. ×soulangeana* 'Lennei' × *M. sprengeri* 'Diva')
Wuchs baumförmig, schmal aufrecht, 5–8 m hoch, die Krone kaum mehr als 3 m breit, regelmäßig zuverlässig blühend. Blüten lavendelrosa, innen weißlich rosa, kelchförmig, bis 30 cm breit, voll entfaltet sich seitlich neigend, Tepalen 6 bis 9, breit spatelförmig. Am besten windgeschützt pflanzen. (Frank Gaylon, USA, 1975 registriert). WHZ 7a. M.G. ****

'Peaches'n Cream' (*M.* 'Yellow Bird' × *M.* 'Star Wars')
Wuchs baumförmig. Blüten außen an der Basis lebhaft rosa, zur Spitze hin cremefarben, gelblich grün überhaucht, kelchförmig, aufrecht stehend, Tepalen 6, von stabiler Textur. (Dennis Ledvina, USA, vor 2013 eingeführt). WHZ 6a. M. G. ****

'Pegasus' (*M. cylindrica* × *M. denudata* ?)
Wuchs baum- oder strauchförmig, mehrstämmig, breitkronig, 5–9 m hoch und gleich breit, Blütenbildung auch aus Seitenknospen. Blätter elliptisch, bis 15 cm lang, derber als die von *M. cylindrica*.

Magnolia 'Pegasus', Sammelfrucht

Magnolia 'Pegasus'

Blüten weiß, zartrosa gestreift, duftend, in der Knospe kerzenförmig, später trichterförmig, etwa 10 cm lang, länger und schlanker als die von *M. denudata*, Tepalen 9, die drei äußeren kleiner und transparent. Früh aufblühend, die Blüten relativ frosthart. Als 'Pegasus' benannt, weil die Blüten scheinbar dahingleiten, ähnlich den Flügeln des geflügelten Pferdes der griechischen Mythologie. (HUNT (1998)). WHZ 6b. AGM 2012. M.G. ****

Magnolia 'Pegasus'

'Peppermint Stick'
(*M. liliiflora* × *M.* ×*veitchii*)
Wuchs baumförmig, breit und locker aufrecht. Blüten weiß, an der Basis und der Mittelrippe violett schattiert, tulpenförmig, groß, aufrecht stehend, die inneren Tepalen einwärts gerollt, die drei äußeren Tepalen abstehend bis nickend, die Blüten so als Tasse-Untertasse ausgebildet. (TODD GRESHAM, USA. Morris Arb. Bull. 13: 1962). WHZ 6b. AGM 1993. M.G. ***

Magnolia 'Peppermint Stick'

'Peter Dummer' (*M. campbellii* 'Darjeeling' × *M.* 'Pegasus')
Wuchs baumförmig, stark. Blüten außen tief rötlich rosa, innen cremeweiß, tulpenförmig, bis 23 cm breit, Tepalen 9 bis 12, spatelförmig bis länglich-eiförmig, 8–10 cm lang, 3,5–5,5 cm breit, von stabiler Textur, Staubblätter zahlreich, dunkel purpurrot. (JIM GARDINER, Großbritannien. Magnolia 40 (1) 77: 2005. WHZ 7b. M.G. ****

'Peter Smithers' (*M. ×soulangeana* 'Rustica Rubra' × *M. ×veitchii*)
Wuchs baumförmig, locker aufrecht, bis 8 m hoch. Blüten dunkel rosarot, kelchförmig, bis 25 cm breit, tulpenförmig, Tepalen 9, von stabiler Textur, Staub- und Fruchtblätter rötlich. (1985 von KEN DURIO, Louisiana Nursery, USA, zu Ehren des großen Gärtners SIR PETER SMITHERS, Tessin, benannt. Magnolia 20 (1) 37: 1984). WHZ 6b. M.G. ****

Magnolia 'Peter Smithers'

Pickard's Selektionen

Die Selektionen aus einer Kreuzung zwischen *M. ×soulangeana* 'Picture' mit einem unbekannten Pollenspender sind starkwüchsig und entwickeln sich zu 6–10 m hohen, ein- oder mehrstämmigen, locker aufrecht wachsenden Bäumen oder Sträuchern. Blüten kelch- oder vasenförmig, Tepalen 6, von stabiler Textur. Aus 120 Sämlingen wurden 15 Sorten selektiert und ab 1984 in den Handel gegeben. Die Blüten öffnen sich vor der Laubentfaltung. (AMOS PICKARD, Magnolia Gardens, Canterbury, Großbritannien. Magnolia 20 (1) 37: 1984). WHZ 6a.

'Pickard's Charm'. Blüten rosarot, duftend, tulpenförmig.

'Pickard's Coral'. Blüten weiß, mit rosa Unterton, duftend, tulpenförmig

'Pickard's Cornelian'. Blüten dunkel weinrot, kelchförmig.

'Pickard's Chrystal'. Blüten weiß, an der Basis rosarot überhaucht, kelchförmig.

Magnolia 'Pickard's Chrystal'

'Pickard's Firefly'. Blüten weinrot, duftend, kelchförmig.

Magnolia 'Pickard's Firefly'

'Pickard's Garnet'. Blüten dunkel weinrot, duftend, dunkler als 'Pickard's Ruby' oder *M. ×soulangeana* 'Lennei', kelchförmig, gelegentlich gefüllt. M.G. ****

'Pickard's Glow'. Blüten weinrot, im Verblühen weiß, duftend. M.G. ****

'Pickard's Maime'. Blüten außen dunkel purpurn, innen weiß, duftend, kelchförmig, groß, ähnlich *M. ×soulangeana* 'Picture', aber mit breiteren Tepalen und weniger brillanter Färbung.

Magnolia 'Pickard's Garnet'

'Pickard's Opal'. Blüten weiß, an der Basis leicht purpurn, kelchförmig. M.G. ****

'Pickard's Pearl'. Blüten weiß, rosarot überhaucht, duftend, kelchförmig

Magnolia 'Pickard's Opal'

'Pickard's Pink Diamond'. Blüten weiß, mit einem rosafarbenen Unterton, duftend, mit breiten Tepalen tulpenförmig.

'Pickard's Ruby'. Blüten weinrot, duftend, kelchförmig, gelegentlich gefüllt, bis 28 cm breit, ähnlich *M. ×soulangeana* 'Lennei', Blüten aber größer. M.G. ****

Magnolia 'Pickard's Ruby'

'Pickard's Snow Queen'. Blüten weiß, an der Basis leicht purpurn überhaucht, schalenförmig, sehr groß, Tepalen breit spatelförmig, leicht zurückgebogen. M.G. ****

'Pickard's Sundew'. Wuchs stark, robust, regelmäßig reich blühend. Blüten lebhaft hellrosa, in der Knospe mit einem orangefarbenen, aufgeblüht mit einem purpurnen Unterton, duftend, kelchförmig. M.G. ****

'Pink Charm' (*M.* 'Pink Surprise' x *M.* 'Daybreak') Wuchs baumförmig, straff aufrecht. Blüten außen lebhaft rosa, innen etwas heller, lilienförmig, Tepalen 9, von stabiler Textur, Blühdauer bis zu vier Wochen. Schwestersämling von 'Rose Marie'. (DENNIS LEDVINA, USA). WHZ 5b. M.G. ****

Magnolia 'Pickard's Pink Diamond'

'Pickard's Schmetterling'. Blüten weinrot, innen weiß, duftend, mit schmalen Tepalen schmal tulpenförmig. AGM 2012. M.G. ****

Magnolia 'Pickard's Schmetterling'

'Pink Beauty' (Abstammung unbekannt)
Wuchs baumförmig, schon als junge Pflanze reich blühend. Blätter groß, rundlich-eiförmig, ledrig. Blütenknospen groß, stark filzig behaart. Blüten weißlich rosa, sehr groß, Tepalen mehr als 18, spatelförmig, vorne zugespitzt, die äußeren 10 bis 12 abstehend, die inneren aufrecht stehend und zusammengeneigt. (Vor 2011 aus China importiert). WHZ 7a.

'Pink Butterfly' (*M.* 'Big Dude' × *M.* 'Vulcan')
Wuchs baumförmig, symmetrisch aufrecht, mehr als 6 m hoch, jährlich reich blühend. Blüten lebhaft rosa, kelchförmig, sich weit öffnend, 16–18 cm breit. (MICHAEL GOTTSCHALK, Deutschland. Seit 2015 in Kultur. WHZ 7a. M.G. ***.

'Pink Delight' (*M. ×soulangeana* 'Alexandrina' × *M.* 'Galaxy')
Wuchs baum- oder strauchförmig, in 10 Jahren 2,3–3 m hoch, 2–2,3 m breit. Blüten außen lebhaft lavendelrosa, zur Spitze hin heller werdend, innen weiß, hellrosa überhaucht, stark duftend, kelchförmig, als Tasse-Untertasse ausgebildet, aufrecht stehend, Tepalen 9, sehr breit spatelförmig, von stabiler Textur. (DENNIS LEDVINA, USA. Magnolia 36 (2) 70: 2001). WHZ 5b. M.G. ****

'Pink Royality' (*M. acuminata* var. *acuminata* 'Fertile Myrtle' × *M. sprengeri* 'Diva')
Wuchs baumförmig, blüht erst nach einigen Standjahren. Blüten lavendelrosa, innen weißlich rosa, schalenförmig, groß, aufrecht stehend, stark duftend, Tepalen 9 bis 16, spät in der Saison aufblühend. (PHIL SAVAGE, USA. Klehm's Song Sparrow Retail Katalog 2005). WHZ 6a.

'Pink Surprise' ((*M. liliiflora* × *M. sprengeri* 'Diva') × (*M. acuminata* x *M.* 'Picture'))
Wuchs baum- oder strauchförmig, in 10 Jahren 2–2,5 m hoch, 1,5–2 m breit. Blüten in der Knospe sehr klein, aufgeblüht sehr groß, an der Basis tiefrosa, zur Spitze hin heller werdend, innen weiß, kelchförmig, aufrecht stehend, Tepalen 6, schmal verkehrt eiförmig, von stabiler Textur. (DENNIS LEDVINA, USA. Magnolia 30 (1) 57: 1995). WHZ 5b. M.G. ****

Magnolia 'Pink Surprise'

Magnolia 'Pink Surprise'

'Pinkie' (*M. stellata* 'Rosea' × *M. liliiflora* 'Reflorescens')
Wuchs strauchförmig, kompakt, vielstämmig. Blüten rötlich purpurn, innen weiß, in der Knospe kurz, steif, stumpf, aufgeblüht kelchförmig, 13–18 cm breit, Tepalen 9 bis 12, verkehrt eiförmig bis spatelförmig, Staubblätter rötlich purpurn. (KORSAR/DEVOS, U.S. National Arboretum, USA. Morris Arb. Bull. 19: 1966). WHZ 6a. M.G. ****

'Porcelain Dove' (*M. globosa* × *M. virginiana* var. *australis*)
Wuchs strauchförmig, in wintermilden Lagen wintergrün, in 10 Jahren 2–4 m hoch. Blüten elfenbeinweiß, glockig, etwa 10 cm breit, aufrecht stehend, stark duftend, Staubblätter rosarot, Gynoeceum grün. Blütezeit Juni–Juli. (TODD GRESHAM, USA. CALLAWAY (1994)). WHZ 7b.

'Princess Margaret' (*M. campbellii* 'Alba' × *M. sargentiana*)
Wuchs baumförmig, bis 6 m hoch. Blüten außen purpurrosa, innen cremeweiß, kelchförmig, bis 28 cm breit, Tepalen 11, breit verkehrt eiförmig, bis 13 cm lang, 7,5 cm breit, Staubblätter zahlreich. (Caerhays Castle, Großbritannien. Jour. Roy. Hort. Soc. 99: 1974). WHZ 8a. M.G. ***

'Pristine' (*M. denudata* × *M stellata* 'Waterlily')
Wuchs baumförmig, ähnlich *M. denudata*, reich blühend. Blüten reinweiß, vasenförmig, aufrecht stehend, ähnlich denen von *M. denudata*, Tepalen aber zahlreicher. (J.C. MCDANIEL, USA. Magnolia 20 (1) 37: 1984). WHZ 6b. M.G. ****

'Purple Breeze' (*M. sargentiana* x ?)
Wuchs baumförmig, etwa 7 m hoch. Blüten purpurrosa, innen heller und dunkler genervt, breit kelchförmig, duftend, zur Vollblüte hängend, Tepalen 12 bis 13, 12 cm lang, 5 cm breit,

Magnolia 'Purple Breeze'

von dünner Textur, Staubblätter purpurn, sehr früh in der Saison aufblühend. Die Blüten sind ziemlich resistent gegen Spätfröste. (Magnolia 35 (2) 68: 2000). WHZ 7a.

Magnolia 'Purple Breeze' mit herbstlicher Laubfärbung

Magnolia 'Purple Breeze'

'Purple Glow' (*M.* 'Iolanthe' × *M. ×soulangeana* 'Rustica Rubra')
Wuchs baumförmig, breit aufrecht, 5–7 m hoch, in der Jugend raschwüchsig. Blüten außen purpurrot, innen helllila, kelchförmig, bis 20 cm breit, als Tasse-Untertasse ausgebildet, Tepalen 9, die unteren zur Vollblüte ausgebreitet. (OSWALD BLUMHARDT, Neuseeland): WHZ 6b. M.G. ***

Magnolia 'Purple Glow'

'Purple Prince' (*M. liliiflora* 'Darkest Purple' × *M. x soulangeana* 'Lennei')
Wuchs baum- oder strauchförmig, kegelförmig, 5–6 m hoch und gleich breit. Blüten außen und innen dunkel purpurn, kelchförmig, bis 25 cm breit, als Tasse-Untertasse ausgebildet, Tepalen 6, 13 cm lang. (University of Tennessee Arboretum, USA. Newsl. Amer. Magnol. Soc. 12 (2): 1976). WHZ 6a. M.G. **

Magnolia 'Purple Prince'

'Purple Sensation' (*M. campbellii* 'Lanarth' × *M. lilliiflora* 'Nigra')
Wuchs baumförmig, schmal aufrecht, etwa 8 m hoch. Blüten cyclamenpurpurn, innen etwas heller und dunkler gestreift, kelchförmig, als Tasse-Untertasse ausgebildet, Tepalen 12, von stabiler Textur. Braucht einige Jahre bis zur Blühreife. (IAN BALDICK, Neuseeland. 2013 Auszeichnung durch das Royal New Zealand Institute of Horticulture). WHZ 7a. M.G. ***

Magnolia 'Purple Star'

Magnolia 'Purple Star'

'Purple Star' (*M.* 'Bjuv' × *M.* 'Purple Breeze')
Wuchs stark, baumförmig, rundkronig, Stamm durchgehend, sehr reich blühend. Blüten außen purpurrot, innen milchweiß, duftend aufrechtstehend, kelchförmig, aufgeblüht die Tepalen sternförmig ausgebreitet, Mitte April, etwas später aufblühend als 'Purple Breeze', Tepalen 9, von stabiler Textur. (PHILIPPE DE SPOELBERCH, Belgien).

Magnolia 'Randy'

'Randy' (*M. stellata* × *M. liliiflora* 'Nigra')
Wuchs baumförmig, schmal aufrecht. Blüten in der zugespitzten Knospe dunkel purpurrot, zur Spitze hin heller werdend, aufgeblüht außen purpurrot, innen weiß, anfangs kelchförmig, zuletzt sternförmig ausgebreitet, 7,5 13 cm breit, Tepalen 9 bis 11, 5–7,5 cm lang, Staubblätter 50–70, rötlich purpurn. (W. KORSAR/DEVOS, U.S National Arboretum. Morris Arb. Bull. 19: 1968). WHZ 5b. M.G. ***

'Raspberry Ice' (*M. liliiflora* × *M. ×veitchii*).
Wuchs strauchförmig, kompakt, sehr reich blühend. Blüten rosaweiß, an der Basis violett schattiert, tulpenförmig, bis 23 cm breit, aufrecht stehend, Tepalen 12, zuletzt ausgebreitet. (TODD GRESHAM, USA. Morris Arb. Bull. 13: 1962). WHZ 6b. M.G. ***

Magnolia 'Raspberry Ice'

Magnolia 'Rebekka's Perfume'

'Rebekka's Perfume' (*M. ×soulangeana* 'Amabilis' × *M.* 'Mark Jury')
Wuchs baumförmig, bis 6 m hoch. Blüten außen an der Basis purpurrosa, zur Spitze hin heller, innen bis auf die rosafarbene Basis reinweiß, stark duftend, kelchförmig, 20–22 cm breit, als Tasse-Untertasse ausgebildet, Tepalen 9, eiförmig, von stabiler Textur. (Oswald Blumhardt-Kreuzung, Neuseeland, 2008 von MICHAEL GOTTSCHALK benannt). WHZ 7b. M.G. ****

'Red As' (*M.* 'Pickard's Ruby' × *M.* 'Vulcan')
Wuchs baum- oder strauchförmig, locker breit aufrecht, nach 10 Jahren etwa 4–5 m hoch, die Krone 3 m breit, schon als junge Pflanze reich blühend. Blüten weinrot mit einem purpurnen Unterton, innen nur wenig heller, kelchförmig, Tepalen 9, von stabiler Textur. 2013 Auszeichnung durch das Royal New Zealand Institute of Horticulture. (IAN BALDICK, Neuseeland). WHZ 7a. M.G. ***

Magnolia 'Red As'

Magnolia 'Red As'

'Red Barron' (*M. acuminata* var. *acuminata* × *M.* 'Big Dude')
Wuchs baumförmig, in 20 Jahren etwa 12 m hoch, die Krone 6 m breit. Blüten außen tief rosarot, innen weiß, rosa überhaucht, duftend, kelchförmig, groß, aufrecht stehend, Tepalen 9, schmal verkehrt eiförmig, von stabiler Textur. (Dennis Ledvina, USA. Magnolia 36 (2) 70: 2001). WHZ 5b. M.G. ****

Magnolia 'Ricki'

'Ricki' (*M. liliiflora* 'Nigra' x *M. stellata*)
Wuchs strauchförmig, 3–4 m hoch. Blüten in der schlanken Knospe an der Basis purpurn, zur Spitze hin heller werdend, aufgeblüht außen purpurrot bis purpurn, innen weiß bis hellpurpurn, 10–15 cm breit, Tepalen 10 bis 15, gedreht, verkehrt eiförmig-spatelförmig, Staubblätter 80–100, rötlich purpurn. (W. Korsar, USA. Morris Arb. Bull. 19: 1968). WHZ 6b. M.G. ***

Magnolia 'Romina's Pink'

'Romina's Pink' (*M.* ×*soulangeana* 'Rustica Rubra' × *M.* 'Iolanthe')
Wuchs strauchförmig, bis 5 m hoch und breit, sehr reich blühend. Blüten außen purpurrosa, innen reinweiß, kelchförmig, 25–27 cm breit, aufrecht stehend, Tepalen 12, sehr breit, nahezu rundlich, von stabiler Textur. (Oswald Blumhardt-Kreuzung, Neuseeland, 2008 von Michael Gottschalk benannt.). WHZ 6b. M.G. ****

'Roseanne' (*M. liliiflora* 'O'Neill' × *M. kobus* 'Norman Gould')
Wuchs baum- oder strauchförmig, in 10 Jahren 2,5–3 m hoch, 2–2,5 m breit. Blüten außen lebhaft lavendelrosa, innen sehr hellrosa, duftend, kelchförmig, aufrecht stehend, Tepalen 6 bis 8, sehr breit, nahezu rundlich, von stabiler Textur. Regelmäßig reich fruchtend. (Dennis Ledvina, USA. Magnolia 43 (1) 83: 2008). WHZ 5b. M.G. ****

'Rose Marie' (*M.* 'Pink Surprise' × *M.* 'Daybreak')
Wuchs baumförmig, schmal kegelförmig, 5–6 m, die Krone 2–3 m breit. Blüten lebhaft rosarot, innen etwas heller, schalenförmig, bis 25 cm breit, aufrecht stehend, Tepalen 9, von stabiler Textur. Blütezeit Ende April bis Anfang Mai, damit eine der letzten Frühjahrsblüher. Im Herbst regelmäßiger Fruchtansatz. (Dennis Ledvina, USA. Magnolia 43 (1) 83: 2008). WHZ 6a. M.G. ****

'Rouged Alabaster' (*M. ×soulangeana* 'Lennei Alba' × *M. ×veitchii*)
Wuchs baumförmig. Blüten weiß, an der Basis hellrosa bis purpurn, stark duftend, kelchförmig, bis 30 cm breit, Tepalen 9, verkehrt eiförmig, bis 16 cm lang, von stabiler Textur. (Todd Gresham, USA. Morris Arb. Bull. 13: 1962). WHZ 7a. M.G. ***

'Royal Crown' (*M. liliiflora* × *M. ×veitchii*)
Wuchs baum- oder strauchförmig, schon als junge Pflanze reich blühend. Blüten außen dunkelrot bis violett, innen weiß, die spitze Knospe bis 14 cm lang, aufgeblüht schalenförmig, bis 30 cm breit, Tepalen 12, schmal, bei Vollblüte weit abstehend und zurückgebogen. Blühdauer mit der Nachblüte sechs Wochen lang. (Todd Gresham, USA. Morris Arb. Bull. 13: 1962). WHZ 6b. M.G. ***

Magnolia 'Royal Crown'

Magnolia 'Royal Crown'

'Royal Flush' (*M. ×soulangeana* 'Lennei Alba' × *M. ×veitchii*)
Wuchs baumförmig. Blüten weiß, an der Basis rötlich rosa, aufgeblüht weiß erscheinend, kelchförmig, bis 30 cm breit, Tepalen 9. (Todd Gresham, USA. Morris Arb. Bull. 13: 1962). WHZ 7b. M.G. ***

Magnolia 'Royal Flash'

Royal Purple' (*M.* 'J. C. Williams' × *M. liliiflora* 'Nigra')
Wuchs schmal kegelförmig, nach 10 Jahren kaum mehr als 4 m hoch und 1,5 m breit, schon als junge Pflanze reich blühend. Blüten lebhaft purpurrot, innen etwas heller, regelmäßig kelchförmig, sehr groß, Tepalen 9 bis 12, von stabiler Textur. (PETER CAVE, Neuseeland). WHZ 6b. M.G. ****

Magnolia 'Royal Purple'

'Royal Splendor' (*M.* 'Pink Royality' × *M.* 'Daybreak')
Wuchs baumförmig, 4,5–6 m hoch, die Krone 1,8–2,5 m breit, sehr reich blühend. Blüten außen lebhaft rötlich rosa, innen heller, kelchförmig, aufrecht stehend, Tepalen 8 bis 9, schmal eiförmig, spitz zulaufend, von stabiler Textur, Blühdauer bis zu vier Wochen. (DENNIS LEDVINA, USA). WHZ 5b. M.G. ****

'Ruth' (*M. campbellii* 'Lanarth' × *M. liliiflora*)
Wuchs baumförmig, 4–6 m hoch. Blüten außen lebhaft hell purpurrosa, zur Spitze hin heller werdend, innen weißlich purpurrosa, bis 30 cm breit, becherförmig, als Tasse-Untertasse ausgebildet, die äußeren Tepalen abstehend, die inneren aufrecht stehend und domförmig zusammengeneigt. (IAN BALDICK, Neuseeland). WHZ 7b. M.G. ****.

'Sangreal' (Gresham-Hybride unbekannter Herkunft)
Wuchs baumförmig, stark, reich blühend. Blüten purpurrosa, zur Spitze hin heller, innen weißlich rosa, kelchförmig, Tepalen 9, 9 cm lang, 10 cm breit. (Selektion von ALLEN SMITH, Magnolia Nursery, USA. CALLAWAY (1994)). WHZ 6b. M.G. ****

'Satisfaction' (vermutl. *M.* ×*soulangeana* x ?)
Wuchs baumförmig, schlank aufrecht, schmalkronig, kaum mehr als 3–4 m hoch, 1,5 cm breit, schon als junge Pflanze reich blühend. Blüten in den schlanken Knospen purpurrot, aufgeblüht an der Basis purpurrot, zur Spitze hin hell- bis weißlich rosa, anfangs tulpen-, später schalenförmig, Staubblätter purpurrot. (Import aus China, 2000). WHZ 7a. M.G. ****

Magnolia 'Satisfaction'

Magnolia 'Satisfaction'

'Savage Splendor' (*M. acuminata* × *M. sprengeri* 'Diva')
Wuchs baumförmig. Blüten mehrfarbig, eine Mischung aus hell bis grünlich gelben, cremegelben und rosaroten Farben, becherförmig, Tepalen 9 bis 12, von stabiler Textur. (PHIL SAVAGE, USA. Magnolia 43 (1) 83: 2008). WHZ 6b. M.G. ****.

'Sayonara' (*M. liliiflora* × *M. ×veitchii*)
Wuchs baumförmig, 6–9 m hoch, die Krone 3–6 m breit, reich blühend. Blüten reinweiß, an der Basis rosa, duftend, kelchförmig, bis 30 cm breit, Tepalen 9. Blüht später als die meisten anderen Gresham-Hybriden. (TODD GRESHAM, USA. Jour. Roy. Hort. Soc. 89: 1964). WHZ 6b. AGM 1993. M.G. ****

Magnolia 'Sayonara'

Magnolia 'Sayonara'

'Sentinel' (Gresham-Hybride unbekannter Herkunft)
Wuchs säulenförmig, in 20 Jahren 7–8 m hoch, 1–1,5 m breit. Blüten im unteren Drittel rosarot, zur Spitze hin allmählich nahezu weiß werdend, tulpenförmig, 20–22 cm breit, Tepalen 9, sehr schmal eiförmig. (TODD GRESHAM, USA). WHZ 6a. M. G. ****

'Serene' (*M. liliiflora* × *M.* 'Mark Jury')
Wuchs baumförmig, kompakt, bis 5 m hoch, schon als junge Pflanze reich blühend. Blüten lebhaft tiefrosa, kelch- oder schalenförmig, aufrecht stehend. Blüht später auf als andere Jury-Hybriden. (FELIX M. JURY, Neuseeland. Otto Eisenhut, Schweiz, Katalog 1989). WHZ 6a. M.G. ****

Magnolia 'Serene'

'Setsuko' (*M. campbellii* × *M.* ×*soulangeana*)
Wuchs baumförmig. Blüten lilarosa, innen weiß, sehr groß, kelchförmig, Tepalen 9, von stabiler Textur, die inneren aufrecht, die drei äußeren tellerförmig ausgebreitet, die Blüten so als Tasse-Untertasse ausgebildet. (MAGAKI, Japan). WHZ 7b. M.G. ***

Magnolia 'Setsuko'

'Shirazz' (*M. denudata* × *M.* 'Vulcan')
Wuchs baumförmig, kompakt, bis 5 m hoch. Blüten außen dunkel burgunderrosa, innen nur leicht heller, duftend, kelchförmig, groß, Tepalen 12, von stabiler Textur, die unteren ausgebreitet, die Blüten so als Tasse-Untertasse ausgebildet. (VANCE HOOPER, Neuseeland. Magnolia 40 (1) 77: 2005). WHZ 7b. M.G. ****

Magnolia 'Shirazz'

Magnolia 'Siddharta'

'Siddharta' (*M.* 'Paul Cook' × *M.* 'Eskimo')
Wuchs schmal aufrecht, 5–6 m hoch, schon als junge Pflanze reich blühend, auch an seitlichen Kurztrieben blühend. Blüten weiß, an der Basis rosarot, 18–20 cm breit, Tepalen 9, verkehrt eiförmig, Staubblätter purpurn. (Michael Gottschalk, Deutschland, seit 2015 in Kultur). WHZ 6a. M.G. ****

'Silk Road' ((*M. tripetala* × (*M. tripetala* × *M. obovata*))
Wuchs baum- oder strauchförmig, schmal aufrecht, etwa 7 m hoch, die Krone etwa 2 m breit. Blätter ähnlich denen von *M. obovata*. Blüten weiß, schalenförmig, groß, duftend, Tepalen 9, schmal, zur Vollblüte sternförmig ausgebreitet. Reich fruchtend. (Dennis Ledina, USA. Buntig (2016)). WHZ 6a. M.G. ****

'Silver Parasol' (*M. obovata* × *M. tripetala*)
Wuchs baumförmig, bis etwa 15 m hoch, die Krone kegelförmig. Die Rinde silbergrau. Blätter ähnlich denen von *M. obovata*, verkehrt eiförmig, bis 40 cm lang, bis 20 cm breit, unterseits silbrig behaart, an Langtrieben spiralig angeordnet, an den Triebenden älterer Zweige quirlartig gehäuft stehend. Blüten schalenförmig, 20–25 cm breit, duftend, Tepalen 9 (selten 12), die drei äußeren rötlich grün und zur Vollblüte zurückgeschlagen, die inneren cremeweiß, spatelförmig, nahezu waagerecht abstehend. Staubfäden karminrot, Staubbeutel weißlich. Sammelfrüchte zylindrisch, in Form und Färbung ähnlich denen von *M. tripetala*. (Arnold Arboretum, Jamaica Plain, Massachusetts, USA. Arnoldia 41 (2): 1981). WHZ 6a.

'Simple Pleasure' (*M. liliiflora* × *M. kobus* 'Norman Gould')
Wuchs baum- oder strauchförmig, in 10 Jahren 2,4–3 m hoch und gleich breit, schon als junge Pflanze reich blühend. Blüten an der Basis lebhaft rosa, zur Spitze hin weiß, innen weiß, leicht duftend, kelchförmig, aufrecht stehend, Tepalen 6, eiförmig, spitz zulaufend. (Dennis Ledvina, USA. Rhododendrons with Camellias and Magnolias. Vol. 63: 2012). WHZ 5b. M.G. ****

Magnolia 'Snow Goose'

'Snow Goose' (*M. ×veitchii* x *M. ×soulangeana*)
Wuchs baumförmig. Blüten reinweiß, anfangs kugelig, später pokalförmig. (Tim Thornton, Großbritannien. Rhododendrons with Camellias and Magnolias. Vol. 54: 2007). WHZ 7a. M.G. ***

'Solar Flair' (*M. ×brooklynensis* 'Woodsman' × M. 'Goldstar') Wuchs baumförmig, 6-9 m hoch. Krone kegelförmig, 5-6 m breit. Blüten creme- bis zitronengelb, an der Basis rosa getönt, kelchförmig, 13 cm breit, Tepalen 6, schmal eiförmig, von stabiler Textur. (August Kehr, USA. Fairweather Gardens Katalog 1999).

Magnolia 'Solar Flair'

'Sonnleiten' (*M. liliiflora* 'Nigra' × vermutl. *M. ×soulangeana* 'Lennei') Wuchs baumförmig, in 10 Jahren mehr als 3 m hoch. Blüten außen dunkelrot, innen weiß, etwas heller als *M. liliiflora* 'Nigra' aber größer als diese und acht Tage früher aufblühend. (Günther Pardatscher, Österreich. Magnolia 36 (2) 70: 2001). WHZ 6a.

'Southern Belle' ((*M. sieboldii* subsp. *sieboldii*) × (*M. tripetala* × *M. obovata*)) Wuchs baumförmig. Blätter sehr groß. Blüten weiß, schalenförmig, stark duftend, ähnlich *M. ×wieseneri*, Tepalen 9, breit verkehrt eiförmig, Staubblätter purpurrosa, Gynoeceum grün, auffallend lang, Blütezeit im Frühsommer, nach der Laubentfaltung. (August Kehr, USA). WHZ 6a. M.G. ****

'Spectrum' (*M. lilliiflora* 'Nigra' × *M. sprengeri* 'Diva') Wuchs baumförmig, offenkronig, etwa 8 m hoch und gleich breit. Blüten tief rötlich purpurn, anfangs tulpenförmig, später weit geöffnet und 25–30 cm breit, Tepalen 8 bis 12, schmal, zugespitzt, leicht gedreht, von stabiler Textur. Schwesternsämling von 'Galaxy', dieser aber in Farbkonstanz und -intensität überlegen. (William Korsar, USA. Magnolia 20 (1) 37: 1984). WHZ 6a. AGM 2012. M.G. ****

'Spring Royalty' (*M. liliiflora* 'Holland Red' × *M. ×loebneri* 'White Rose') Wuchs strauchförmig, in 10 Jahren etwa 2,5 m hoch, 1,5 m breit, reich blühend. Blüten außen lebhaft purpurrot, innen elfenbeinweiß, stark duftend, kelchförmig, als Tasse-Untertasse ausgebildet, aufrecht stehend, Tepalen 6, sehr breit, nahezu rundlich, von stabiler Textur. (Dennis Ledvina, USA, benannt von Roy Klehm). WHZ 6a. M.G. ****.

Magnolia 'Spectrum'

'Star Wars'

(M. campbellii × M. liliiflora)

Wuchs baumförmig, etwa 7 m hoch, die kegelförmige Krone etwa 6 m breit, schon als junge Pflanze reich blühend. Blüten in der schlanken Knospe lebhaft rosarot, aufgeblüht heller, innen weiß, kelchförmig, bis 28 cm breit, Tepalen 12, von sehr stabiler Textur, deshalb lange haltbar und über eine lange Zeit blühend. (OSWALD BLUMHARDT, Neuseeland. CALLAWAY (1994)). WHZ 7a. AGM 2002. M.G. ****

Magnolia 'Star Wars'

Magnolia 'Star Wars'

Magnolia SUISHOREN

SUISHOREN ('Nakamura #3')
(*M. denudata* × ?)
Wuchs baum- oder strauchförmig, sehr reich blühend. Blüten reinweiß, anfangs tulpen- zuletzt sternförmig, aufrecht stehend, Tepalen 7 bis 8. (NAKAMURA, Japan). WHZ 6a. M.G. ****

Magnolia SUISHOREN

'Sulphur Cockatoo'
(*M. ×soulangeana* × *M. ×veitchii*)
Wuchs baumförmig, lockerkronig, 5–7 m hoch. Blüten in der kerzenförmigen Knospe weiß mit gelblichem Unterton, aufgeblüht hell cremeweiß, die sechs inneren Tepalen an der Basis bläulich weiß, duftend, pokalförmig, bis 30 cm breit, aufrecht stehend, Tepalen 9, zur Vollblüte waagerecht abstehend. (TODD GRESHAM, USA. Morris Arb. Bull. 13: 1962). WHZ 7a. M.G. ***

Magnolia 'Sulphur Cockatoo'

Magnolia 'Summer Lady'

'Summer Lady'
(*M.* 'Apollo' × *M.* 'Pickard's Ruby')
Wuchs baumförmig, schon als junge Pflanze reich blühend. Blüten sehr groß, perfekt schalenförmig, außen intensiv purpurrosa, innen etwas heller, nach der Frühjahrsblüte eine reiche Nachblüte im Hochsommer, Tepalen 9, von stabiler Textur. (Michael Gottschalk, Deutschland, vor 2018). WHZ 6b.

'Summer Solstice' (*M. globosa* × *M. obovata*)
Wuchs baumförmig, 4–8 m hoch. Blätter ähnlich denen von *M. obovata*, aber deutlich kleiner. Blüten weiß, in der Knospe hellrosa, die drei unteren Tepalen rosa bleibend, intensiv duftend, Staubblätter purpurrot, kelchförmig, abstehend oder nickend, 10 cm breit, Tepalen 12, von stabiler Textur. Blütezeit Mai–Juni. Zusammen mit *M. ×wieseneri* und *M.* 'Nimbus' die am stärksten duftende, sommerblühende Magnolie. Gedeiht am besten in licht- bis halbschattigen Lagen. (Maurice Foster, Großbritannien. Gardiner (2000)). WHZ 7a. M.G. ****

Magnolia 'Summer Solstice'

Magnolia 'Summer Solstice'

'Sunrise' ('Lu Xing') (*M. cylindrica* × ?)
Wuchs strauchförmig, schon als junge Pflanze reich blühend, im Sommer zuverlässig nachblühend. Blüten cremeweiß, an der Basis auffallend kräftig rosarot, die schmal dreieckige Zeichnung verjüngt sich langsam und endet als schmaler Strich an der Spitze der schmal verkehrt eiförmigen Tepalen, tulpenförmig, 10–12 cm breit. (Yaling Wang, Botanischer Garten Xian, Shaanxi, China).

Magnolia 'Sunrise'

'Sunset Swirl' (*M.* 'Pink Royalty' × *M.* 'Daybreak')
Wuchs baum- oder strauchförmig, in 10 Jahren etwa 3 m hoch, 2,5–3 m breit. Blüten außen rosarot bis lachsrosa, grünlich gelb überhaucht, duftend, schalenförmig, aufrecht stehend, Tepalen 9, schmal verkehrt eiförmig, von stabiler Textur. (Dennis Ledvina, USA. Magnolia 43 (1) 68: 2000). WHZ 6a. M.G. ***

Magnolia 'Susan'

'Susan' (*M. stellata* 'Rosea' × *M. liliiflora* 'Nigra')
Wuchs aufrecht, kompakt 2–3 (–5) m hoch, schon als junge Pflanze blühend. Blüten außen rötlich purpurn, innen deutlich heller, in der Knospe schlank, spitz, aufgeblüht tulpenförmig, 10–15 cm breit, Tepalen 6, schmal, oft gedreht, Staubblätter 60 bis 70, grünlich purpurn. (W. Korsar, USA. Morris Arb. Bull. 19: 1968). WHZ 6b. M.G. **

'Sweet Love' (*M. sieboldii* subsp. *sieboldii* × *M.* 'Oriental Charm')
Wuchs baumförmig, 5–8 m hoch. Blätter sehr groß, 25–30 cm lang. Blüten weiß, kelchförmig, Tepalen 12, sehr breit verkehrt eiförmig, Blütezeit im Frühsommer, nach der Laubentfaltung. (Dennis Ledvina, USA). WHZ 6a. M.G. ***

'Sweet Merlot' (*M. ×soulangeana* 'Sweet Simplicity' × *M.* 'Black Tulip')
Wuchs strauchförmig, etwa 4 m hoch, die Krone 2 m breit, schon als junge Pflanze reich blühend. Blüten lebhaft purpurrot, innen kontrastreich leuchtend weiß, perfekt kelchförmig, Tepalen 9, nahezu rundlich, von stabiler Textur, deshalb Blüten lange haltbar. (Vance Hooper, Neuseeland). WHZ 6b. M.G. ****

'Sweet Sixteen' (*M. ×soulangeana* 'Lennei Alba' × *M. ×veitchii*)
Wuchs baumförmig, lockerkronig. Blüten reinweiß, fein duftend, in der Knospe kerzenförmig, aufgeblüht breit kelchförmig, 12,5 cm breit. Gilt als eine der schönsten reinweißen Magnolien. (Todd Gresham, USA. Magnolia 20 (1) 37: 1984). WHZ 7b. M.G. ****

Magnolia 'Sweet Sixteen'

'Sweet Summer' (*M. grandiflora* 'Samuel Sommer' x *M. virginiana* var. *australis*)
Wuchs baumförmig. Blätter immergrün. Blüten wie bei *M. grandiflora*, Tepalen 9 bis 12. (Frank Galyon, USA. Magnolia 27 (1) 51: 1991). WHZ 8a.

'Sweetheart' (Sämling von *M.* 'Caerhays Belle')
Wuchs baumförmig, schmal aufrecht, etwa 6 m hoch, die Krone etwa 3 m breit. Blüten außen rosa, innen weiß, rosa überhaucht, schalenförmig, Tepalen 12, breit eiförmig, von stabiler Textur. (Peter Cave, Neuseeland. Gardiner (2000)). WHZ 7b. AGM 2012. M. G. ***

'Sybille' (*M.* 'Leda' × *M. ×soulangeana* 'White Giant')
Wuchs baum- oder strauchförmig, in 10 Jahren 3,5 m hoch. Blüten reinweiß, duftend, kelchförmig, etwa 30 cm breit, Tepalen 9, nahezu kreisrund, von stabiler Textur. Braucht der großen Blüten wegen einen windgeschützten Platz. (Philippe de Spoelberch, Arboretum Wespelaar, Belgien). WHZ 7a.

'Theodora' (*M.* 'Dark Shadow' × *M. campbellii*)
Wuchs baumförmig, 8-10 m hoch, schon als junge Pflanze reich blühend. Blüten leuchtend tiefpurpurn, pokalförmig, Tepalen 9, von stabiler Textur, Blüten lange haltbar. (Maurice Forster, Kent, Großbritannien). WHZ 8a.

'Tiffany'
(*M. ×soulangeana* × *M. ×veitchii* ?)
Wuchs strauchförmig, 3–4 m hoch. Blüten außen an der Basis rosarot, zur Spitze hin weiß, innen weiß, duftend, kelchförmig, als Tasse-Untertasse ausgebildet, Tepalen 9. (Gresham-Hybride. Otto Eisenhut, Schweiz, Katalog 1989). WHZ 7b. M. G. ***

Magnolia 'Tina Durio'

Magnolia 'Tiffany'

'Tina Durio' (*M. ×soulangeana* 'Lennei Alba' × *M. ×veitchii*)
Wuchs baumförmig, 8–9 m hoch und gleich breit. Blüten reinweiß, an der Basis anfangs leicht rosarot überhaucht, kelchförmig, 25–30 cm breit, als Tasse-Untertasse ausgebildet, Tepalen 9 bis 12, sehr breit verkehrt eiförmig, von stabiler Textur, Staubblätter gelblich purpurn. Blühbeginn vergleichsweise spät, gut zwei Wochen anhaltend. (Todd Gresham, USA. Magnolia 20 (1) 37: 1984). WHZ 6a. M.G. ****

'Todd Gresham' (*M. ×soulangeana* 'Rustica Rubra' × *M. ×veitchii*)
Wuchs baumförmig. Blüten außen rötlich purpurn, innen weiß, kelchförmig, 25 cm breit, Frucht- und Staubblätter rötlich, Tepalen 9, sehr breit spatelförmig, regelmäßig reich fruchtend. (TODD GRESHAM, USA. Magnolia 20 (1) 37: 1984). WHZ 6b. M.G. ***

'Todd's Forty-Niner' (*M.* 'Rouged Alabaster' × *M.* 'Royal Crown')
Wuchs baumförmig. Blüten in der Knospe purpurn, geöffnet außen purpurrot, zur Spitze hin heller, innen schimmernd weiß, Tepalen 12, die vier äußeren zur Vollblüte zurückgeschlagen, die inneren aufrecht stehend. (TODD GRESHAM, USA. Callaway (1994)). WHZ 6b. M.G. ****

Magnolia 'Todd

'Toro' (*M. acuminata* var. *acuminata* 'Fertile Myrtle' × '*M.* Picture')
Wuchs baumförmig, stark. Blüten außen cremeweiß, an der Basis mit rosa Untertönungen und schmalen, rosaroten Streifen von der Basis bis zur Spitze, innen heller, groß, becherförmig, Tepalen 9, von stabiler Textur. Reich fruchtend. (PHIL SAVAGE, USA). WHZ 6a. M.G. ****

'Touch of Class' (Rückkreuzung von *M. ×soulangeana* 'San Jose' × *M. liliiflora* 'Nigra')
Wuchs baumförmig, 6–8 m hoch, reich blühend. Blüten an der Basis rötlich purpurn, zur Spitze hin cremefarben rosa, innen cremeweiß, leicht purpurn getönt, anfangs kelchförmig, später offener, aufrecht stehend, Tepalen 9, 12 cm lang, 6,8 cm breit. (Magnolia 49 (1) 77: 2005). WHZ 6a. M.G. ****

'Ula' (*M.* 'Caerhays Belle' × *M. ×soulangeana* 'Alba')
Wuchs baumförmig, schmal aufrecht, bis etwa 4 m hoch. Blüten lebhaft dunkel rosarot, dunkler gestreift, innen deutlich heller, kelchförmig, als Tasse-Untertasse ausgebildet, Tepalen 12, die drei inneren domförmig geschlossen bleibend, von stabiler Textur. (JAN BALDICK, Neuseeland. RHS Rhododendrons with Camellias and Magnolias Vol. 61: 2010). WHZ 7a. M.G. ****

'Venus' (*M.* 'Pickard's Ruby' × *M.* 'Black Tulip')
Wuchs baumförmig, 4–6 m hoch. Blüten lebhaft rubinrot, an der Spitze heller, innen milchweiß, zart duftend, seerosenähnlich, 16–18 cm breit, Tepalen 12, nahezu rundlich, von sehr stabiler Textur, deshalb Blüten bis zu 12 Tage haltbar. (MICHAEL GOTTSCHALK, Deutschland, seit 2015 in Kultur). WHZ 6b. M.G. ****

Magnolia 'Venus'

'Vulcan' (*M. campbellii* 'Lanarth' × *M. liliiflora*-Hybride)
Wuchs baumförmig, schlank aufrecht, etwa 7 m hoch, die Krone etwa 3 m breit, reich und lange blühend. Blüten brillant rubinrot, in kühlen Jahren oft nur rosarot, duftend, kelchförmig, 25–30 cm breit, als Tasse-Untertasse ausgebildet, Tepalen 12, breit eiförmig, von stabiler Textur. Schwestersämling von 'Apollo'. (Felix M. Jury, Neuseeland. Rhododendrons with Camellias and Magnolias 44: 1992). WHZ 7b. M.G. ***

Magnolia 'Vulcan'

'Xiaoxuan' (*M. stellata* 'Waterlily' × *M. platypetala* 'Xinhanxiao')
Wuchs strauchförmig, 1,5–2 m hoch. Blätter wintergrün, ledrig. Blüten außen rot bis rosarot, an der Basis dunkler, schalenförmig, 8–9 cm breit, Tepalen 9 bis 10, Staubblätter purpurrot. In Europa nicht in Kultur. (Yaling Wang, Xian, China). WHZ 8a.

'Yuanbaobao' (*M. liliiflora* 'Hongyuanbao' × *M. ×soulangeana*)
Wuchs strauchförmig. Blüten außen dunkel purpurrot, innen heller, trichterförmig, aufrecht und intermediär zwischen den Eltern stehend, Tepalen 9, bis 8,5 cm lang, die äußeren kleiner, erste Blüten 2012. In Europa nicht in Kultur. (Yaling Wang, Xian, China). WHZ 6b.

Gelb blühende Magnolien

Nachdem 1820 die erste Tulpen-Magnolie, *M. ×soulangeana*, in Frankreich geblüht hat, standen uns mehr als 150 Jahre lang nur Magnoliensorten mit weißen, rosafarbenen, weinroten und purpurnen Blüten zur Verfügung. Erst nachdem durch die Züchtungsarbeit von Evamaria Sperber 1968 die gelb blühende 'Elizabeth' in den USA patentiert worden war, hielten Magnoliensorten mit gelben Blüten Einzug in unsere Gärten. In den letzten 50 Jahren sind mehr als 100 gelb blühende Hybriden entstanden.

Die Züchtungsarbeit an gelb blühenden Magnoliensorten ist auf Seite 30 beschrieben worden.

Alle gelb blühenden Magnolien gehen in ihrem Ursprung auf die baumförmig wachsende *M. acuminata* var. *acuminata* und die schwächer wachsende *M. acuminata* var. *subcordata* zurück. Deshalb wachsen die meisten gelb blühenden Sorten zu Bäumen mit Wuchshöhen von 5–12 m heran. Nur wenige Sorten wachsen ausgesprochen strauchförmig und sind deshalb auch für kleinere Gärten geeignet. Das Erbgut von *M. acuminata* verleiht gelb blühenden Sorten eine hohe Frosthärte.

Gelb blühende Sorten öffnen ihre Blüten in der Regel vor oder zusammen mit der Laubentfaltung, überwiegend von Ende April bis Anfang Mai. Sie sind deshalb vor Spätfrösten nicht gefeit.

Gelb blühende Sorten sollten ihrer kräftigen Blütenfarbe wegen nicht in unmittelbarer Nähe von Sorten mit pastellfarbenen Blüten in Weiß, Rosa, Weinrot oder Purpurn gepflanzt werden.

'Anilou' (*M. acuminata* var. *acuminata* × *M.* 'Elisabeth')
Wuchs baumförmig, schmal aufrecht. Blätter nahezu kreisrund. Blüten in der Knospe hellgrün, aufgeblüht hellgelb mit grünlichem Unterton an den äußeren Tepalen, Tepalen 9, breit verkehrt eiförmig, 10–12 cm lang, 5,5 cm breit, Blütezeit mehr als vier Wochen lang. (August Kehr, USA. Magnolia 40 (1) 77: 2005). WHZ 6a. M.G. ****.

Magnolia 'Anilou'

Magnolia 'Anilou'

'Apricot Brandy' (*M. acuminata* var. *acuminata* 'Fertile Myrtle' × *M. sprengeri* 'Diva')
Wuchs strauchförmig, in 10 Jahren etwa 5 m hoch, sehr reich blühend. Blüten cremegelb mit aprikosenfarbenen und grünen Tönungen, tulpenförmig. (PHIL SAVAGE, USA. Fairweather Gardens, Katalog 2013). WHZ 6b. M.G. ***

'Banana Split' ((*M. ×brooklynensis* 'Woodsman' × *M. ×soulangeana* 'Lennei') × *M.* 'Elizabeth')
Wuchs baumförmig, nach 7 Jahren etwa 4 m hoch. Die größeren äußeren Tepalen cremegelb mit grünlicher Basis und 5 bis 7 basalen roten Streifen, die kleinen inneren Tepalen weiß mit grüner Basis und von der Basis bis zur Mitte purpurn überhaucht, bis 25 cm breit, Tepalen 9, bis 15 cm lang, 5 cm breit. Die Blühdauer beträgt bis zu 30 Tage. (AUGUST KEHR, USA. Magnolia 35 (2) 66: 1999). WHZ 6a. M.G. ***

'Butterbowl' (*M.* 'Yellow Bird' × *M.* 'Sundance')
Wuchs baumförmig, rundkronig, in 20 Jahren 5 m hoch, die Krone 6 m breit, reich blühend. Blüten tiefgelb, an der Basis mit einem orangefarbenen Unterton, kompakt kelchförmig, etwa 6 cm lang, duftend, Tepalen 9, von stabiler Textur, deshalb lange haltbar. Blühbeginn gegen Ende März, Blühdauer etwa fünf Wochen, in Jahren mit perfekter Witterung bis zu 52 Tage. (AUGUST KEHR, USA 1992, im Arboretum Wespelaar, Belgien, selektiert und 2002 von PHILIPPE DE SPOELBERCH benannt). WHZ 5b. M.G. ***

'Butterflies' (*M. acuminata* var. *acuminata* 'Fertile Myrtle' × *M. denudata* 'Sawada's Cream')
Wuchs baumförmig, schmal kegelförmig, 8–9 m hoch, die Krone 3–5 m breit. Blüten tiefgelb, kelchförmig, 8–13 cm breit, vor der Laubentfaltung aufblühend, Tepalen 10 bis 16, Staubblätter rot. (Magnolia 24 (2) 46: 1989). WHZ 6a. M.G. ***

Magnolia 'Butterflies'

'Carlos' (*M. acuminata* var. *subcordata* x. *M. denudata*)
Wuchs baumförmig. Blüten lebhaft gelb mit einem leichten grünlichen Unterton. (Magnolia 38 (2) 74: 2003). M. B. ***. WHZ 6a.

'Daphne' (*M. acuminata* var. *subcordata* 'Miss Honeybee' × *M.* 'Gold Crown')
Wuchs baumförmig, schmal aufrecht, kompakt, 6–8 m hoch, die Krone 4–5 m breit. Blüten lebhaft gelb, an der Basis anfangs grün überhaucht, kelchförmig, 5–10 cm breit, aufrecht stehend, Tepalen 9, die drei äußeren kelchblattartig und grün, die sechs inneren schmal verkehrt eiförmig, zuletzt weit abstehend. Gilt als die beste unter den spät blühenden gelben Magnolien. Die Blühdauer beträgt bis zu 22 Tage. (August Kehr, USA, benannt nach Daphne Lippitt. Magnolia 38 (2) 74: 2003). WHZ 6a. AGM 2012. M.G. ***

Magnolia 'Daphne'

Magnolia 'Elizabeth'

'Elizabeth' (*M. acuminata* var. *acuminata* × *M. denudata*)
Wuchs baumförmig, kegelförmig, lockerkronig, meist mehrstämmig, 9–15 m hoch, die Krone 6–8 m breit. Blätter im Austrieb bronzefarben. Blüten cremegelb, an der Basis außen hellgelb, duftend, kelchförmig, bis 20 cm breit, Tepalen 6 bis 9, spatelförmig, Staublätter rosarot. 'Elizabeth' war eine der ersten gelb blühenden Magnolien. Die Blühdauer beträgt bis zu 36 Tage. (Evamaria Sperber, Brooklyn Botanic Garden, USA. Magnolia 20 (1) 37: 1984). WHZ 6a. AGM 1993. M.G. ***

'Gold Crown' (*M. ×brooklynensis* 'Woodsman' × *M.* 'Sundance')
Wuchs baumförmig, schmal aufrecht. Blüten goldgelb, offen kelchförmig, 20–25 cm breit, Tepalen 8 bis 9, nach der Laubentfaltung aufblühend. 'Gold Crown' gehört zu den gelb blühenden Sorten mit besonders großen Blüten. (August Kehr, USA. Magnolia 28 (1) 53: 1992). WHZ 6a. M.G. ****

Magnolia 'Gold Crown'

'Gold Cup'. (*M. ×soulangeana* 'Lennei' × *M.* 'Elizabeth')
Wuchs baumförmig. Blüten cremeweiß bis elfenbeinfarben, ausgeprägt rundlich-pokalförmig, 15 cm breit. Tepalen von sehr stabiler Textur. Unter den „gelb blühenden Magnolien" eine Sorte mit zarter Blütenfarbe. (AUGUST KEHR, USA. Fairweather Gardens, Katalog 1999). WHZ 6a. M. G. ****

'Gold Star' (*M. acuminata* var. *subcordata* 'Miss Honeybee' × *M. stellata* 'Rubra').
Wuchs baumförmig, locker verzweigt, 6–9 m hoch, die Krone 5–6 m breit. Blätter im Austrieb tief bronzefarben, später dunkelgrün. Blüten hellgelb, sternförmig, 10 cm breit, Tepalen 12 bis 15, linealisch. Blühbeginn früh, schon Ende März/Anfang April. Die Blüten tolerieren leichte Fröste. Gehört nach Camelbeke und Forster zu den zehn schönsten gelb blühenden Magnolien. (PHIL SAVAGE, USA. GARDINER (2000)). WHZ 5b. AGM 2012. M.G. ****

Magnolia 'Gold Star'

Magnolia 'Gold Star'

'Golden Endeavour'
(M. *acuminata* var. *subcordata* 'Miss Honeybee' × *M.* 'Sundance')
Wuchs baumförmig, rundkronig, bis 6 m hoch, sehr reich blühend. Blüten tief goldgelb, tulpenförmig, 7,5–10 cm breit, Tepalen 6, von stabiler Textur. (AUGUST KEHR, USA. Magnolia 35 (2) 68: 2000). WHZ 6a. M.G. ***

Magnolia 'Golden Endeavour'

'Golden Gala' (*M. acuminata* var. *acuminata* x *M. denudata*).
Wuchs baumförmig, breit aufrecht, 6-8 m hoch. Blüten zitronengelb, Tepalen 6, sich überlappend, von stabiler Textur. Schwestersämling von 'Golden Sun', Blüten aber größer und später aufblühend. (David Leach, USA). WHZ 6a.

Magnolia 'Golden Gala'

'Golden Gift' ((*M. acuminata* var. *subcordata* 'Miss Honeybee' × (*M. acuminata* var. *acuminata* × *M. denudata*)).
Wuchs baum- oder strauchförmig, 4–5 m hoch, die Krone 2–3 m breit. Blüten lebhaft kanariengelb, an der Basis leicht grün getuscht, tulpenförmig, 11 cm breit, Tepalen 6, verkehrt eiförmig. Blüten an den Zweigenden und entlang der Zweige, Blühdauer deshalb bis zu vier Wochen. Blühbeginn vor der Laubentfaltung (David Leach, USA. Magnolia 33 (1) 63: 1998). WHZ 6a. M.G. ****

'Golden Girl' (*M. acuminata* var. *acuminata* × *M. liliiflora*)
Wuchs baumförmig. Blüten elfenbeinfarben, die äußeren Tepalen breit gelb gestreift und an der Basis purpurn überhaucht, kelchförmig, groß, Tepalen 6. (August Kehr, USA. Magnolia 27 (1) 51: 1991). WHZ 6a. M.G. ***

'Golden Goblet' ((*M. acuminata* var. *subcordata* 'Miss Honeybee' × (*M. acuminata* var. *acuminata* x *M. denudata*)).
Wuchs baumförmig. Blüten lebhaft kanariengelb, kelchförmig, etwa 10 cm breit. Blühbeginn gleichzeitig mit der Laubentfaltung. (David Leach, USA. Magnolia 33 (1) 63: 1998). WHZ 6a. M.G. ***

'Golden Rain' (*M. acuminata* var. *acuminata* × *M. kobus* 'Norman Gould')
Wuchs baumförmig. Blüten mittelgelb, schalenförmig, überhängend, Tepalen 6, sehr breit, abgerundet, von stabiler Textur. Tetraploide Hybride. (Magnolia 36 (2) 70: 2001). WHZ 5b. M. G. ***

'Golden Sun' (*M. acuminata* var. *acuminata* × *M. denudata*)
Wuchs baumförmig, breit kegelförmig, bis 10 m hoch, regelmäßig reich blühend. Blüten lebhaft tiefgelb, außen grün bis leicht rötlich, schalenförmig, 17–20 cm breit, Tepalen 6, von stabiler Textur, zuletzt sternförmig ausgebreitet. Blühbeginn vor der Laubentfaltung. Die Blüten sind vergleichsweise unempfindlich gegen Spätfröste. (Magnolia 31 (1) 59: 1996). WHZ 6a. M.G. ****

Magnolia 'Golden Sun'

'Goldfinch' (*M. acuminata* var. *subcordata* 'Miss Honeybee' × *M. denudata* 'Sawada's Dream')
Wuchs baumförmig, mittelgroß, reich und regelmäßig blühend. Blüten lebhaft hellgelb, die äußeren Tepalen an der Basis leicht grünlich überhaucht, kelchförmig, bis 25 cm breit, Tepalen 6. Blühbeginn vor der Laubentfaltung. (Phil Savage, USA. Magnolia 24 (2) 4: 1989). WHZ 6a. M.G. ****

Magnolia 'Goldfinch'

'Golden Joy' (*M.* 'Yellow Bird' × unbekannte F2-Hybride von *M. ×brooklynensis*)
Wuchs baumförmig. Blüten goldgelb, etwa doppelt so groß wie die der Mutterpflanze.

'Green Bee' (*M. acuminata* var. *subcordata* 'Miss Honeybee' × *M.* 'Gold Crown')
Wuchs baumförmig, straff aufrecht, bis etwa 7 m hoch. Blüten in der Knospe grünlich, aufgeblüht kräftig gelb, die äußeren Tepalen außen grünlich gelb, tulpenförmig, leicht schräg stehend, Tepalen 6, knapp vor oder mit der Laubentfaltung aufblühend. (August Kehr, USA. Magnolia 38 (2) 74: 2003). WHZ 6a. M.G. ****

Magnolia 'Green Bee'

'Honey Flower' (*M. acuminata* var. *subcordata* 'Miss Honeybee' × *M.* 'Elizabeth')
Wuchs baumförmig, bis etwa 8 cm hoch, sehr reich blühend. Blüten kräftig tiefgelb, vasenförmig, klein, etwa 6,5 cm lang, 2,3 cm breit, aufrecht stehend, Tepalen 9, verkehrt eiförmig, von stabiler Textur. 'Honey Flower' hat die intensivste Färbung aller gelb blühenden Sorten, die Intensität der Färbung kann allerdings von Jahr zu Jahr schwanken. (AUGUST KEHR, USA,1992, im Arboretum Wespelaar, Belgien, selektiert und benannt, 2005 von PHILIPPE DE SPOELBERCH registriert). WHZ 6a. M.G. ****

Magnolia 'Honey Flower'

'Honey Liz '(*M. acuminata* var. *subcordata* 'Miss Honeybee' × *M.* 'Elizabeth')
Wuchs baumförmig, 6–9 m hoch, sehr reich blühend. Blätter groß, blasig aufgetrieben. Blüten tiefgelb, vasenförmig, etwa 6,5 cm lang, die äußeren Tepalen an der Basis grün überhaucht, tulpenförmig, nickend, Tepalen 6 bis 7, flatterig. Eine gelbblühende Magnolie mit besonders intensiver Blütenfärbung, vor der Laubentfaltung aufblühend. (AUGUST KEHR, USA. Magnolia 36 (2) 79: 2001). WHZ 6a. M.G. ****

HONEY TULIP **('JURmag5')** (Abstammung unbekannt)
Wuchs baumförmig, 4–5 m hoch und gleich breit. Blüten buttergelb, ausgeprägt rundlich-pokalförmig, Tepalen 9, von stabiler Textur, Staubblätter purpurn gelb, komplett vor der Laubentfaltung blühend. (MARK JURY, Neuseeland). WHZ 6a. M.G. ****

'Hot Flash' (*M. ×brooklynensis* 'Woodsman' × *M.* 'Elizabeth')
Wuchs baumförmig, stark, schmal aufrecht. Blüten tiefgelb, spät aufblühend. (AUGUST KEHR, USA. Magnolia 35 (2) 68: 2000). WHZ 6a. WHZ 6a. M.G. ****.

'Ivory Chalice' (*M. acuminata* var. *acuminata* × *M. denudata*)
Wuchs baumförmig, etwa 9 m hoch, die kegelförmige Krone etwa 5 m breit. Blüten elfenbeinfarben, schmal rötlich gestreift, an der Basis gelblich grün, tulpenförmig, etwa 15 cm breit, Tepalen 9, Staubbeutel gelb, vor der Laubentfaltung aufblühend. (Magnolia 22 (2) 42: 1986/87). WHZ 6a. M.G. ***

Magnolia 'Ivory Chalice'

Magnolia 'Judy Zuk'

'Judy Zuk' ((*M. liliiflora* × *M. stellata*) × *M. acuminata* var. *acuminata*)
Wuchs baumförmig, etwa 6 m hoch, die Krone etwa 5 m breit, zuletzt eiförmig bis abgerundet. Blüten goldgelb bis goldorange, an der Basis rosarot überhaucht, intensiv süß duftend, tulpenförmig, 13 cm breit, aufrecht stehend. (Brooklyn Botanic Garden, USA. Magnolia 43 (1) 83: 2008). WHZ 6a. M.G. ****

Magnolia 'Judy Zuk'

'Legend' (*M. acuminata* var. *acuminata* × *M. denudata*)
Wuchs baumförmig, 5–7 m hoch. Blüten außen pastellgelb, innen heller, aufgeblüht kelchförmig, bis 24 cm breit, Staubblätter elfenbeinfarben, an der Basis rot. Blühbeginn mit der Laubentfaltung. (David Leach, USA. Magnolia 33 (1) 63: 1998). WHZ 6a. M.G. ***

'Limelight' (*M. acuminata* var. *subcordata* × *M.* ×*soulangeana* 'Big Pink')
Wuchs baumförmig, bis etwa 9 m hoch und 6 m breit. Blätter derb, im Herbst bronze- bis kupferfarben. Blüten in der Knospe gelbgrün, aufgeblüht hellgelb, außen fein rosarot gestreift, tulpenförmig, mit den zuletzt abstehenden Tepalen bis 25 cm breit, Tepalen 6. Die Blühdauer beträgt bis zu 42 Tage. (David Leach, USA. Rare Find Nursery Katalog, 2007). WHZ 6a. M.G. ***

Magnolia 'Limelight'

Magnolia 'Lois'

'Lois' (*M. acuminata* var. *acuminata* × (*M. acuminata* × *M. denudata*))
Wuchs baumförmig, breit kegelförmig, lockerkronig, 5–8 m hoch, die Krone etwa 5 m breit. Blüten primelgelb, bis zum Verblühen nicht verblassend, tulpenförmig, bis 16 cm breit, Tepalen 9, 8–9 cm lang, von stabiler Textur, unempfindlich gegen leichten Schneefall. Blühbeginn Ende April, vor der Laubentfaltung, durch Nachblüten wird eine Blühdauer von 4 Wochen erreicht, gilt als eine der besten gelb blühenden Sorten. (Brooklyn Botanic Garden, USA, 1960er Jahre). WHZ 6a. AGM 2012. M.G. ****

'Maxine Merril' (*M. acuminata* subsp. *subcordata* 'Miss Honeybee' × *M.* ×*loebneri* 'Merrill')
Wuchs baumförmig, breitkronig, 4–5 m hoch, schon als junge Pflanze reich blühend. Blüten anfangs intensiv gelb, sehr langsam verblassend, dezent nach Zitronen duftend, zuletzt schalenförmig, Tepalen 6, von stabiler Textur, deshalb regenfest. (PHIL SAVAGE, USA. Fairweather Gardens Nursery, Katalog 1999). WHZ 6a. M.G. ****

Magnolia 'Maxine Merril'

'Olivia' (*M. acuminata* var. *subcordata* 'Miss Honeybee' × *M.* 'Gold Crown')
Wuchs baumförmig. Blüten im Aufblühen grünlich getönt, aufgeblüht intensiv gelb, leicht fruchtig duftend, Tepalen 9, die drei äußeren grün bis gelblich grün, die inneren etwa 8 cm lang, 1,7–3 cm breit. (AUGUST KEHR, USA. Magnolia 38 (2) 74: 2003). WHZ 6a.

'Peachy' (*M. acuminata* var. *acuminata* 'Fertile Myrtle' × *M. sprengeri* 'Diva')
Wuchs baumförmig, in 15 Jahren 7,5 m hoch. Blüten außen orangerot, innen cremeweiß, tulpenförmig, bis 20 cm breit, Tepalen 9, etwa 13 cm lang, 5 cm breit, spät aufblühend. (Magnolia 29 (2) 56: 1994). WHZ 5b. M.G. ***

'Petit Chicon' (*M. acuminata* var. *acuminata* × *M. denudata*)
Wuchs baumförmig. Blüten kanariengelb, anfangs kelchförmig, zur Vollblüte sternförmig, Tepalen 6, die äußeren spatelförmig, 8–10 cm lang, 4,8–6,2 cm breit, von stabiler Textur, Staubblätter zahlreich, hellgelb. Blüht als eine der ersten gelb blühenden Magnolien auf, die Blühdauer beträgt etwa 30 Tage. (PHIL SAVAGE, USA. Magnolia 49 (1) 77: 2005). WHZ 6a. M.G. ****

'Sunburst' (*M. ×brooklynensis* 'Woodsman' × *M.* 'Gold Star')
Wuchs baumförmig, etwa 9 m hoch, die Krone etwa 6 m breit, sehr reich blühend. Blüten tiefgelb, an der Basis grün überhaucht, duftend, anfangs tulpenförmig, zuletzt kelchförmig, 15 cm breit, Tepalen 6. (AUGUST KEHR, USA. Magnolia 35 (2) 68: 2000). WHZ 6a. M.G. ***

'Sundance' (*M. acuminata* var. *acuminata* × *M. denudata*)
Wuchs baumförmig, in 10 Jahren 5 m hoch und gleich breit. Blüten außen kanariengelb, innen heller, anfangs tulpenförmig, zur Vollblüte schalenförmig, 20 cm breit, die 9 Tepalen dann zurückgeschlagen. Die Blühdauer beträgt bis zu 33 Tage. (Magnolia 21 (2) 42, 1986/87). WHZ 6a. M.G. ****

Magnolia 'Sunray'

'Sunray' (polyploide Form von 'Sundance')
Wuchs baumförmig, lockerkronig, 8–10 m hoch, sehr reich blühend. Blüten hellgelb, duftend, anfangs tulpenförmig, zur Vollblüte schalenförmig, größer und tiefer dunkler gefärbt als 'Sundance', Tepalen 9, Staubblätter goldgelb. (AUGUST KEHR, USA. Fairweather Gardens Nursery, Katalog 2008). WHZ 6a. M.G. ***

Magnolia 'Sunsation'

'Sunsation' (*M. ×brooklynensis* 'Woodsman' × *M.* 'Elizabeth') Wuchs baumförmig, schmal aufrecht, 5–6 m hoch, die Krone 2–3 m breit. Blüten in der Knospe nahezu reingrün, aufgeblüht cremegelb, mit grünlichem und rötlichem Unterton, an der Basis kräftig rosarot, die Zeichnung verjüngt sich zu einem schmalen, seitlich ausstrahlenden Streifen bis zur Spitze der Tepalen, kelchförmig, Tepalen 12. Blüht als eine der letzten Frühjahrsblüher zwei bis drei Wochen lang bis weit in den Mai. Schwestersämling von 'Sun Spire'. (August Kehr, USA. Magnolia 35 (2) 68: 2000). WHZ 6a. M.G. ****

'Sun Spire' (*M. ×brooklynensis* 'Woodsman' × *M.* 'Elizabeth') Wuchs schwach, strauchförmig, 2–3 m hoch, die Krone 1,5 m breit. Blätter im Sommer auffallend glänzend dunkelgrün. Blüten hellgelb, im unteren Drittel grün überhaucht, duftend, 10–13 cm breit, aufrecht stehend, sehr spät aufblühend. (August Kehr, USA. Magnolia 35 (2) 68, 2000). WHZ 6a. M.G. ****

Magnolia 'Traquility'

'Tranquility' (*M. ×brooklynensis* 'Woodsman' × *M.* 'Gold Star') Wuchs baum- oder strauchförmig, rundkronig, etwa 5 m hoch, die Krone 6 m breit. Blüten hell goldgelb, außen an der Basis rosa und grünlich überhaucht, 18–20 cm breit, spät aufblühend. (August Kehr, USA, seit 2000 in Kultur). WHZ 6a. M.G. ***

'Yellow Bird'(*M. acuminata* var. *subcordata* × *M. ×brooklynensis* 'Evamaria').
Wuchs baumförmig, etwa 12 m hoch, die kegelförmige Krone etwa 9 m breit. Blätter unterseits bläulich grün. Blüten intensiv tiefgelb, an der Basis der äußeren, kelchblattartigen Tepalen leicht grünlich getuscht, tulpenförmig, aufrecht stehend, Tepalen 6, 7,5–10 cm lang. Blühbeginn mit und nach der Laubentfaltung, dann zwei bis drei Wochen anhaltend. (Doris Stone, USA. Magnolia 20 (1) 37: 1984). WHZ 6a. M.G. ***

Magnolia 'Yellow Bird'

Magnolia 'Yellow Bird'

Magnolia 'Yellow Bird'

'Yellow Fever' (*M. acuminata* var. *acuminata* × *M. denudata*)
Wuchs baumförmig, stark. Blüten in der 10–12 cm langen Knospe gelb, hellrosa überhaucht, aufgeblüht elfenbeinfarben, duftend, kelchförmig, 15–20 cm breit. Im Wesentlichen vor der Laubentfaltung aufblühend. Die Blühdauer beträgt bis zu 36 Tage. (Magnolia 20 (1) 37: 1984). WHZ 6a. M.G. ****

'Yellow Lantern' (*M. acuminata* var. *subcordata* 'Miss Honeybee' × *M.* ×*soulangeana* 'Alexandrina')
Wuchs baumförmig, schmal aufrecht, symmetrisch, Stamm durchgehend, etwa 6 m hoch, die Krone etwa 5 m breit. Blüten rein zitronengelb, an der Basis und der Mittelrippe leicht rosarot getuscht, tulpenförmig, 15–20 cm breit, sehr witterungsbeständig. Blühbeginn Ende April, die Blühdauer beträgt bis zu 39 Tage. (Magnolia 21 (2) 42: 1986/87). WHZ 6a. AGM 2013. M.G. ****

'Yellow River' ('Fei Huang'). (Vermutlich *M. acuminata* var. *acuminata* × *M. denudata*)
Wuchs baum- oder strauchförmig, 4–6 m hoch. Blüten in der Knospe sehr hellgelb, aufgeblüht cremeweiß, bis 18 cm breit. (Aus China importiert). WHZ 6a. M.G. **

Magnolia 'Yellow River'

Tulpenbäume, *Liriodendron* L.

Zur Familie der Magnoliaceae gehören nur zwei Gattungen, die Gattung *Magnolia* L. mit mehr als 200 Arten und die Gattung *Liriodendron* L. mit je einer Art in China und in Nordamerika.

Liriodendron-Arten sind sommergrüne, bis 50 m hohe Bäume mit einem gerade durchgehenden Stamm und diffus verteilten Ästen. Die Borke ist mit einem regelmäßigen, oft lang rautenförmigen Netzwerk tief gefurcht. Die oliv- oder graubraunen Zweige sind von zahlreichen hellen, punktförmig-wulstigen Lentizellen bedeckt. Die Zweige besitzen ein weißliches, gekammertes Mark. Beim Ankratzen duftet die Rinde aromatisch. Die breit eiförmigen, flach gedrückten, 5–12 mm langen Endknospen sind von einem durchsichtigen Wachs überzogen. Die äußere Knospenhülle besteht aus zwei durch eine Naht verbundene, bereifte Nebenblätter. In der Knospe befinden sich, wie bei den Magnolien, 4 bis 8 gefaltete und nach unten gebogene junge Blätter, deren Nebenblätter mützenartig die Sprossspitze und die jüngeren Blattanlagen überstülpt.

Die wechselständig angeordneten, lang gestielten, wappenförmigen, mehr oder weniger quadratischen, ganzrandigen Blätter sind eigenartig vierspitzig, an der Basis abgerundet und vorne sattelartig eingebuchtet. Die hinfälligen Nebenblätter hinterlassen, zusammen mit der ovalen bis herzförmigen Blattnarbe, einen stengelumfassenden Ring.

Die zwittrigen, wie bei den Magnolien protogynen, von Bienen bestäubten Blüten sind als große, ansehnliche Schalenblüten ausgebildet. Sie stehen einzeln endständig und aufrecht an Kurztrieben. Am Grunde einer langgestreckten Blütenachse stehen in zwei dreizähligen Quirlen drei kurze, grünliche, zurückgeschlagene Kelch- und sechs aufrechtstehende, grünlich gelbe Kronblätter. Beide zusammen werden, wie bei den Magnolien, als Tepalen bezeichnet. Jedes Kronblatt trägt nahe dem Grunde ein orangefarbenes Querband, das als Saftmal dient und Nektartröpfchen ausscheidet. Die Blüten besitzen zahlreiche, spiralig angeordnete Staubblätter mit 10–15 mm langen Staubfäden und 15–25 mm langen -beuteln. Die Fruchtblätter sind in der Blüte verborgen oder überragen diese nur

Die zapfenartigen Sammelfrüchte sind aus zahlreichen geflügelten, linealischen Nüsschen zusammengesetzt, die sich anfangs dachziegelig decken, zur Reife abspreizen, sich einzeln lösen und durch den Wind verbreitet werden. Am Baum verbleiben die unteren, tauben Früchte als Kranz stehen. Die Früchte reifen im Herbst des Blühjahres. Die Nüsschen enthalten meistens nur einen der beiden möglichen, endospermhaltigen Samen.

Die beiden Tulpenbaumarten sind stattliche, anfangs raschwüchsige Parkbäume mit eigenartig und unverwechselbar geschnittenen Blättern, die sich im Herbst prachtvoll goldgelb bis lederbraun verfärben. Ihre glockigen, an Tulpen erinnernde Blüten fallen in den oft hochkronigen Bäumen und zwischen dem jungen Laub nicht besonders auf. Es lohnt sich aber, sie aus der Nähe zu betrachten.

Tulpenbäume gehören zu den Baumarten mit einer engen Standortamplitude. Sie gedeihen am besten auf frischen bis feuchten, tiefgründigen, nährstoffreichen, sauren bis neutralen, durchlässigen, sandig oder lehmig humosen Böden und an sonnigen bis lichtschattigen Standorten. Luft- und Bodentrockenheit werden schlecht vertragen. In Kultur bleiben beide Arten weitgehend vom Befall durch pathogene Pilze und tierische Schaderreger verschont.

Gleichwohl wird die Eignung von *Liriodendron tulipifera* als Stadtstraßenbaum in der GAKL-Straßenbaumliste als „geeignet mit Einschränkungen“ bewertet. Die Kronen älterer Bäume seien windbruchgefährdet.

Liriodendron chinense (Hemsl.) Sarg.

Chinesischer Tulpenbaum

Liriodendron chinense

Liriodendron chinense

In seinen natürlichen Habitaten erreicht der Chinesische Tulpenbaum Wuchshöhen bis zu 40 m und Stammdurchmesser bis zu 1 m. Die grauweiße Borke ist tief längs gefurcht. Die Zweige sind bis grünlich braun gefärbt und zerstreut mit grauweißen Lentizellen bedeckt. Die papierartigen, im Austrieb purpurfarbenen Blätter sind 4–12(–18) cm lang und 3–9(–23) cm breit, die Blattstiele sind 4–8(–16) cm lang. Die unterseits bläulich grünen Blätter sind an der Basis keilförmig oder schwach herzförmig. Sie haben nahe der Basis jederseits einen spitz zulaufenden Lappen und sind am oberen Ende zweilappig. Von den 9 Tepalen der becherförmigen Blüten sind die drei äußeren grünlich, kelchblattähnlich und nach außen geneigt. Die Tepalen der beiden inneren Kreise sind grünlich gelb und quer gelb gezeichnet, sie stehen aufrecht, sind verkehrt eiförmig und 3–4 cm lang. Die Staubfäden sind 5–6 mm, die Staubbeutel 1–1,6 cm lang. Das Gynoeceum ist zur Zeit der Vollblüte länger als die Tepalen, die Fruchtfächer sind gelblich grün gefärbt. Die Sammelfrüchte sind 7–9 cm lang. Die 6 mm langen, geflügelten, am Ende stumpfen oder stachelspitzigen Nüsschen sind ein- oder zweisamig. Die Blüten entfalten sich im Mai, die Früchte reifen im September-Oktober. WHZ 7a. AGM 2012.

Die natürliche Verbreitung von *L. chinense* erstreckt sich über zahlreiche, überwiegend südöstliche chinesische Provinzen: Anhui, Chongqing, Fujian, Guangxi, Guihou, Hubei, Hunan, Jiangxi, Shaanxi, SO-Sichuan, Yunnan und Zhejiang.

Die Art kommt dort zerstreut in Wäldern in Höhen von 900 bis 1000 m vor.

L. chinense wird in China als Zierbaum gepflanzt und zur Holzgewinnung genutzt. Bestände der Art gelten nach der Roten Liste der IUCN 2017 als fast bedroht.

L. chinense kommt u.a. auch am Tiamushan (Himmelsaugenberg) vor, einem 1506 m Gebirgszug 82 Kilometer westlich von Hanzhou. Hier gedeihen unter subtropischen Klimabedingungen etwa 2000 Pflanzenarten, darunter eine Wildpopulation des Gingko, *Ginkgo biloba*, und so seltene Arten wie *Emmenopteris henryi*, *Liquidambar formosana*, *Tilia henryana* und *Sinocalycanthus* chinensis.

Der Chinesische Tulpenbaum wurde erstmals 1886 durch William Botting Hemsley im Journal of the Linnean Society, Botany, 23, S. 25 als *Liriodendron tulipifera* L. var. *chinense* HEMSL. beschrieben, bevor ihm CHARLES SPRAGUE SARGENT 1903 den heute gültigen Namen gab.

L. chinense wurde 1901 durch E. H. WILSON aus China nach Großbritannien eingeführt. Als erwachsene Pflanze ist *L. chinense* in Deutschland in der Winterhärtezone 7a ausreichend frosthart. Der Gartenwert der Art wurde 2012 in Großbritannien mit einem Award of Garden Merit (AGM) eingestuft.

Der Chinesische Tulpenbaum unterscheidet sich von seinem amerikanischen Verwandten durch größere und tiefer gelappte Blätter, durch die kürzeren inneren Tepalen mit ihrer gelben Zeichnung, die bei *L. tulipifera* orangefarben ist, sowie durch schlankere Sammelfrüchte.

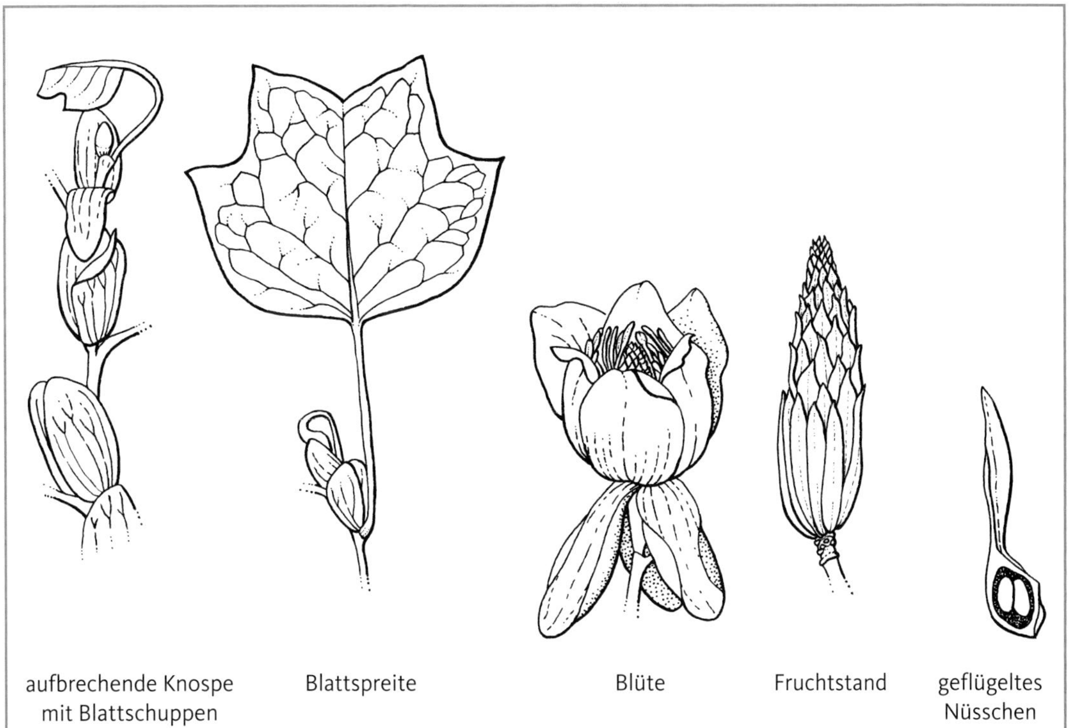

Liriodendron tulipifera

Liriodendron tulipifera L.
Amerikanischer Tulpenbaum

Der Amerikanische Tulpenbaum (englisch Yellow-poplar, Tuliptree, Whitewood) kann an seinen natürlichen Standorten auf nährstoffreichen Böden Wuchshöhen von 61 m, Stammdurchmesser von 1,5 m und ein Alter von etwa 300 Jahren erreichen. Er entwickelt im Bestand einen geraden, vollholzigen, weitgehend astfreien Stamm mit einer offenen, kegelförmigen Krone und einer tief gefurchten, netzartigen, zuletzt dunkelgrauen Borke. Die kräftigen Zweige sind rötlich braun oder purpurn gefärbt und mit blassen Lentizellen bedeckt. Die kurz gestielten, dunkelroten Terminalknospen werden 12–14 mm lang. Die 8–15 cm langen und ebenso breiten, etwas herabhängenden Blätter haben einen 12–16 cm langen Stiel. Die Blätter sind an der Basis abgerundet oder gestutzt, der Mittellappen ist quer gestutzt oder sattelförmig eingebuchtet. Jederseits haben die Blätter zwei bis drei kurze, spitz zulaufende Lappen. Oberseits sind die Blätter sattgrün, unterseits etwas heller. Im Herbst färben

Liriodendron tulipifera, Bergpark Kassel Wilhelmshöhe. Einer der stärksten Bäume Deutschlands.

sie sich prachtvoll goldgelb bis lederbraun. Die Blütenhülle der tulpenförmigen, 5–7 cm breiten, aufrecht stehenden Blüten besteht aus drei grünen, länglichen bis lanzettlichen, vorne stumpfen oder spitzen, zurückgebogenen, früh abfallenden Kelchblättern und sechs spatelförmigen, grünlichen oder gelblich grünen, 4–6 cm langen Kronblättern, die nahe der Basis orangegelb gefleckt sind. Die duftenden Blüten öffnen sich nach der Laubentfaltung im Mai-Juni. Die zapfenähnlichen, 4,5–8,5 cm langen Sammelfrüchte stehen aufrecht an den Zweigspitzen. Sie enthalten 60 bis 100 geflügelte Nüsschen, die meist im Oktober–November entlassen werden. Das Tausendkorngewicht der Samen liegt bei etwa 50 g. WHZ 6a. AGM 1993.

Das Verbreitungsgebiet von *L. tulipifera* im östlichen Nordamerika reicht von den US-Bundesstaaten Rhode Island, Massachusetts und Vermont westwärts zum südlichen Ontario und dem südlichen Michigan, südlich bis Louisiana und östlich bis zum nördlichen Florida. Besonders häufig tritt *L. tulipifera* im Tal des Ohio-Rivers und an den Berghängen von North Carolina, Tennessee, Kentucky und West-Virginia auf. Nach Schütt und Lange (2002) wachsen 75 % aller Amerikanischen Tulpenbäume in den Appalachen und in den Piedmonts von Pennsylvania bis Georgia. Die Höhenverbreitung reicht von 0 m in Florida bis zu 1500 m über NN in den südlichen Appalachen.

In tieferen Lagen der südlichen Appalachen kann der Tulpenbaum im Tulpenbaum-Zucker-Ahorn-Wald (Liriodendron-Aceretum sacchari) eine dominante Rolle einnehmen. Im Urwaldreservat „Joyce Kilmer Memorial Forest“ erreichen die Bäume eine Höhe von knapp 60 m und Brusthöhendurchmesser von etwa 2 m. Auch in den an Baumarten reichen Eichen-Tulpenbaum-Wäldern im mittleren Standortsbereich dominieren in der Baumschicht der Tulpenbaum und verschiedene Eichenarten (SCHROEDER 1974).

Liriodendron tulipifera mit herbstlicher Laubfärbung

Stamm eines Baumes im Joyce Kilmer Memorial Forest mit dem Autor dieses Buches aus dem Jahr 1978.

Liriodendron tulipifera

Liriodendron tulipifera

Begleitbaumarten der Lichtbaumart *L. tulipifera* sind nach Schütt und Lange (2002) in höheren Lagen der Appalachen vorwiegend Amerikanische Kastanie, *Castanea dentata*, Weiß-Eiche, *Quercus alba*, und Rot-Eiche, *Q. rubra*, daneben aber auch Weymouths Kiefer, *Pinus strobus*, Kanadische Hemlocktanne, *Tsuga canadensis*, Ohio-Rosskastanie, *Aesculus glabra*, Amerikanische Esche, *Fraxinus americana*, Ferkelnuss, *Carya glabra*, Schuppenrinden-Hickorynuss, *C. ovata*, Wald-Tupelobaum, *Nyssa sylvatica*, Sauerbaum, *Oxydendrum arboreum*, und Rot-Ahorn, *Acer rubrum* sowie Amerikanische Linde, *Tilia americana*, Zucker-Birke, *Betula lenta*, Amerikanischer Blumen-Hartriegel, *Cornus florida*, Spätblühende Traubenkirsche, *Prunus serotina*, Roter Maulbeerbaum, *Morus rubra*, Amerikanische Rot-Buche *Fagus grandifolia*, und Schwarznuss, *Juglans nigra*. Im Unterstand wachsen Virginische Zaubernuss, *Hamamellis virginiana*, Riesen-Rhododendron, *Rhododendrum maximum*, Berglorbeer, *Kalmia latifolia*, und Amerikanischer Spindelstrauch, *Euonymus atropurpureus*.

In den Küstenebenen wächst *L. tulipifera* auf gut dränierten Standorten zusammen mit Wasser-Tupelobaum, *Nyssa aquatica* und *N. sylvatica*, Sumpfzypresse, *Taxodium distichum*, Zucker-Ahorn, *Acer saccharum*, Amerikanischer Amberbaum, *Liquidambar styraciflua*, und Weihrauch-Kiefer, *Pinus taeda*. In den Wäldern des Piedmont wird *L. tulipifera* außerdem von Fichten-Kiefer, *Pinus echinata*, Virginische Kiefer, *P. virginiana*, Sauerbaum, *Oxydendrum arboreum*, und Virginischem Wacholder, *Juniperus virginiana*, begleitet.

L. tulipifera gilt gleichzeitig als eine der attraktivsten und wirtschaftlich wichtigsten Baumarten des östlichen Nordamerikas. Das feinfaserige, relativ leichte, reiß- und nagelfeste, leicht zu bearbeitende Holz wird zur Herstellung von Türen und Fenstern, Furnieren, Sperrholz und Verschalungen, zu Spielwaren, Körben, Musikinstrumenten und Särgen verarbeitet. Eine besondere Bedeutung hat das Holz für die Zellstoff- und Papierindustrie. Aus besonders starken Stämmen wurden früher lange, leichte Kanus gefertigt.

Über die Holzverwendung hinaus hat *L. tulipifera* auch eine ökologische Bedeutung. Die relativ zarten Zweige und Blätter werden gerne von Schalenwild und Weidevieh angenommen. Die Samen sind für viele Säugetiere und Vögel ein wichtiges Futter, u.a. für Kaninchen, Graue Eichhörnchen, Mäuse, Wachteln und Finken. Die Blüten liefern eine wertvolle Frühsommertracht für Bienen und Hummeln. Als Honigpflanzen liefern Bäume unter 20 Jahren pro Saison etwa 3,6 kg Nektar (= 1,8 kg Honig). (Schütt und Lang, 2002). Der dunkel amberfarbene Tulpenbaumhonig ist in den USA sehr beliebt.

Nach Roth, Daunderer und Korman (1994) enthalten Holz und Rinde die digitaloiden Stoffe Glaucin und Liriodenin, die Blätter saponinartige und cyanogene Stoffe.

Der Amerikanische Tulpenbaum wurde zwischen 1637 und 1654 durch den englischen Gärtner und Botaniker John Tradescant der Jüngere (1608–1662) als eines der ersten Gehölze der Neuen Welt nach Europa eingeführt. Tradescant bereiste 1637, 1642 und 1654 das Gebiet der Britischen Kolonien in Virginia und brachte von dort Pflanzen nach England. Nach Wein (1931) kam *L. tulipifera* 1663 nach England, 1686 nach Holland, 1688 nach Frankreich und 1697 nach Deutschland.

Dank seiner ungewöhnlichen Blattform und der prachtvollen Herbstfärbung wurde der Tulpenbaum bald populär. Die Art und einige Sorten gehören auch heute noch zu den häufig gepflanzten Parkbäumen.

In deutschen Parkanlagen gedeihen einige mehrhundertjährige Tulpenbäume. Nach der Rekordbaumliste der Deutschen Dendrologischen Gesellschaft steht der mit (vermutlich) 238 Jahren älteste Tulpenbaum in dem 1780 gegründeten Landesarboretum Stuttgart-Hohenheim. Er hatte bei einer Messung durch Andreas Gomulka und Marion Scheich im Jahr 2014 einen Stammumfang in Brusthöhe von 4,73 m, eine Höhe von ca. 30 m und eine Kronenbreite von ca. 20 m.

Eine noch größere Höhe und einen stärkeren Stamm hat der abgebildete Tulpenbaum mit der besonders schlanken, säulenförmigen Krone. Er steht im 2,4 Quadratmeter großen Bergpark Kassel-Wilhelmshöhe, der seit Juni 2013 zum UNESCO-Weltkulturerbe gehört. Der Baum wird in einem Führer durch den Schlosspark (Hoffman und Miehe 1987) unter der Nummer 353 geführt, hatte 2018 einen Stammumfang in Brusthöhe von 4,95 m, eine Höhe von 35 m und eine Kronenbreite von 15,35 m. Er ist vermutlich zu der Zeit gepflanzt worden, als der Bergpark ab 1785 zu einem Landschaftspark umgestaltet wurde. Nach einem 1791 verfassten Bericht des Hofgärtners und späteren Garteninspektors der Landgrafen Friedrich II. und Wilhelm IX. von Hessen-Kassel, Daniel August Schwarzkopf (1738–1817), an den Gartentheoretiker der Aufklärung, Christian Cay Lorenz Hirschfeld (1742–1792), geht hervor, dass unterhalb der Löwenburg ein Wald von Tulpenbäumen vorhanden sei. Man kann davon ausgehen, dass der abgebildete Baum der letzte Überlebende des ehemaligen Tulpenbaum-Waldes ist.

'Ardis'. Wuchs kompakt säulenförmig, kurztriebiger als 'Fastigiata', in 10 Jahren etwa 2 m hoch. Zweige mit kurzen Internodien. Blätter deutlich kleiner als die der Art. (Vor 1998 eingeführt).

Liriodendron tulipifera 'Ardis'

Liriodendron tulipifera 'Aureomarginata'

'Aureomarginata'. Wuchs schwächer als die Art, 10–15 m hoch. Blätter mit einem breiten, gelben Rand, der im Spätsommer grünlich gelb verblasst. (Seit 1903 bekannt). AGM 1993.

'Chapel Hill' (*L. chinense* × *L. tulipifera*). Wuchs baumförmig, breitkronig, sehr stark, in 25 Jahren 20 m hoch. Schon in einem Alter von 8 bis 10 Jahren blühend. Blätter in der Form intermediär zwischen den Eltern stehend, durch den Heterosiseffekt sehr groß, bis 25 cm lang, 10–15 cm breit, im Austrieb hell purpurn. (1972 von Clifford R. Parks, University of North Carolina durchgeführte Kreuzung).

'Crispum'. Blätter breiter als lang, an der Basis keilförmig, an der Spitze tief eingebuchtet, die Lappen wellig gewölbt.

Liriodendron tulipifera 'Crispum'

Liriodendron tulipifera 'Chapel Hill'

'Edward Gursztyn'. Wuchs auffallend kompakt und stabil breit eiförmig. Blätter glänzend dunkelgrün. (Goldmedaille Plantarium Boskoop 2013).

'Fastigiatum'. Wuchs straff aufrecht, 15–20 m hoch. Krone breit kegelförmig, im Alter gelegentlich durch auswärts wachsende Äste unregelmäßig. AGM 1993.

'Glen Gold'. Wuchs schwach. Blätter goldgelb, im Laufe des Jahres gelbgrün werdend.

Liriodendron tulipifera 'Glen Gold'

'Integrilobum'. Wuchs stark. Blätter ungelappt, fast quadratisch. (Seit 1864 bekannt).

Ein 207 Jahre alter Baum im Forstbotanischen Garten Tharandt hatte 2001 einen Stammumfang in Brusthöhe von 2,72 m, eine Höhe von etwa 31 m und eine Kronenbreite von etwa 22 m.

Liriodendron tulipifera 'Integrilobum'

Liriodendron tulipifera 'Integrilobum'

'Jackson'. Wuchs schwächer als die Art. Blätter gleichbleibend gelb. Sport von 'Aureomarginatum'.

'Lane Roberts'. Wuchs baumförmig, breit kegelförmig, bis 12 m hoch. Blätter grün, größer als die der Art.

Liriodendron tulipifera 'Lane Roberts'

'Mediopictum'. Wuchs stark. Blätter grün, in der Mitte gelb gefleckt. Ein Baum im Arboretum Loismann, Dörenthe, Landkreis Steinfurt, hatte 2015 einen Stammumfang in Brusthöhe von 3,32 m.

'Obtusilobum'. Blätter an der Basis jederseits mit einem abgerundeten Lappen.

'Purgatory. Blätter grün, in der Mitte unregelmäßig gelb gefleckt. (Seit 1999 in Kultur).

Liriodendron tulipifera 'Purgatory'

'Roothan'. Blätter normal groß, die Ecken abgerundet, der Blattrand gewellt.

'Snow Bird'. Wuchs kegelförmig, kompakt, in zehn Jahren 6-10 m hoch. Blätter im Zentrum hell- bis dunkelgrün, am Saum unregelmäßig breit cremeweiß panaschiert.

Liriodendron tulipifera 'Snow Bird'

Liste der beschriebenen Magnolienarten und -hybriden

Liste der beschriebenen Magnoliensorten

Bildnachweis

Foundation Arboretum Wespelaar (Team Koen Kamelbeke, Laura Wester, Joke Ossaer): 72, 84 u., 102, 125 o.r., u. r., 125 o.r., u.r., 126, 180, 189 l., 194 o., 200 l., 203, 204 u., 208 o.r., 212 u.l., u.r., 221, 222 o.l., o.r., 223, 224, u.l.

Ralf Bauer: 183 o., 186 o.r., 190 o.r, 237 o.

Volker André Bouffier: 49, 145

Deutscher Wetterdienst: 39

Michael Gottschalk: 69, 123, 184 u., 185 u., 192 o.r., 207 u., 212 o.l., 224 o.l., 225 l.

Marc Günther: 182 l., 183 m., 185 o.r., 187 u., 188 u.r., 197 o.r., 207 o., 230 o., 237 u.

Eike J. Jablonski: 261 u.

Hans-Heinrich Jesch: 67

Thomas Kalb: 82, 90, 94, 117 l., 142, 143 o.i., 127 l., 133

Hans-Roland Müller: 144 o.l., 179, 187 m.

Phillipe de Spoelberch: 14, 83, 84 m., 85, 86, 101, 107, 108, 112 u., 113, 134, 137, 181, 184 o., 186 l., 189 o.r., 199 u.r, 203, 204 o., 205 u.r, 206 u.l, u.r., 208 o.l., 216 o., m., 220, 224 u.r, 228, 233 o., 239, 240, 246 o.l., o.r.

Joh. Stowijk: 89 u., 149 o.

Manfred Walder: 76 u.

Ulrich Würth: 60

Wikimedia Commons:

Magnolia dawsoniana leaves 200606 : 84 o.
Bjocar, CC BY 2.5,
https://commons.wikimedia.org/w/index.php?curid=11025149

Pierre Magnol : 11
Valérie75, gemeinfrei,
https://commons.wikimedia.org/wiki/File:Pierre-Magnol-1638-1715.jpg

Andreas Bärtels: alle übrigen Abbildungen

Magnoliensammlungen

In zahlreichen öffentlichen Parkanlagen und in nahezu jedem botanischen Garten Deutschlands werden ± zahlreiche Magnolien in Arten, Sorten und Hybriden kultiviert. Deshalb wird hier auf die Adressen botanischer Gärten verzichtet.

Deutschland
Kur- und Schlosspark Badenweiler
Schlossplatz 2, 79410 Badenweiler
E-Mail: touristik@badenweiler.de
Der 22 ha große Kurpark zählt zu den baumartenreichsten Kurparks Deutschlands

Bayerische Landesanstalt für Weinbau und Gartenbau
Auf der Steige 15 D 97209 Veitshöchheim
E-Mail: poststelle@lwg.bayern.de
Die Bayerische Landesanstalt unterhält die wohl umfangreichste, staatlich betriebene Magnoliensammlung Deutschlands mit ursprünglich etwa 150 Arten, Hybriden und Sorten. Die Sammlung befindet sich im Versuchsbetrieb der Landesanstalt in der Gemarkung Stutel an der B 27 zwischen Veitshöchheim und Thüngersheim, Ausfahrt Staustufe.

Volker André Bouffier
Büdinger Straße 47, 57647 Nistertal
E-Mail: v.a.bouffier@online.de
Im privaten Dendrologischen Versuchsgarten Nistertal im Westerwald wird seit etwa 30 Jahren eine Magnoliensammlung aufgebaut. Besuch nur nach Voranmeldung.

Botanischer Garten Christiansberg
Christiansberg 123, 17375 Luckow
E-Mail: info@botanischer-garten-christiansberg.de
Durch Walter Kapron und Manfred Genseburg angelegter, 3 ha großer Garten in der Uckermark mit artenreichen Sammlungen von Pfingstrosen, Magnolien und Rhododendron.

Thomas Kalb
Neuer Friedhofsweg 14, 69151 Neckargemünd-Waldhilsbach
E-Mail: mail@thomaskalb.de
Private Sammlung von etwa 600 Magnolienarten und -sorten im „Urzeitwald“ Waldhilsbach.

Insel Mainau
78465 Insel Mainau
E-Mail: info@mainau.de
Auf der 45 ha großen Insel im Bodensee befindet sich u. a ein ab 1856 angelegtes, parkartiges Arboretum mit etwa 500, z. T. seltenen Baum- und Straucharten.

Rösch, Gartengestaltung und Baumschule
Am Achernsee, 77855 Achern
E-Mail: info@garten-roesch.de
Die Baumschule unterhält innerhalb des Baumschulgeländes eine Magnoliensammlung, die seit den 1970er Jahren von Otmar Rösch (†) aufgebaut wurde und im Jahr 2004 etwa 200 sommer- und immergrüne Arten, Hybriden und Sorten umfasste. (Bouffier 2004).

Heinz Roth
Römerweg 8a, 8666 Burgheim
Heinz Roth kultiviert in seinem Garten seit etwa 30 Jahren ca. 120 Magnolienbäume und -sträucher unter „härteren" Klimabedingungen. (Roth 2009).

Wilhelma
Zoologisch-botanischer Garten
Wilhelma 13, D 70376 Stuttgart
E-Mail: info@wilhelma.de
Im botanischen Teil der 1919 gegründeten, denkmalgeschützten Parkanlage befinden sich etwa 6000 Pflanzenarten, darunter im Maurischen Garten und am Seerosenbecken 73 ab 1840 gepflanzte, imposante Magnolien.

Belgien
Arboretum Bokrijk
Provinzial Domein Bokrijk, B 3600 Bokrijk
www.bokrijk.be

Arboretum Het Leen
Provinzial Domain Het Leen
Gentseteewg 80, B 9900 Eeklo
het-leen@oost-vlanderen.be

Arboretum Kalmthout
Huewel 8, B 2929 Kalmthout
www.arboretumkalmthout.be

Arboretum Wespelaar
Groote Baan, B 3150 Haacht-Wespelaar
www.arboretumwespelaar.be
Das Arboretum unterhält mehr als 300 Magnolienarten, hybriden- und -sorten

Frankreich
Arboretum des Grandes Bruyères
F 45450 Ingrannes
www.arboretumdesgrandesbruyeres.fr

Italien
Giardinoa Botanici Villa Taranto
Via Vittorio Veneto 111, I 28922 Verbania, Piemonte
www.villataranto.it/de/

Niederlande
Arboretum Trompenburg
Honingerdijk 86, NL 3062 NX Rotterdam
www.trompenburg.nl

Bezugsquellen

Magnolien werden in allen Baumschulen und Gartencentern angeboten, wenn auch häufig nur in geringer Anzahl an Arten und Sorten. Hier werden einige Baumschulen mit überregionaler Bedeutung oder solche mit einem umfangreichen Angebot an Bäumen und Sträuchern genannt, darunter auch Magnolien.
Anschriften und geografische Lage der 170 deutschen Gartenbaumschulen sind unter folgender Adresse zu finden: E-Mail: info@maxigruen.de.
Die E-Mail-Adresse service@olerum.de führt zum Online-Garten-Shop des Verbandes Deutscher Garten-Center.

Deutschland
BALDUR-Garten
Albert-Einstein-Allee 4–6, D–64625 Bensheim
E-Mail: info@baldur-garten.de. Tel.: 06251/103399
Pflanzenversand

Böhle Pflanzenhandel GmbH
Oldenburger Str. 9, D–2655 Westerstede
E-Mail: boehlje@boehlje.de. Tel.: 04488/9986-0
Baumschule mit einem umfangreichen Gehölzsortiment, auch seltenerer Arten und Sorten.

Volker André Bouffier
Büdinger Straße, 57647 Nistertal
E-Mail: v. a.bouffier@online.de
Vor allem Anzucht von *Magnolia acuminata*, *M. obovata* und *M. officinalis* als Hochstämme.

Bruns Pflanzen Export GmbH
Johann-Bruns-Allee 1, D–2610 Bad Zwischenahn
E-Mail: info@bruns.de. Tel.: 04403/6010
Großbaumschule mit einem umfangreichen, bebilderten Katalog. Spezialist für Solitärgehölze.

Dehner Gartencenter GmbH & Co. KG
Donauwörther Str. 35 D – 8641 Rain
E-Mail: service@dehner.de. Tel.: 09090/789789
Gartencenter (119 Märkte in Deutschland) und Online-Shop

Pflanzenhandel Lorenz von Ehren GmbH & Co. KG
Maldfeldstraße 4, D–21077 Hamburg
E-Mail: LvE@LvE.de. Tel.:040761/08-0
Großbaumschule mit einem umfangreichen, bebilderten Katalog. Spezialist für Solitärgehölze.

Baumschule H. Hachmann
Brunnenstr. 68, D–25355 Barmstedt
E-Mail: info@hachmann.de. Tel.: 04123/2055/2056
Baumschule mit einem reich bebilderten Sortimentsbuch und einem umfangreichen Angebot an Raritäten, Rhododendron und Fächer-Ahornen.

Herrenkamper Gärten
Herrenkamp 1, D–27254 Siedenburg
E-Mail: info@herrenkampergaerten.de. Tel.: 04272/963163
Baumschule mit einem großen Sortiment an Gehölzen und Stauden

Baumschule Horstmann GmbH & Co. KG
Schäferkoppel 3, D–25560 Schenefeld
E-Mail: info@baumschule.horstmann.de. Tel.: 04892/8993-400
Online-Baumschule, kein Direktverkauf vor Ort

Pflanzenhandel Huben GmbH
Schriesheimer Fußweg 7, D–68526 Ladenburg
E-Mail: Contact@huben.de. Tel.: 06203/92800
Sortimentsbaumschule, Spezialist für Kamelien und mediterrane Gehölze.

Pflanzen-Kölle Gartencenter GmbH & Co. KG
Im Neckargarten 6, D–74078 Heilbronn
E-Mail: info@pflanzenkoelle.de. Tel.: 07131/1595-111
Baumschule mit 13 Gartencentern in Deutschland

Pflanzenhandel Lappen
Herrenpfad 14, D–41334 Nettetal
E-Mail: info@lappen.de. Tel.: 02157/818-0
Überregional agierende Großbaumschule mit kompletten Pflanzenangebot

Wilhelm Ley GmbH
Baumschulenweg 20, D–53340 Meckenheim
E-Mail: G.Buschkötter@Ley-Baumschulen.de. Tel.: 02225/9144-0

H. Lorberg Baumschulen KG
Zachover Str. 4, D–14669 Ketzin
E-Mail: lorberg@lorberg.com. Tel.: 033233/84-0
Standort Baden-Baden:
Im Heitzenacker 3, D – 76552 Baden-Baden
E-Mail: baden-baden@lorberg.com, Tel.: 07221/99648-0
Großbaumschule, Spezialist für Solitär- und Formgehölze.

Lunaplant Magnolia-Marketing GmbH
Raiffeisenstr. 6, D–65830 Kriftel
E-Mail: info@lunaplant.de. Tel.: 06195/7252888
Spezialbaumschule für Magnolien mit einem besonders umfangreichen Angebot an Magnolienarten und -sorten.

Gärtner Poetschke GmbH
Beuthener Str. 4, D–41564 Karst
E-Mail: info@poetschke.de. Tel.: 01805/861-100

Sämann Pflanzenkontor GmbH
Spittelwiesenweg 42, D–02625 Bautzen
E-Mail: info@saemann-baumschulen.de. Tel.:03591/2186-0
Sortimentsbaumschule mit einem ausführlichen, bebilderten Katalog.

Gartencenter-Shop 24
Schlegel & Co. Gartenprodukte GmbH
Robert-Bosch-Str. 20/1, D–88499 Riedlingen
E-Mail. info@gartencenter-shop24.de
Pflanzenversand aus eigener Produktion

Pflanzenversand Garten Schlüter
Bahnhofstr. 5, D_25335 Bockholt-Hanredder
Tel.: 04123/90380
Versandgärtnerei

Späth'sche Baumschulen
Späthstr. 80/81, D–12437 Berlin
1720 gegründete und damit älteste Baumschule Deutschlands
Tel.: 030/63900352

Spilkers Jungpflanzen
Baumschulenweg 1, D-25355 Barmstedt
E-Mail: mail@spilkers-jungpflanzen.de, Tel.: 04123/2330
Die Baumschule vermehrt u.a. zahlreiche Magnolienarten und -sorten für eine Weiterkultur in anderen Baumschulen. Kein Privatverkauf.

Baumschule Paul Schwieters
Schlee 8, D-48720 Rosendahl
E-Mail: Schieters.Paul@t-oline.de, Tel.: 02566/4444
Baumschule mit einem großen Sortiment an seltenen Gehölzarten und -sorten.

TERRA-Pflanzenhandel
Luruper Weg 97–101, D–25469 Halstenbek
E-Mail: info@terra-pflanzenhandel.de. Tel.: 04101/44440
Baumschule und Pflanzenversand

Van den Berk Geldern GmbH
Kerkplad 38, D–47608 Geldern
E-Mail: geldern@vdberk.de. Tel.: 0413/480470
Großbaumschule mit Hauptsitz in den Niederlanden.

Baumschule Wilken
Am Nesterhorn 21, D–26655 Hüllstede
E-Mail: raritaeten@baumschule.wilken.com. Tel.: 04488/2670
Baumschule mit einem großen Sortiment an seltenen Arten und Sorten.

Wörlein Baumschulen und Belladris Gartencenter
Baumschulenweg 9, D–86911 Dießen am Ammersee
E-Mail: info@woerlein.de. Tel: 08807/92100
Baumschule mit Online-Pflanzenkatalog

Verband der Garten-Baumschulen BdB e.V. (GBV)
Repräsentiert werden 170 Mitglieder in ganz Deutschland
GBV MaxiGruen GmbH, Dieker Str. 68, D–42871 Haan
E-Mail: info@maxigruen.de. Tel.: 02129/93210

Olerum.de: Online-Garten-Shop des Verbandes Deutscher Garten-Center
VGD Service GmbH & Co.KG
Carl-Bosch-Straße 19, D–53501 Grafschaft
E-Mail: service@olerum.de. Tel.: 02641 2079591

Niederlande
Mark Bulk
Rijneveld 115, NL–2771 XV Boskoop
E-Mail: info@bulk-boskoop.nl
Baumschule mit einem sehr großen Gehölzsortiment, auch an Magnolienarten und -sorten.

Firma C. Esceld
Rjineveld 72, NL-2771 XS Boskoop
E-Mail: info@esveld.nl
Baumschule mit einem sehr großen Gehölzsortiment, auch an Magnolienarten und -sorten

Joh. Stolwijk & Söhne
Exportbaumschulen B.V.
Rijneveld 71, NL XW Boskoop
E-Mail: info@joh-stolwijk.nl
Sortimentsbaumschule mit einem breiten Sortiment an Laub- und Nadelgehölzen.

Piet Vergelt Boomkwekerijen
Hosterdieijk 103, NL 5973 PM Lottum
E-Mail: info@magnoliastore.com
U. a. zahlreiche Magnolienarten und -sorten, die auch über einen Online-Shop vermarktet werden.

Österreich
Praskac Pflanzenhandel GmbH
Praskacstr. 101, A-3430 Tulln
E-Mail: office@praskac.at
Baumschule mit einem Vollsortiment an Bäumen und Sträuchern.

Schweiz
Eisenhut Vivaio Baumschule
Via Parco Botanico
CH–San Nazarro
E-Mail: info@eisenhut.ch
Baumschule mit einem umfangreichen Angebot an Magnolien und Kamelien.

Hauenstein AG
Landstr. 42, CH–8197 Rafz
E-Mail: info@hauenstein-rafz.
Größte Baumschule der Schweiz mit Stammsitz in Rafz und drei Gartencentern, einem Schaugarten und dem Restaurant Botanica in Rafz. In „Hauensteins Pflanzenbuch“ wird das umfangreiche Sortiment beschrieben und abgebildet.

Zulauf AG
Degerfeldstr. 4, CH-5107 Schinzach-Dorf
E-Mail: info@zulaufquelle.ch
Baumschule mit angrenzendem Gartencenter. Vollsortimenter mit einem breiten Sortiment.

Gesellschaften
Magnolia Society International
Sekretariat: Beth Edward
3000 Henneberry Road
Jamesville, NY 13078–9690, USA

Deutsche Dendrologische Gesellschaft e. V.
Geschäftsführer: Dr. Mirko Liesebach
Hugo-Schilling-Weg 5
D–22926 Ahrensburg
E-Mail: ddg-web@web.de

Glossar

Art (species): Sie gilt als die wichtigste und basale Rangstufe des botanischen Systems. In einer Art werden Gruppen von Individuen zusammengefasst, die in wesentlichen, konstanten und erkennbaren morphologischen Merkmalen (Habitus, Blätter, Blüten, Früchte) übereinstimmen, sich miteinander kreuzen lassen und meist von anderen Gruppen reproduktiv isoliert sind, z. B. *Magnolia acuminata*, Gurken-Magnolie.

Arthybriden werden durch ein dem Epitheton (Hybridname) vorgestellten × kenntlich gemacht, z. B. *Magnolia ×loebneri*.

Autorennamen: Bei korrekter Schreibweise folgt dem wissenschaftlichen Namen stets ein oder mehrere, meist abgekürzte Autorennamen. Als Autor gilt derjenige, der eine Sippe gültig beschrieben oder ihr eine neue systematische Stellung zugewiesen hat. Die Angabe eines Autors wird als Autorenzitat bezeichnet.

Autovegetative Vermehrung: Vegetative Vermehrung von Kultursorten ohne Veredlung.

Award of Garden Merit (AGM): In Großbritannien nach einer mehrjährigen Prüfung vergebene Auszeichnung für Pflanzen mit einem besonders hohen Gartenwert.

Blütenbecher (Hypantheum): Langes, röhrenförmiges Achsenstück zwischen dem Fruchtknoten und den übrigen Blütenorganen.

Blütenhülle (Perianth): Die gesamte Blütenhülle, unabhängig davon ob sie in Kelch und Krone gegliedert ist.

Boreal: Pflanzengeographische Bezeichnung für eine Vegetationszone im nördlichen Eurasien und dem nördlichen Nordamerika, deren Baumschicht weitgehend aus Nadelgehölzen besteht.

Cuticula: Die Epidermisschicht kontinuierlich überziehende Schicht aus Cutin und Wachsen.

Borke: Alle außerhalb des jüngsten und damit innersten Periderms liegende, abgestorbenen Rindenteile, die z. T. aus Korkgewebe entstehen.

diploid: Bezeichnung für den Zustand des Zellkerns, bei dem zwei Chromosomensätze vorhanden sind, normalerweise je eine von den beiden Eltern.

endemisch: Sippe, deren Verbreitung auf ein bestimmtes, oft kleines Gebiet begrenzt ist.

Endosperm: Nährgewebe des Samens

Epidermis: Fast immer aus einer Zellschicht bestehendes primäres Abschlussgewebe eines Sprosses der Gefäßpflanzen, der von einer Cuticula bedeckt wird.

Epicotyl: Internodium unmittelbar über den Kotyledonen.

Epitheton (Artepitheton): Das Wort, das innerhalb einer Gattung die Arten kennzeichnet. Jeder Artname besteht aus dem Gattungsnamen und dem Artepitheton. Es handelt sich dabei meist um ein lateinisches Adjektiv, kann aber auch ein ehemaliger Gattungsname sein.

Etymologie: Lehre vom wahren Ursprung eines Wortes. Teilgebiet der Sprachwissenschaft, das Grundbedeutung und Entwicklung der Wörter geschichtlich zu klären versucht.

Fruchtblatt (Karpell): Eines der einzelnen, die Samenanlage tragenden Teile, aus denen sich das Gynoeceum zusammensetzt.

Fruchtknoten (Ovar): Der die Samenanlage tragende und einhüllende, meist verdickte untere Teil des Stempels oder eines Fruchtblattes.

Generative Vermehrung: Vermehrung einer Pflanze durch Aussaat.

Gynoeceum: Die Gesamtheit der Fruchtblätter einer Blüte, unabhängig davon, ob diese frei oder verwachsen sind.

Handelsnamen: Während Sortennamen dauerhaft mit einer Sippe verbunden bleiben, können sich Handels- oder Markennamen ändern. Die phonetisch oft angenehm klingenden Handelsnamen werden in Kapitälchen gesetzt und den eigentlichen, in Klammern gestellten und in Hochkommata gesetzten Sortennamen, der nicht selten nur noch aus einer Aneinanderreihung von Buchstaben und Ziffern besteht, vorangestellt.

Habitat: Die ökologischen Bedingungen am Standort einer Pflanze, im Gegensatz zu dem geographisch festgelegten Fundort. Dazu gehören Klima und Boden sowie biotische Faktoren wie z. B. Begleitpflanzen, Fraßfeinde und Bestäuber. Das gemeinsame Habitat vieler Pflanzen ist ein Biotop.

Habitus: Die Gesamtheit der von außen zu erkennenden Merkmale einer Pflanze, die den Exemplaren einer Art ein charakteristisches Aussehen geben, an dem man sie erkennen kann.

Hybride: Individuum, das aus einer Kreuzung von Eltern hervorgegangen ist, die verschiedenen Arten oder Sorten angehören.

Hypokotyl: Der Stengelabschnitt unterhalb der Kotyledonen (oberhalb des Wurzelhalses).

Immergrüne Arten: Immergrüne Blätter sind nicht unbegrenzt funktionsfähig, sie werden vielmehr nach zwei bis drei Jahren abgeworfen.

Internodium: Stück eines blattlosen Stängel zwischen den Knoten.

Interspezifische Hybride: Hybride, deren Elternarten verschiedenen Sektionen angehören.

In-vitro-Vermehrung: Kultur von pflanzlichen Zellen unter sterilen Bedingungen auf einem Nährmedium unter Zugabe von Pflanzenhormonen und Licht. Nach der Vermehrung und Bewurzelung werden die Pflanzen zunächst unter unsterilen Bedingungen unter Glas weiterkultiviert.

IUCN: International Union for Conservation of Nature

Keimwurzel (Radicula): Die erste, noch unverzweigte Anlage der Wurzel am Embryo.

Kelchblätter (Sepalen): Die meist unauffällig gefärbten Kelchblätter bilden den äußeren Kreis einer doppelten Blütenhülle. Bei Magnolien sind Kelch- und Kronblätter nicht differenziert, beide zusammen werden deshalb als Tepalen bezeichnet.

Kennart: Auch als Charakterart bezeichnet. In der Pflanzensoziologie Bezeichnung für eine Art, die in einer Pflanzengesellschaft einen eindeutigen Schwerpunkt bildet.

Kotyledonen: Die ersten, schon im Embryo deutlich ausgebildeten Blätter der Pflanze.

Kronblätter (Petalen): Die meist farbigen Kronblätter bilden den inneren Kreis einer doppelten Blütenhülle.

Kurztriebe: Triebe mit gestauchten Internodien, die kürzer als 3 cm sind, sich nicht verzweigen und häufig Blüten und Früchte tragen.

Langtriebe: Triebe mit Internodien, die länger als 3 cm sind. Sie bilden vollständige Seitenknospen aus, die im folgenden Jahr austreiben und wieder Lang- oder Kurztriebe bilden. Langtriebe dienen vor allem der Luftraumeroberung und damit dem Aufbau von Bäumen und Sträuchern.

Lentizellen: Auch als Korkwarzen bezeichnete, linsen- oder warzenförmige Rindenporen, die von lockerem Gewebe gefüllt sind und dem Luftaustausch dienen.

Meiose: Reduktionsteilung. Zwei aufeinanderfolgende Teilungen, bei denen die Zahl der Chromosomen halbiert wird und Rekombination und Austausch stattfindet.

Meridonal: Pflanzengeografische Bezeichnung für eine von immergrünen Laubbäumen beherrschte Vegetationszone, die ausschließlich oder überwiegend in der südlichen Zone des außertropischen Bereiches der Nordhalbkugel vorkommt.

Morphologie: Wissenschaft von der äußeren Form und Gestalt von Pflanzen: Habitus, Blätter, Blüten, Früchte.

Nemoral: Pflanzengeografische Bezeichnung für eine Vegetationszone, die überwiegend von sommergrünem Laubwald bedeckt ist.

Nomenklatur: Die Benennung von Organismen auf verschiedenen Rangstufen und die dazugehörigen Regeln.

Ökologische Amplitude: Sie beschreibt die Fähigkeit eines Lebewesens, Schwankungen von biologischen oder abiologischen Umweltfaktoren innerhalb eines Toleranzbereiches auszugleichen.

Perlit: In den Geowissenschaften Bezeichnung für ein chemisch und physikalisch umgewandeltes Glas (Obsidian), das oft in 5 mm dicken Perlen zur Wärmedämmung, aber auch rein oder in Mischungen als Substrat in der Stecklingsvermehrung eingesetzt wird.

Petalen (Kronblätter): Eines der Blätter einer Blütenkrone, wenn Kelch und Krone vorhanden sind. Petalen sind meist lebhaft gefärbt oder weiß und sitzen mit einer verschmälerten Basis der Blütenachse an.

Petaloidie: Bei Magnolien die Bildung von petalenähnlichen Strukturen anstelle von Staubblättern.

Polyploid: Zelle mit einer Vervielfachung des normalen Chromosomensatzes (mehr als zwei).

Proterogynie: Die Narben einer Blüte werden belegungsfähig, ehe sich die Staubbeutel öffnen, z. B. bei Magnolien. Sie ist seltener als die Proteandrie, bei der die Staubblätter ihre Pollen zu dem Zeitpunkt entlassen, zu dem die Narben nicht belegungsfähig sind.

rezent: In der Biologie Bezeichnung für die heute lebenden Organismen, im Unterschied zu den Fossilien.

Rinde: Im weiteren Sinn Bezeichnung für die äußeren Gewebeschichten verschiedener Organe, soweit sie sich deutlich von den inneren absetzen.

Sammelfrüchte entstehen aus Blüten, deren Gynoeceum aus einzelnen, unverwachsenen Fruchtblättern (Kapseln) bestehen.

Sektion: Systematische Rangstufe zwischen Gattung und Art unterhalb der Untergattung.

selbstfertil: Blüten, die bei einer Selbstbestäubung normale Früchte und Samen entwickeln.

selbststeril: Blüten, die bei einer Bestäubung mit eigenem Pollen oder dem Pollen genotypisch gleicher Individuen (z. B. vegetativ vermehrte Sorten) keine keimfähigen Samen ausbilden.

sommergrün: Bäume und Sträucher, die im Herbst ihre Laubblätter abwerfen, oft nach einer auffälligen Verfärbung.

Sorten: Im Gegensatz zu Getreide- und Gemüsesorten, die generativ vermehrt werden können, werden Gehölzsorten stets vegetativ, durch Veredlung, Steckholz oder Stecklinge vermehrt. Alle Individuen einer Sorte besitzen deshalb die gleichen Eigenschaften, die bei generativ vermehrten Sorten innerhalb bestimmter Grenzen variieren können.

Sortennamen sollen sich deutlich von wissenschaftlichen Namen unterscheiden. Sie bestehen aus einem oder mehreren Wörtern, werden mit großem Anfangsbuchstaben geschrieben und in Hochkommata gesetzt, z. B. *Magnolia acuminata* 'Koban Dori'. Der Gebrauch von Sortennamen ist im „Internationalen Code der Nomenklatur der Kulturpflanzen (ICNPC)" geregelt und vorgeschrieben.

Sprosssystem: Als solches bezeichnet man die Gesamtheit der Sprossachsen: Stamm, Äste, Zweige und Triebe.

Sprühnebel: Wasser wird in Tröpfchengrößen von 0,005 bis 0,05 mm ausgebracht.

Sprühregen: Wasser wird in Tröpfchengrößen von 0,05 bis 0,15 mm ausgebracht.

Synonyme Namen: Als synonym bezeichnet man Namen einer Sippe (Gattung, Art, Unterart), die bei einer bestimmten systematischen Auffassung nicht korrekt bzw. nicht legitim sind. Synonyme Namen entstehen z. B. bei einer Umstellung einer Art in eine andere Gattung, z. B. *Michelia figo* in *Magnolia figo*.

Systematik: Wissenschaft, die die Erfassung der Mannigfaltigkeit der Lebewesen zum Ziel hat. Sie macht es möglich, das Wissen über die Organismen unter einheitlichen Gesichtspunkten zu erfassen und verfügbar zu machen, indem sie Gruppen schafft, über deren Mitglieder man gemeinsame Aussagen machen kann.

Taxonomie: Wissenschaftszweig der Botanik, die Lehre von den Gesetzmäßigkeiten der Ordnung. Heute vielfach ganz oder weitgehend gleichbedeutend mit dem Begriff Systematik benutzt.

Tepalen: Als solche werden die Kronblätter einer Blüte bezeichnet, die nicht in Kelch- und Kronblätter gegliedert sind.

Trieb: diesjähriger, beblätterter Spross

Unterart (subspecies): Wichtigste systematische Kategorie unterhalb der Art, z. B. *Magnolia macrophylla* subsp. *ashei*.

Untergattung (subgenus): Rangstufe unterhalb der Gattung. Artenreiche Gattungen, z. B. die Gattung *Magnolia* mit mehr als 200 Arten, werden in der Regel in Untergattungen und diese oft wieder in Sektionen gegliedert. In Untergattungen und Sektionen werden Arten zusammengefasst, die sich in ihren morphologischen Merkmalen (Habitus, Blätter, Blüten, Früchte) von Arten anderer Untergattungen und Sektionen unterscheiden.

Unterlage: Pflanzen, auf die andere Pflanzen veredelt werden und die so eine dauerhafte Verbindung eingehen.

Varietät (varietas): Systematische Kategorie unterhalb der Art, aber von einer geringeren Rangstufe als die Unterart, z. B. *Magnolia acuminata* var. *subcordata*.

Vegetative Vermehrung: Vermehrung von Pflanzen durch Veredlungen, Steckholz, Stecklinge, Ableger oder Abrisse.

Vernakularname: Volksname

wechselständig: Die Anordnung der Blätter am Spross sind dann wechselständig, wenn der n 2/5 des Kreisumfanges beträgt. Das sechste Blatt steht dann über dem ersten.

Wissenschaftliche Pflanzennamen: Jede bekannt gewordene und beschriebene Pflanze (und andere Lebewesen) hat einen ganz bestimmten, einzig ihr zugeteilten, international gültigen Namen, der u. a. der Verständigung über Ländergrenzen hinweg dient. Wissenschaftliche Namen bestehen aus zwei Teilen: dem groß zu schreibenden Gattungs- und dem klein zu schreibenden Art-Beinamen (Epitheton), die beide in der Regel kursiv gesetzt werden, z. B. *Magnolia acuminata*. Regeln und Empfehlungen für den Gebrauch wissenschaftlicher Namen finden sich im „Internationalen Code der Nomenklatur für Algen, Pilze und Pflanzen (ICN)", aktualisiert im „Melbourne Code von 2012". Gleichwohl gibt es unterschiedliche Auffassungen über die Benennung von Gattungen und Arten. So werden z. B. in der chinesischen Literatur zahlreiche Magnolienarten anderen Gattungen zugeordnet.

Zweig: mehrjähriger Spross

Zittrige Blüten: Blüten, in denen Staub- und Fruchtblätter, also männliche und weibliche Komponenten, vorhanden sind.

Danksagung

Ohne die tatkräftige Unterstützung einiger Kollegen und Magnolienexperten könnte dieses Buch in dieser Form nicht vorgelegt werden. Folgenden Personen möchte ich meinen herzlichen Dank aussprechen:

Dem Verleger Herrn Gerhard Stahl und den Mitarbeitern des Verlages Quelle & Meyer für die vertrauensvolle Zusammenarbeit.

Herrn Eike Jörn Jablonski, Präsident der Deutschen Dendrologischen Gesellschaft, für sein Geleitwort zu diesem Buch.

Herrn Michael Gottschalk, Mitarbeiter der Firma Lunaplant, für seine wertvollen Ergänzungen zu den Sortenbeschreibungen und für die Einstufung des Gartenwertes der Sorten.

Herrn Thomas Kalb und seiner Frau Susanne Kumstroh-Kalb für die freundliche Aufnahme in ihrem Haus und die Führung durch ihre Magnoliensammlung im „Urwald" Waldhilsbach, Thomas Kalb für die Durchsicht des Manuskriptes mit Hinweisen zu „Schusselfehlern".

Herrn Dr. Koen Camelbeke, Direktor des Arboretums Wespelaar, Belgien, für seine fachkundige Führung durch das Arboretum mit der umfangreichen Magnoliensammlung.

Literatur

Andrews, S. (2005): Tree of the Year: Magnolia campbellii. International Dendrology Society. Yearbook 2005, S. 7–28.

Andrews, S. (1992): Tree of the Year: Liriodendron. International Dendrology Society. Yearbook 1992, S. 15–18.

Baranova, M. A. & C. Jefferey (2000): Stomatographical Features in the Systematics of the Magnoliaceae. ВОТАНИцЕСКИЙ ЖУРНАJI, ТОМ 85, Nr. 6.

Bartels, H. (1993): Gehölzkunde. Stuttgart: Verlag Eugen Ulmer.

Bärtels, A. (1974): Amerikanische Magnolien. Mitt. Dtsch. Dendrol. Ges. 67, 55–59.

Bärtels, A. (1978): Kostbarkeiten aus ostasiatischen Gärten. Stuttgart: Verlag Eugen Ulmer.

Bärtels, A. (1981): Gartengehölze. 2. Aufl. Stuttgart. Verlag Eugen Ulmer.

Bärtels, A. (2003): Großblütige Magnolien (I). Gartenpraxis 29. Jahrg.,1,10–15.

Bärtels, A. (2003): Großblütige Magnolien (II). Gartenpraxis 29. Jahrg., 2, 20–24.

Bärtels, A. (2008): Gehölzvermehrung, 5. Aufl. Stuttgart: Verlag Eugen Ulmer.

Bärtels, A. (2017): Immergrüne Magnolien. Gartenpraxis 44. Jahrg. 5, 20–28.

Bärtels, A. & P.A. Schmidt (Hrsg.) (2014): Enzyklopädie der Gartengehölze. Stuttgart: Verlag Eugen Ulmer.

Bean, W. J. (1989): Trees & Shrubs. Hardy in the British Isles. (Eighth Edition). Frome and London: Butler & Tanner.

Beuchert, M. (1983): Die Gärten Chinas. Köln: Eugen Dietrichs Verlag.

Boerner, F. (1985): Blütengehölze für Garten und Park. Stuttgart: Eugen Ulmer.

Bolus, Friedel: Magnolienblüte. https://www.schreiber-netzwerk.eu/de/1/Gedichte/1/Liebe/15528/Magnolien+Bluete?Texte_page=12. 27.04.2013.

Bouffier, V. A. (2002): Magnoliensammlungen in Deutschland. Rhododendron und immergrüne Laubgehölze, Jahrb. 2002, S. 89–105.

Bouffier, V. A. (2004): Magnoliensammlungen in Deutschland, Teil 2. Rhododendron und immergrüne Laubgehölze, Jahrb. 2004, S. 19–28.

Bouffier, V. A. (200): Magnoliensammlungen in Deutschland, Teil 3. Rhododendron und immergrüne Laubgehölze, Jahrb. 2005, S. 19–30.

Bouffier, V. A. (2007). Winterharte Großblatt-Magnolien in historischen Gärten und forstlichen Versuchsanbauten in Deutschland. Beiträge zur Gehölzkunde, S. 121–140.

Bouffier, V. A. (2016): Baumreihe aus *Magnolia ×loebneri* 'Merrill' in Bad Zwischenahn OT Aue. Mitt. Deutsch. Dendrol. Ges. (MDDG) 101, S. 161–162.

Brickell, C. D. (Commision Chairman) (2004): International Code of Nomenclature for cultivated Plants, seventh Edition. Acta Horticulturae 647.

Bunting, A. (2016): Magnolia virginiana var. virginiana collection trip. Magnolia, J. Mag. Soc. Int. 51(1): 10–22.

Bunting. A. (2016): The Plant Lover's Guide of Magnolias. Portland, Oregon: Timber Press.

Callaway, D. J. (1994): Magnolias. London: Batsford Ltd.

Camelbeke, K. (2011): Summer-flowering Oyama magnolias. The Plantsman, 10 (4): 239–243.

Camelbeke, K. (2014): Geelbloiende Magnolia's in het Arboretum Wespelaar. Dendroflora, 50, 96–106.

Camelbeke, K. (2013): Yellow Flowering Magnolias. Presentation given at the Magnolia Study Weekend, Wespelaar, 13. April 2013.

Camelbeke, K. (2014): Yellow Flovering Magnolias at Herkenrode and Arboretum Wespelaar – an update. RHS Rhododendron, Camellias and Magnolias, 91–101.

Camelbeke, K. (2016): Zomerbloiende Oyama magnolia's. Yearbook of the Belgian Dendrology Society. 151–157.

Camelbeke, K.: Arboretum Wespelaar, yellow flowering Magnolias, an overview. www.arboretumwespelaar.be., abgerufen am 22. 03. 2018.

Camelbeke, K, & M. Forster (2015): The best yellow Magnolias. The Plantsman, 78-85.

Chaen, B. L. & H. P. Nooteboom (1993): Notes of Magnoliaceae III: The Magnoliaceae of China. Annales of the Missouri Botanical Garden, Vol. 80, Nr. 4.

Callaghan, C. & S. K. Püng (2013): A note on Magnolia, mainly of sections Manglietia and Michelia subgenus Magnolia (Magnoliales). International Dendrology Society. Yearbook 2013, S 46–58.

CHIU, P. L. & Z. H. CHEN (1989): A new species of Magnolia from Zhejiang. Acta Phytotaxonomica Sinica: 27 (1): 79–80.

DANERT, S. et al. (1993): Urania Pflanzenreich, Blütenpflanzen 1. Leipzig, Jena, Berlin: Urania-Verlag.

DANDY, J. E. (1950): The Highdon Magnolia. Journal of the Roal Horticultural Society, Bd. 75, S. 159–161.

DEUTSCHE DENDROLOGISCHE GESELLSCHAFT (2018): Rekordbaum/Champion Tree. www.ddg.de/index.php/championtrees.info.html.

DIRR, M. A. (1977): Manual of Woody Landscape Plants. Campaign, Illinois: Stipes Publishing L.L.C.

ERHARDT, W., E. GÖTZ, N. BÖDEKER & S. SEYBOLD (2014). Zander. Handwörterbuch der Pflanzennamen. 19. Aufl. Stuttgart: Eugen Ulmer.

ETTINGSHAUSEN, C. VON (1869): Die fossile Flora des Tertiärbeckens von Bilin. Denkschriften der Kaiserlichen Akademie der Wissenschaften. Wien: Kaiserlich-Königliche Hof- und Staatsdruckerei.

FANG, J., Z. WANG & Z. TANG (eds.) (2011): Atlas of Woody Plants in China. Distribution and Climate. Vol. 1. Heidelberg, Dortrecht, London, New York: Springer Verlag.

FERNIAC, O. (1961): Ökologische Beziehung der Vögel und Gehölze. Bratislava: Verlag der slowakischen Akademie der Wissenschaften.

FIGLAR, R. B. (2002a): Those amazing Magnolia fruits. Magnolia. J. Mag. Soc. 37: 7–15.

FIGLAR. R. B. (2002b): Phyllotaxis of Magnolia fruit. Magnolia. J. Mag. Soc. 37 26–28.

FIGLAR, R. B. (2006): A new classification for Magnolia. Rhododendrons, Camellias and Magnolias. 57: 69–82.

FIGLAR, R. B. & H. P. NOOTEBOOM (2004): Notes on Magnoliaceae IV. BLUMEA 49: 87–100

FORSTER, M. (2011): Summer-flowering Oyama magnolias. The Plantsman 10 (4): 238–243.

FRODIN, D.G. & R. COVARTS (1996): World Checklist an Bibliography of Magnoliaceae. Kew: The Board of Trustees of the Royal Botanic Gardens.

FUJITA, S. et al. (1994): Free Radical Biology and Medicine 17, S. 273–277.

GARDINER, J. M. (1989): Magnolias. Their Care and Cultivation. London: Cassel.

GARDINER, J. M. (2000): Magnolias. A Gardener's Guide. Portland, Oregon: Timber Press.

GENAUST, H. (1996): Etymologisches Wörterbuch der botanischen Pflanzennamen, 3. Aufl. Basel, Boston, Berlin: Birkhäuser Verlag.

GOTTSCHALK, M. (2018): Persönliche Mitteilungen.

GRIMSHAW, J., & R. BAYTON (2009): New Trees. Kew: Royal Botanic Garden.

GRIN: Germplasm Resources Information Network – www.ars-grin.gov/cgi-bin/npgs/html.

GUMERINGER, K. (1989): Magnolia (Magnoliaceae and Annonaceae). Forest World. 5, 3: 44–45.

HATCH, L. C. (2015): Cultivars of Woody Plants: Magnolia and Michelia. 3. Eds. https://play.google.com/books/reader?id=uQ14BwAAQBAJ&printsec=frontcover&output=reader&hl=de&pg=GBS.PP1.

HEIDER, DIETLINDE: Magnolien. Akrostichon. http://www.haikulinde.de/weblog/archives/00000102.htm. 19.04.2004.

HEIDER, DIETLINDE: Magnolien. Haiku. http://www.haikulinde.de/weblog/archives/00000102.htm. 19.04.2004.

HESS, D. (1983): Die Blüte. Stuttgart: Verlag Eugen Ulmer.

HEYWOOD, V. H. (Hrsg.) (1982): Blütenpflanzen der Welt. Stuttgart: Birkhäuser.

HILLIER, K. & M. F. MELZIG (2010): Lexikon der Arzneipflanzen und Drogen, 2. Aufl. Heidelberg: Spectrum, Akademischer Verlag.

HILLIER, J. & A. COOMBES (2002): The Hilliers Manual of Trees and Shrubs. Frome: Butler & Tanner.

HOFFMANN, A. & H. MIELKE (1987): Kassel, Schlosspark Wilhelmshöhe. Bäume und Sträucher. Bad Homburg vor der Höhe: Verwaltung der staatlichen Schlösser und Gärten.

HOLSTEIN, G. (1988): Magnolien – Platane – Lebensbaum – Baumgeschichten. Badener Neujahrsblätter B. 63, S. 49–54

HUNT, D. (edit.): Magnolias and their allies. Milborne Port: Sherborne.

HUXLEY, A., M. GRIFFITHS & M. LEVY (1992): The new Royal Horticultural Society Dictionary of Gardening. New York: The Stockton Press.

INAMI, K. (1959): Distribution of Magnolia stellata. Kobe: Amatores Herbarii, Vol. 20, 1, S. 10–14.

INTERNATIONAL MAGNOLIA SOCIETY. Magnolia Cultivare Checklist, last Update March 2017. https://www.magnoliasociety.org/Cultivare Checklist.

JACOBSEN, A. L. (1996): North American Landscape Trees. Berkeley: Ten Speed Press.

JOHNSTONE, G. H. (1955). Asiatic Magnolias in Cultivation. London: The Royal Horticultural Society.

JUSTICE, C., L. (1999): Magnolias as street trees in the Pacific West. International Dendrology Society, Yearbook 1999, S. 36–40.

KACHE, P. (1920): Die schönsten Blütensträucher des April. Gartenschönheit. 1. Jahr, 18–20.

KIPP. O. (2008): Magnolien. München: Callwey

KÖRBER, K. (2018): Bienen und Bäume – ökologischer Aspekt der Baumartenwahl. Jahrbuch der Baumpflege. 22. Jg. S. 211–228.

KONING, J. DE & W. VAN BROEK (2000): Dendrologie van de lage Landen. Zeist: KNNV Uitgeverij.

KRAMER, K. (1974): Fossile Pflanzen aus der Braunkohlenzeit. Mitt. Dtsch. Dendrol. Ges. 67: 199–233.

KRAUS, G. (1894): Geschichte der Pflanzeneinführungen in die europäischen botanischen Gärten. Leipzig: Verlag Wilhelm Engelmann.

KRAUSCH. H.-D. (2003): Kaiserkron und Päonien rot – Entdeckung und Einführung unserer Gartenblumen. Hamburg: Dölling und Galitz.

LANGEN, M. & V. LANGEN (1984): Japan – 1000 Jahre Malerei. München: Hirmer Verlag.

KRÜSSMANN, G. (1976–1978): Handbuch der Laubgehölze. 2. Aufl. Berlin und Hamburg: Paul Parey.

LANCASTER, R. (1993): Travels in China – A Plantman's Paradise. Woodbridge: Antique Collectors Club.

LEDDEROSE, L. (Hrsg.): Im Schatten hoher Bäume. Malereien der Ming- und Qing-Dynastie 1368 bis 1911 aus der Volksrepublik China. Ausstellungskatalog.

LOBDELL, M. (2018): Persönliche Mitteilung.

LÖSING, H. (2013): Schadbilder an Gehölzen. Schwarzenbeck: Cadmos Verlag.

LUNAPLANT.DE (2018): Diverse Magnolienlisten und -kurzbeschreibungen.

MISSOURI BOTANICAL GARDEN – Datenbanken: http://www.mobot.org/MOBOT/Resarch/alldb.shtml.

MICHELS, V. (2012): Hermann Hesse. Bäume. insel Taschenbuch 455. Frankfurt, Leipzig: Insel Verlag.

N.N. (1966): Typical Forest of Japan. Herausgegeben von der Japan Forest Technical Association. Tokio: Chikyu Shuppan.

N. N. (2014): The IUCN Red List of Threatened Species. Version 2014.3: www.iucnredlist.org.

NELSON, G., C. J. EARLE & R. SPELLENBERG (2014): Trees of Eastern North America. Princeton and Oxford: Princeton University Press.

NIENHAUS, F. & L. KIEWNICK (1998): Pflanzenschutz an Ziergehölzen. Stuttgart: Verlag Eugen Ulmer.

NITZELIUS, T. G. (1992): Magnolia x gotoburgensis. Magnolia. Journal of the Magnolia Society. 28(53), S. 1–5.

OHWI, J. (1965): Flora of Japan. Washington: Smithsonian Institute.

PARDATSCHER, G. (1995) Magnolien. Stuttgart: Verlag E. Ulmer.

PARDATSCHER, G. (2003): Gelbblühende Magnolien. Gartenpraxis 29. Jahrg. 4, 8–12.

PARK, J. et al. (2004): European Journal of Pharmacology 496, S. 189–219.

PIRC, H. (2017): Alles über Gehölzschnitt, 3. Aufl. Stuttgart: Verlag Eugen Ulmer.

RANKIN, G. (1999): Magnolia. London. Hamlyn.

RAVEN, P. H., R. F. EVERT & S. E. EICHHORN (2006): Biologie der Pflanzen, 4. Aufl. Berlin, New York: Walter de Gruyter.

RHEDER, A. (1990): Manual of cultivated Trees and Shrubs. Portland, Oregon: Diascorides Press.

ROLOFF, A. (2010): Bäume. Lexikon der praktischen Baumbiologie. Weinheim: WILEY-VCH-Verlag.

ROLOFF, A. & A. BÄRTELS (2018): Flora der Gehölze, 5. Aufl. Stuttgart: Verlag Eugen Ulmer.

ROTH, L., M. DAUNDERER & K. KORMANN (1994). Giftpflanzen. Pflanzengifte. 4. Aufl. Hamburg: Nikol Verlagsgesellschaft.

ROTH, H. (2009): Magnolien in härterem Klima. Beiträge zur Gehölzkunde, 18. Ausgabe, S. 33–47.

ROYAL BOTANIC GARDENS KEW: http://www.kew.org/science/data-and-recources.

SARGENT, C.S. (1894): Forest Flora of Japan. Boston, New York: Houghton, Mifflin and Company.

RUTTEN, W. (1996): Magnolia. Selbstverlag.

SARGENT, C.S. (1913, reprinted 1988): Plantae Wilsoniae, Vol. I. Portland, Oregon: Dioscorides Press.

SARKER, S.D. & Y. MARUYAMA (2002): Magnolia. The Genus Magnolia. London: Taylor & Francis.

SCHENCK, C. A. (1939): Fremdländische Park- und Waldbäume. Bd. 3. Berlin: Paul Parey.

SCHMIDT, P. A. & B. SCHULZ (Hrsg.) (2017): Fitschen, Gehölzflora, 13. Aufl. Wiebelsheim: Quelle & Meyer Verlag.

SCHROEDER, F.-G. (1974): Vegetation und Gehölzflora in den Südappalachen (USA). Mitt. Dtsch. Dendrol, Ges. 67, 128–163.

SCHULZ. B. (2013): Gehölzbestimmung im Winter. 2. Aufl. Stuttgart: Verlag Eugen Ulmer.

SCHÜTT, P. & M. LANG (1998): Magnolia grandiflora LINNÉ, 1759: Enzyklopädie der Holzgewächse. 14. Erg. Lfg. 12/98.

SCHÜTT, P. & U. LANG (2012): Liriodendron tulipifera L., 1753: Enzyklopädie der Holzgewächse. 28. Erg. Lfg. 7/02.

SCHWIND, M. (1967): Das japanische Inselreich, Bd. 1. Die Naturlandschaft. Berlin: Walter de Gruyter.

SMITHERS, P. (1995): Adventures of a Gardener. London: The Harvill Press with The Royal Horticultural Society.

SPELLERBERG, R., C. J. EARLE & G. NELSON (2014): Trees of Western North America. Princeton and Oxford: Princeton University Press.

SPOELBERCH, P. DE (2009): Gelb blühende Magnolien im Arboretum Wespelaar. Beiträge zur Gehölzkunde, 18. Ausgabe, S. 52–58.

SPOELBERCH, P. DE (2011): *Magnolia sprengeri* var. *elongata* in the wild, in cultivation and some hybrids developed at Arboretum Wespelaar, Belgium. The Journal of the Magnolia Society International, 89: 45–50.

SPOELBERCH, P. DE (2014): Magnolia species in cultivation and some new hybrids. Presentation given at the NDV Dendrologendag. Von Gimborn Arboretum. 24. April 2014.

SPONGBERG, S. A. (1976): Some old and new interspecific Magnolia hybrids. Arnoldia 36(4), S. 129–145.

SPONGBERG, S.A. & R. E. WEAVER (1981): 'Silver Parasol'. A new Magnolia Cultivar. Arnoldia 41(2). S. 70–77.

SPONGBERG, S. A. & P. D. TREDECI (1992): The "Hope of Spring" Magnolia finally flowers in Boston. Arnoldia, Vol. 52. Nr. 1, Spring 1992.

STRASSBURGER, E. (Bearbeitet von Bresinsky et al.) (2008): Lehrbuch der Botanik, 36. Aufl. Heidelberg: Spektrum Akademischer Verlag.

TAO, J. & C. ZHANG (1992): Two angiosperm reproductive organs from the Cretaceous of China. Acta Phytotaxon. Sinica, 30, 423–426.

TECHENTIN, I. (1984): Hermann Hesse, Bäume. Frankfurt, Leipzig: Insel Verlag.

THE INTERNATIONAL PLANT NAMES INDEX: http://www.ipni.org.

TRESEDER , N. G. (1978): Magnolias. London, Boston: Faber & Faber.

TREDICI, D. P. & S. A. SPONGBERG (1989): A New Magnolia blooms in Boston. Arnoldia, Vol. 49, Nr. 2, Spring 1989.

UEDA, K. (1988): Star Magnolia – an indigenous Japanese plant. Cambridge: Journal of the Arnold Arboretum, Vol. 69, 3.

ULENBROOK, J. (1969): Pflaumenblüte und verschneiter Bambus. Chinesische Gedichte. Zürich: Manese Verlag.

ULENBROOK, J. (1979): Haiku. Japanische Dreizeiler. München: Wilhelm Heyne Verlag.

ULENBROOK, J. (1998): Haiku. Japanische Dreizeiler. Neue Folge. Stuttgart: Philipp Reclam jun.

UNGER, F. (1869): Die fossile Flora von Raboboj. Denkschriften der Kaiserlichen Akademie der Wissenschaften. Wien: Kaiserlich-Königliche Hof- und Staatsdruckerei.

VAŠÁK, V. (1973): Magnolia hypoleuca in nature and in cultivation. Newls. Am. Magnolia Soc. 9(1), S. 3–6.

WAGENITZ, G. (2003): Wörterbuch der Botanik, 2. Aufl. Heidelberg, Berlin: Spectrum Akademischer Verlag.

WALKER, A. (1989): Atlas der Holzarten: Stuttgart: Verlag Eugen Ulmer.